JN025326

日本の法

第2版

緒方桂子
豊島明子
長谷河亜希子

編

日本評論社

日本の法　第2版　目次

第14章　法とは何か──西欧法の歴史を訪ねて............................230

第15章　日本法の成り立ち──法の継受・法の体系................236

第16章　日本法の現在──立憲主義と反立憲主義との相克........242

はじめに

あなたの「法律の勉強」に対するイメージは？

　大学入学前に私が抱いていたイメージは、「六法全書をめくっている」でした。無味乾燥に見える条文を眺めて一体何が楽しいのかと不思議に思っていたものです。しかし、私は法学というものを全く分かっていなかったのです。

　そもそも「法律」について学ぶことは、「法」について学ぶことの一部でしかありません（第1章参照）。法を学ぶには、まず、社会で起きている問題について知る必要があります。本書がさまざまな社会問題を紹介しているのはそのためです。そして、問題の原因を広く探り、解決策を検討していきます。

　その問題に対応できる法律がない場合もありますし、法律が制定されていても、裁判所による法解釈や行政による法執行に問題があるのかもしれません。法の考え方そのものについて考え直してみた方がよい場合もあるでしょう。より広く、社会システムや国家の政策それ自体に問題が潜んでいることもありえます。ちなみに、問題の現場を訪ねてみたり、当事者に会ってみたりすると、全く別の側面が見えてくることがあるのでお勧めです。

　このように考察をし、さまざまな意見に耳を傾けながら、あなたの意見を形成していって下さい。そうすることで、視野は広がり、社会のいろいろな出来事について、説得力ある意見を述べることができるようになっていくはずです。

法を学ぶと見えてくるもの

　法の勉強を通じて、多様な、そして、時としてあなたの価値観を覆すような問題に出会うことになります。たとえば、品質が良い上に大変安い商品を見つけたときには、安い！と嬉しくなることでしょう。しかし、海外の工場での劣悪な労働により、その安値が達成されていることは珍しくありません。

　自分が得た利益──安く買えた──が、他者の苦境・被害の上に成り立っているという構造がここにはあります。ですから、自分が安く買えればそれでよいという考えは、その加害行為に加担していることと同じことです。加えて、他者の苦境を黙認した場合、自分が同様の問題で悩むことになりかねません。たとえば、グローバル化により、海外の労働条件が日本の労働者の労働条件に

影響を及ぼすようになっているのがこんにちの状況です。

　このように、法を学ぶ中でさまざまな問題を深く知っていくと、社会のからくりが見えてきます。社会の諸問題が思いもよらないところで関連していることを発見していって下さい。それにより、他人事もしくはどこか遠い外国の出来事と思っていたことも、自然と興味の対象となって、自分・自国の問題として捉えることができるようになってくるはずです。

「法」は問題を解決してくれる「正義の味方」？

　あなたは、「法」にどのようなイメージをいだいていますか？私は、「法はシビアだ」という印象をいだいています。たとえば、あなたが薬害により健康を害したとしましょう。法は一体何をしてくれるのでしょうか。あなたは健康被害に苦しみ、多額の治療費が必要なのに働けないかもしれません。そのような状況でも、製薬会社が何の補償もしてくれない場合には、被害者のあなたが、救済を得るために弁護士に相談するなどの行動を起こし、提訴して、「製薬会社がうっかり欠陥のある薬を作ってしまい、その薬が原因であなたに被害が生じたこと」について証拠を出して証明して勝訴しなければならないのです。

　これは相当の困難を伴います（第4章参照）。しかし、他人任せにせず、問題をかかえたあなた自身がその問題に立ち向かわないと、法が「正義の味方」となってくれる可能性は低くなる一方なのです。逆に、当事者であるあなたが立ち向かってくれれば、弁護士などの法律の専門家たちは支援を惜しみません。

何かおかしい気がするとモヤモヤしているあなたに

　法学では、多種多様な問題・意見に接します。それもあって、法を学んでいくと、何かおかしい気はするがよくわからないと悩んでいたことに関して、「やっぱりそれは違法なんだ」、「問題にしていいんだ」、「自分と同じ考え・状況の人がいるんだ」と気づくことが多々あります。となれば、その問題に対して、何らかの行動を起こしやすくなるのではないでしょうか。

　たとえば、友達と社会問題について議論してみる、消費者庁のサイトで悪質商法の情報を申告する、残業代を請求する、税金の使途に疑問をもって自治体に情報公開請求をする、賛同できるデモに加わる、裁判で争うなど、さまざまな行動が考えられます。皆さんのこのような行動が積み重なって、問題の解消や、人権擁護の促進、裁判所による新しい権利の認容、法の改正・制定などの成果につながっていくのです。本書で勉強したら、ぜひ、試してみてください。

この本を使った勉強の仕方

まずは本をひらいてみよう

本書は全部で16章からなっています。法とは何か、法を適用するというのはどういうことかを問う第1章、主要な9つの法分野（憲法・民法・刑法・刑事手続法・経済法・行政法・労働法・社会保障法・国際法）と日本の司法制度について学ぶ第2章から第13章、そして、西欧法の歴史と日本法の成り立ちをたどるなかで、再び、法とは何かを問う第14章と第15章、それらを踏まえて、未来を見すえつつ日本法の現在を分析する第16章です。

それぞれの章は独立して書かれています。まずは興味のある章の最初のページを開いてみてください。各章の最初のページには、その章で皆さんに学んで欲しいことが書かれています。

また、それぞれの章のなかには4個ないし9個の *Key Word* が設定されています。この本を手にされた皆さんは、マスコミ等で見聞きする用語を手っとり早く知りたいと思っているかもしれません。そのときには、詳しく内容を知りたいと思う *Key Word* を、目次から探し出して、その頁を開いてみてください。

もちろん、第1章から第16章までをひといきに読み通してみるのもお勧めです。私たちの日常生活や社会を支える主要な法を中心に、「日本の法」の全体像を鳥瞰することができます。

本書で使われている用語の意味について

各章で使われている用語の意味は、次のとおりです。

＊ *Key Word* 　その章において特に中心となるテーマ、あるいは、重要なテーマとして設定されています。それぞれの *Key Word* については、原則として見開き2頁で学ぶことができるようになっています。

＊文中にある❶❷ 　この記号は、その *Key Word* の末尾（見開き右頁下部あたり）にある❶❷が対応しています。文中の用語などについて補足的に説明するものです。

＊ *Column* 　*Key Word* の内容をより深く学ぶのに役立つ情報や、重要な裁判例、あるいは最近のトピックなどを扱っています。それぞれの *Key Word*

ごとにさまざまな Column がありますので、ぜひ楽しんで読んでみてください。

図や表を眺めてみよう

Key Word によっては、図解や統計、新聞記事、写真などが挿入されています。図解は、少し複雑な問題を理解するのに役立つと思います。また、統計や新聞記事などを見ながら、日本の法をめぐる現実を知ってください。

さらに、写真や実物例（たとえば73頁には、「離婚届」が載っています）によって、皆さんは法律をより身近に感じることでしょう。

裁判例の表記について

本書では裁判例の表記を、「最大判2015・12・16」「最決2013・12・10」「大阪高判2016・2・25」「京都地判2013・10・7」などのようにしています。

日本の裁判所は、最高裁判所、高等裁判所、地方裁判所、家庭裁判所、簡易裁判所からなっていますが（本書第13章 *Key Word* 2を参照してください）、裁判例の表記で用いられる「最」「高」「地」というのは、裁判所の審級を表しています。つまり、「最」がついていれば最高裁判所、「高」であれば高等裁判所、「地」であれば地方裁判所が出した判断を指します。

裁判例の表記のなかで、「最大判」と書かれているものがあります。これは、最高裁判所の大法廷が出した判決を指しています。大法廷では、きわめて重要な事件や憲法違反を問う事件が扱われ、最高裁にいる15名の裁判官全員が審理にたずさわります。そこで、大法廷が出した判決はより注目すべき特別な判決だとして、わざわざ「最大判」と表記されています。

最高裁の裁判官のうち5人で審理する法廷を「小法廷」といいます。現在、小法廷は3つありますが、小法廷による判決については、単に「最判」と表記しています（なお、教科書によっては「最二小判」などと、小法廷の法廷番号を表記することもあります）。

裁判例の表記においては、「判」と「決」がありますが、「判」は「判決」、「決」は「決定」を意味しています。また、判決や決定の日付について、多くの教科書では元号が用いられていますが、本書では西暦で表記しています。

本書で紹介した裁判例はいずれも重要なものですので、皆さんには、できれば判決文そのものを読んでもらいたいと思います。本書では出典（たとえば「民集」（『最高裁判所民事判例集』）や「判時」（『判例時報』）など判決文が掲載されている法律雑誌など）を省略していますが、日付や裁判所の情報を手がかりに探して

みてください。

　たとえば、インターネットで、「裁判所　COURTS IN JAPAN」の「最高裁判所」ホームページにある「裁判例情報」から検索をしたり、その法分野のより詳細な基本書をひもとき、そこに載っている情報からたどっていく方法で公表されたものを見つけだすことができます。また、大学などで裁判例情報のデータベースの利用が提供されている場合もあります。そういった機会があれば、有効に活用してください。

さらに広く、より深く勉強するために

　各章が取りあげた *Key Word* は、それぞれの章の担当者が重要だと思うテーマとして設定したものです。しかし、学ぶべきテーマはそれらに限られるわけではありません。

　皆さんが、ある章に興味がわいたならば、その章が扱っている法分野やテーマに関する基本書（多くは、その法分野の名前がついています。たとえば、『憲法』や『民法』といった題名の本です）を探して、より広く勉強することをお勧めします。

　また、特定の *Key Word* に興味がわいたならば、そのテーマに関する、新書や専門書などのさまざまな本や雑誌記事を探して読んでみるのも良いかもしれません。たとえば、第2章の *Key Word 1* は「立憲主義」ですが、「いったい、『立憲主義』って何なのだろう？」と深く追究していくのも面白いと思います。

日本以外の国の方へ

　この本は、日本の主要な法制度、法の考え方、日本法の歴史などを幅広く学ぶことを目的に書かれています。

　本書を手に取られた皆さんの国にも同じような名前の法律や法制度があるかもしれません。しかし、おそらく、まったく同じということはないでしょう。どこがちがうのか、なぜそうなのか、その違いは私たちの生活にどのような影響を及ぼしているのか。そういったことを考えながら読んでみてください。

　法は、その国の制度を形作るものですが、同時に、その国の歴史であり、文化であり、思想です。法を学ぶことは、その国を学ぶことにもつながります。本書は、きっと、日本の法そして日本社会そのものへの理解を深めようとする皆さんの手助けとなるでしょう。

第1章　法・法適用・法解釈の方法

Key Word 1　法はどのような意味を持っているのか

　これから皆さんは、本書を通じて「日本の法」を学んでいくことになるが、本書では、国家の形を定める憲法、所有権・契約や不法行為など私たちの日常生活に不可欠な制度を定める民法、犯罪と刑罰を定める刑法など、具体的な「法律」と法律に基づいて形成される「法制度」を取り上げ、その考え方と問題点を検討している。それでは、これらの法律、さらに判例法などを含んだ広い意味での法は、私たちにとってどのような意味を持っているのであろうか。

社会関係の公正で公平なルールとしての法

　法は、まず何よりも、私たちが社会関係を営んでいく上で不可欠のルールを提供している。たとえば、他人の物を勝手に使ったり壊したりしてはいけないことは、私たちにとって自明のことである。しかし、それは、物に対する所有権の存在を前提としており、そこには法が存在しているのである。そして、所有権を侵害すると、損害賠償を課されたり、場合によって犯罪として処罰されたりする。このように、私たちの社会生活は、法的ルールの裏打ちを得て成り立っている。

　社会生活を支えるルールは、法的ルールに限定されない。道徳や社会的習慣、さらには宗教によって一定の行動が要請されることもある。しかし、法的ルールには、内容的な公正性を確保されるべきものであり、適用における公平性を求められるものであるという顕著な特徴が認められる。

　他方で、所有権侵害に対する損害賠償や刑事罰という法に基づく制裁は、裁判所による判決とその執行という形で、国家によって強制される。国家による強制の契機が内在していることは、法にとって重要な要素である。そこに、道徳や宗教とは異なる法の特質を見出すことができる。

国家権力をコントロールする法

　法の根底にはこのように国家権力が存在するが、法はまた、国家権力の発動をコントロールする最も有効な手段でもある。国家が暴走するといかに人間に対して害悪を及ぼしうるかは、ナチスドイツの例を想起するだけで容易に理解することができる。憲法は、そのような事態を防止するための国家の基本的構

成原理を定める法である。行政法と呼ばれる各種の法律もまた、国家権力作用である行政をコントロールする役割を果たしている。また、一見国家と無関係に見える民法も、国家に対して行為のルールを提供し、その違法行為をチェックする機能を果たすことができる。法は、国家が本来果たすべき公共的役割を踏み外さないようにするために、重要な意味を持つのである。

　しかし、国家との関係で、法は、単にコントロール機能を果たすだけではない。法は、場合によっては、国家権力の恣意的で暴力的な発動の手段ともなりうる。一例だけ挙げると、治安維持法という戦前の法律は、戦争など当時の国家政策に反対する国民に対して、人権を蹂躙しつつ仮借のない弾圧を加えた。このような事態は、悪法もまた法であるのか、という法哲学上の深刻な問題を提示する❶。

法を形成する主体

　法を提供する主要な源である法律は、上から自動的に降ってくるわけではない。法律は、国民が選出した議員によって構成される議会で審議され、採択されることによって成立する。さらに、議会における立法活動は、社会から切り離されたところで行われるわけではない。それは、通常は、立法に反対する活動にせよそれを推進する活動にせよ、社会との回路を保ちつつ行われる。

　また、社会生活のルールは、法律によってだけでなく、契約などの市民による実践を通じても形成される。近代法の最重要の原則の1つである「私的自治の原則」は、この意味において、市民による法形成を可能にする原則である。

　これらを踏まえると、私たち市民は、公正で公平な社会関係のルールとして法を形成し、国家権力の暴走を押さえて正義を実現するツールとして法を機能させていくために、主体的に行動する必要がある。法は、市民が形成し護り育てていくべきものなのである❷。

　❶正義に反する法を「悪法」という。法律以外に法の存在を否定する法律実証主義の立場からは、悪法もまた法であるということになる。しかし、制定法の上位にさらに根源的なものに基づく法の存在を認める場合には、悪法に対する抵抗権が肯定されることになる。近代社会においては、憲法がその役割を担うことが多い。

　❷法とは何かという問題は、法学のアルファでありオメガである。本書でも、具体的法領域の検討を終えた後の第14章以下で、この問題に再び立ち返り、さらに深めた検討を行う。

Key Word 2　裁判による紛争解決

人間社会における紛争の必然性と裁判による紛争解決

　人間の生活は、単独では成り立たない。生きていくためには、社会を形成することが不可欠の前提条件である。ところで、社会を形成して生活していく限り、人間相互間で利害の対立すなわち紛争が生じることは避けがたい。

　紛争が生じた場合に、どのように紛争を解決すべきか。当事者が話し合って解決できればそれにこしたことはないが、話し合いがまとまる保障はない。放っておけば、当事者が実力で問題を解決せざるをえないことになる。しかし、そのような紛争解決においては、強者の利益が貫徹するのが常である。そうすると、正義にかなった公正な解決が確保できないばかりか、そもそも社会の秩序が維持しえなくなる。

　そこで、何らかの制度的な紛争解決のメカニズムを備えることが必要となる。具体的には、紛争当事者の利害を離れた第三者に紛争解決を委ねることである。そのような紛争解決方式を、一般に「裁判」という。その中でも、公的機関が法に基づいて紛争を解決する近代型の裁判が、最も合理的なものと考えられている❶。近代社会においては、ほぼ例外なく、法に基づく裁判という紛争解決方式が採用されている。

法に基づく裁判の特徴

　法に基づく裁判の特徴は、一般的・抽象的なルールに基づいて、当事者の具体的な利益主張の是非を判定するところにある。このルールは、議会が制定する法律によって形成されることもあれば（制定法主義。日本は、基本的にはこの考え方を採用している）、裁判の積み重ねの中から形成されることもある（判例法主義）。このルールはまた、事前に定立されているのが原則である。

　事前に定立されている一般的ルールの適用という紛争解決方式の最大のメリットは、紛争解決における当事者間の公平が確保されるというところにある。当事者間の公平ということには、2つの意味がある。

　第1は、当該紛争当事者間の公平である。事前に定立された一般的ルールには、特定の者の利害が反映しにくく、内容的に適切であることが期待される（もちろん例外はありうるが）。それを紛争当事者に等しく適用することによって、当該紛争の公正かつ公平な解決が確保されるであろう。

　第2は、異なる紛争当事者間の公平である。ここでは、同種の別の紛争においても、基本的に同様の解決が確保される。つまり、同じような紛争は、同じように解決されるのである。裁判が公的機関によって担われている以上、この公平は、市民間の平等を確保するという重要な意味を持っている。

　以上のメリットは、デメリットのようにも見える。つまり、法に基づく裁判は、紛争の背後にある当事者の具体的事情を十分には考慮しないのである。法に基づく裁判はまた、当事者の価値観や信条の対立なども、考慮することがない。その意味で、法に基づく裁判は、形式的でドライである。しかし、紛争の背景事情や紛争当事者の価値観の対立に立ち入ることなく、必要な限りの事実に基づいて紛争を解決することは、人間の知恵の発露であり、一概にデメリットというべきものではない。

　❶裁判の中には、法によるのではない裁判もある。たとえば、マックス・ウェーバーが描いたイスラム社会の「カーディ裁判」は、裁判官が当該紛争について妥当な解決と思う判定を下し、法という一般的な正当化根拠に依拠することがない。もっとも、「カーディ裁判」という理念型を立てることの可否は別としても、このような裁判がイスラム社会に現実に存在したかについては、近時は、異論もある。このような認識は、西欧中心主義に基づくもので事実に反しているというわけである。

Column　マニョー判事は「良き判事」か？　📖

　19世紀末から20世紀初めのフランスで、マニョーという、日本風にいえば簡裁裁判官が、衡平に基づく裁判を積極的に行い、話題を呼んだ。マニョー判事の信念によれば、裁判官は、自らの正義感に基づいて、法的根拠がなくても判決を下せるというのである。そのようにして、マニョー判事は、幼児を抱えて空腹に耐えかねた母がパンを盗んだという事件において、母の無罪放免を言い渡した。また、フランスで自動車利用が始まって直後の時期に、マニョー判事は、自動車事故における運転者と自動車所有者の過失を推定することによって、その責任を認めた。これらは、具体的妥当性のある判決とも、時代を先取りした判決ともいえるが、その時代の実定法律には反した判決であった。

　当時の日本では、この動向は、自由法学の具体化として、好意的に紹介された。しかし、フランスにおける自由法学（科学学派）の代表的論者であったフランソワ・ジェニィは、マニョー判事の裁判を厳しく批判した。それは、司法と立法とを混同するものであり、法的安定性を著しく害する、というのである。たしかに、法を無視した裁判が可能とすると、悪人であれば罪を犯していなくても処罰しうるということにもなりかねない。皆さんはどう考えるであろうか。

Key Word 3 法の適用

法的三段論法と包摂

AからBがブランド品の中古のハンドバッグを購入したが、偽物で、BはAにだまされたものであったとしよう。「詐欺」に基づいて購入を決意して売買契約を結んだ場合には、民法は、この売買契約を「取り消す」ことができるものと規定している（96条1項）。つまり、売買契約をなかったことにし、品物を返して代金の返還を受けることができるわけである。

この結論は、次のように導かれる。①大前提：詐欺による意思表示は、取り消すことができる（民法のルール。要件＋効果）。②小前提：Bは、Aの詐欺に基づいて売買契約に向けての意思表示を行った（要件を充足する事実）。③結論：Bは、この意思表示を取り消すことができる（効果）。これを、法的三段論法という❶。そして、このように要件を定めるルールに事実を当てはめる操作を「包摂」という。具体的紛争への法の適用は、この包摂によって行うのが基本である。

AにもBにも、取引に至るまでにはいろいろな事情があったであろう。Aは、社会の敵と見るべき職業的詐欺師かもしれないし、あるいは、生活に困窮してやむをえず詐欺に手を染めた同情すべき人なのかもしれない。しかし、それらの事実は、Aの行為が「詐欺」という要件を満たすかという判断に意味のある限りでしか取り上げられない。要件を満たすための事実を「要件事実」という。それ以外の事実は、法的判断からは捨象される。法の世界は、社会生活上の事実をすべて含み込むものではないのである❷。

適用されるべき法の選択

紛争によっては、どの法律を適用すべきかが問題となることがある。たとえば、AB間で資材置き場として土地の賃貸借がなされた場合に、借主を厚く保護する借地借家法が適用されるのか、民法の適用しかないのかが問題となる。ある法律の適用対象は、その法律に明示されていることが多い。たとえば、借地借家法は、「建物の所有を目的とする土地の賃貸借」に適用される（1条）。したがって、資材置き場としての上記の賃貸借には、借地借家法の適用はない。

仮に民法が適用されるとしても、その中のどの規定の適用があるかが問題となることもある。土地所有者AがBに自己所有の甲土地を無償で利用すること

を認め、他方でBがこの利用関係が継続する限り、Aに毎月〇〇万円を贈与するという契約をしたとする。無償での土地の貸借は、使用貸借である（民法593条以下）。使用貸借における借主の地位は、有償での貸借である賃貸借（民法601条以下）よりも弱い。また、借主保護を定める借地借家法の適用もない。設例は、一見、使用貸借のようにもみえるが、金銭贈与と結合している点を考慮すれば、実質的には有償の賃貸借と見るべきである。そうしないと、容易に脱法行為を許してしまうことになる。

　このように、法律関係の形式ではなく実質を見て法律関係の法的性質を決定する作業を、「法性決定」という❸。法性決定は、当事者の意思を考慮しつつも、意思だけで決めるのではなく、裁判官の判断に基づいて行われる。

　どの法を適用するかは、関係する法律関係の当事者の国籍が異なる場合にも問題となる。このような場合に、その行為がどこで行われるかも考慮しつつ、どの国の法を適用すべきかが問われるのである（準拠法の問題）。これを指示する法を「国際私法」という。また、法改正があった場合には、ある事件に改正前の法律が適用されるのか、改正後の法律が適用されるのかが問題になる。この問題は、通常は、改正法の附則に置かれる経過規定によって処理される。このような法を「時際法」という。

　❶これは、論理学上の三段論法を法的推論に当てはめたものである。典型的な三段論法は、次のようなものである。大前提：すべての人間は死から免れない。小前提：ソクラテスは人間である。結論：ゆえにソクラテスは死から免れない。

　❷しかし、他方では、当該紛争の具体的事実を可能な限り踏まえて、具体的妥当性のある判断を行うという要請も存在する。これが極端に走ると、法的判断とはいえないものになってしまうが（前項 *Column* のマニョー判事のケースを参照）、かといって要件事実を極端に重視して、当該紛争の具体的事実から目を背けることも問題である。この2つの極端の間で、どのようなスタンスを取るべきか。これが、現実に法適用を考えていく場合の基本的な問題である。

　❸「法性決定（qualification）は、法的推論にとって基本的な操作である。それは、ある事実あるいは事実の総体を、ある法的カテゴリーに組み入れることを内容とする。その目的は、それに対応する一連の制度の適用を発動させることである」（Muriel Fabre-Magnan, Introduction au droit, Collection Que sais-je, PUF, 2014, p.76.）。つまり、設例の契約を賃貸借と法性決定すると、民法上の賃貸借に関する一連の規定が適用されてくる。また、建物所有を目的とする土地の賃貸借や建物の賃貸借を対象とする借地借家法を適用する可能性が開かれる。

Key Word 4　法解釈の方法

法解釈の必要性

　法的ルールを事実に当てはめる場合には、そのままでは当てはめが難しいことが少なくない。たとえば、*Key Word 3*で挙げた詐欺の例を取ると、Aが積極的にBをだましたわけではないが、Bがブランド品と誤解しているのにその誤解を正さずに、それにつけこんで売買契約を締結する場合も詐欺といえるか、AがこのバッグはすばらしいとBにいって、Bがそれを信じてバッグを購入した場合にも詐欺といえるか、などが問題になりうる。

　これらの事実を「詐欺」という要件に包摂するためには、たとえば誤解を解く信義則上の説明義務が存在するのに沈黙している場合には詐欺となるというような中間命題を立てる必要がある。あるいは、後者の例では、セールストークなどの社会通念上違法性が認められない行為は詐欺に当たらないなどの中間命題が必要となる。このように、具体的事実に即して法的ルールを当てはめるための中間命題を立てる作業を、「法解釈」という。包摂のためには、多くの場合には、この法解釈の作業が不可欠である。

法解釈の手法

　そのような法解釈を行うためには、まずもって法律の規定の文言の意味を考える必要がある（文理解釈）。たとえば、詐欺を違法な行為に限定するという、先の後者の例における中間命題は、詐欺という言葉の意味を考えれば、そこから当然に導くことができるであろう。

　法解釈はまた、他の規定との整合性や民法など当該法律全体の体系的整合性を考慮してなされるべきである（体系解釈）。法解釈のためにはさらに、その法的ルールに内在する法の目的も考慮する必要がある（目的解釈）。たとえば、詐欺に関する民法96条の規定を瑕疵ある意思表示に関する規定と捉えることによって（体系解釈）、あるいは、そのような意思表示を行った表意者保護が規定の目的だと捉えることによって（目的解釈）、沈黙ケースについても詐欺と扱う解釈を正当化することができるであろう。

類推適用による法形成

　以上は、包摂を行うための法解釈であった。そこでは、法が存在することは前提となっている。これに対して、法解釈が、法が存在しないところで法を創

造するために行われる場合もある。そのための手段が、類推適用である。

　たとえば、A所有の土地なのに登記簿上ではBが所有者とされていたとする。Bがこの登記を使ってCにこの土地を売っても、Cは土地所有権を手に入れることはできない。これが原則である。Cが登記を見て無権利者であるBを所有者だと信頼しても、その信頼は保護されず、真の所有者であるAの利益を優先するのが民法の考え方なのである。しかし、Aが財産隠しのためにBと相談して（通謀して）Bに登記を移したような場合には、Aは大いに非難されるべきであるから、今度はCの信頼が優先され、Cは所有権を取得する（民法94条2項）。

　それでは、Aが同じく財産隠しのために、Bに無断でBに登記を移し、Bが後にこれに気づき登記を利用してCにこの土地を売った場合にはどうか。AB間の通謀がないから、民法94条2項は適用されない。しかし、Aが非難されるべきことは、通謀があるケースと同じである。ここには類似性が見出される。そこで、判例は、この場合に民法94条2項を類推適用して、事情を知らないCの保護を図っている。このように、類推適用によって、条文には規定されていないケースに適用される新しい法が形成されるのである。類推適用は、包摂のための法解釈とは異質の作業である。

価値紛争あるいは政策形成訴訟における法解釈

　紛争には、単なる利害対立を超えて、政策や制度のあり方を問うような紛争類型もある。憲法訴訟や人格権関連の訴訟には、そのようなものが多い。このような紛争における法解釈は、これまで述べてきた包摂や類推適用という作業には収まらない。そこでは、ある法解釈の正当性を支えるために、狭義の法的ルールだけではなく、社会意識のあり方、問題の歴史的変遷など、さまざまな事情が援用されることになる。近時では、婚外子相続分差別、さらに夫婦同氏の強制、再婚禁止期間をめぐる憲法訴訟に、その例を見ることができる。

Column　婚外子相続分差別違憲決定　📖

　2013年9月4日の最高裁大法廷決定（民集67巻6号1320頁）は、民法の婚外子相続分差別規定を違憲とした。この決定においては、社会経済状況の変動、婚姻や家族の実態の変化、家族のあり方に対する国民の意識の変化、諸外国の状況の変化、この問題にかかわる諸法制の変化などを総合的に考慮して、違憲判断が導かれている。これは、法適用の局面における包摂とはまったく異なる作業である。価値紛争における法解釈では、このような総合判断が行われることが多い。

第2章　憲法

Key Word 1　立憲主義

何のために憲法を学ぶか

2015年、安保関連法の制定をめぐって「立憲主義」という言葉が巷に溢れ、日本社会における憲法への関心はかつてなく高まった。それは必ずしも喜ばしいこととはいえない。立憲主義の精神が当たり前に守られてさえいれば、この言葉がこれほど注目されることはなかっただろうからだ。

だが、これは貴重な教訓ともいえる。私たちは2つの顔で憲法とかかわっている。ひとつは人として、もうひとつは市民として。前者は人権の主体という意味であり、憲法で保障された自分の権利が侵害されたとき、私たちは否応なく憲法を考えるだろう。暮らしのなかで憲法を考えるとき、私たちはこの側面にばかり気をとられがちである。これに対し、後者は主権者、つまり国を動かす主体としてのかかわりである。国会のあり方・裁判所の役割・政府の権限など、憲法は国のかたちを定めている。安保関連法と憲法の関係が問われたのは、まさにこの場面だった。これらは日々の生活に直ちには影響しないかもしれないが、私たちは常に憲法に照らしてそれを監視し、進むべき方向を考えなくてはならない。国を動かすのは、他の誰でもなく、私たち自身だからである。

憲法とは何か？──近代立憲主義というプロジェクト

憲法の英語表記である constitution は「構造・組織」を意味する。したがって、言葉の意味どおりに捉えるなら、「憲法」とは国家の基本構造を定める法であり（固有の意味の憲法）、どんな内容であれ国の統治の構造と作用を定めていれば、それは「憲法」といえるはずである。しかし、フランス人権宣言は次のように述べる。「権利の保障が確保されず、権力の分立が定められていないすべての社会は、憲法を持たない」（16条）。これは何を意味するのだろう。

こんにち、憲法学では「憲法」という言葉を「個人の権利・自由を保障することを目的として統治権力を制限する基本法」という意味で用いる（近代的意味の憲法）のが一般的である。市民革命を経て近代国民国家（「国家主権」概念の成立と身分制から解放された「個人」の創出を前提とする）が成立し、その近代国民国家の権力を統御するプロジェクトとして近代立憲主義という思想が生み出さ

れた。先述のフランス人権宣言はその表れであり、個人の尊重を根本原理としつつ、権力を分立させることで国家権力を統制し、それによって個人の権利を保障しようとしている。日本国憲法もこの思想に基づくと考えられる。

　安保関連法の制定に際しては、個々の憲法条文との整合性のみならず、国家権力の統御という立憲主義の根幹を危うくするとの批判がなされた。

憲法の特徴

　憲法は、最高法規性・対公権力性・硬性という特徴を持つ。

　最高法規性には２つの意味が含まれる。ひとつは形式的最高法規性で、これは憲法が一国の法体系のなかで最高位にあることを意味する。したがって憲法以下の法令は憲法に反することはできない。日本国憲法98条１項は、憲法は国の最高法規であり、その条規に反する法令等は効力を有しないと定める。

　しかし、それだけが「最高法規性」ではない。先述のように憲法は個人の権利を保障するものであり、それが究極の価値として国の法体系において貫徹されてはじめて、実質的な人権保障が可能となる。これを実質的意味の最高法規性と呼ぶ。基本的人権の価値を謳った日本国憲法97条はその表れである。

　近代立憲主義は憲法によって統治権力を統御しようとするプロジェクトである。したがって、国民の活動を規律する法律とは異なり、憲法の名宛人（憲法が規律する対象）は公権力である。これを憲法の対公権力性と呼ぶ。公務員のみに憲法尊重擁護義務を課す日本国憲法99条は、それを象徴する規定である。

　いくら公権力を縛るルールを定めてもそれが容易に変えられてしまっては意味がない。そのため、多くの国の憲法はその改正に法律よりも加重された要件を課している。こうした憲法を硬性憲法と呼ぶ。日本国憲法は国会の各議院の３分の２の特別多数による賛成に加え、国民投票での過半数の賛成を改正の要件としている（96条１項）。比較法的にも改正のハードルは高い部類に入る。

　公権力を縛る憲法には高度の安定性が求められる。憲法の上記の３つの特徴も、この要請と結びついている。憲法が安易に変更されないように改正要件を厳しくし、憲法に反する統治を行わないよう権力担当者に義務を課し、憲法に反する法令等を事後的に匡正（きょうせい）する仕組みを設けている（違憲審査制）。

　むろん、憲法には社会や政治、経済の変化に対応する可変性も求められる。法律で対処可能な場合も多いが、そうでない場合には憲法を変える必要も否定できない。改正要件は、安定性と可変性のバランスをはかる仕組みでもある。

Key Word 2 　主権者＝国民

天皇主権から国民主権へ

1945年8月14日に日本はポツダム宣言を受諾し、終戦を迎える。そして1947年5月、日本国憲法が施行された。日本国憲法は大日本帝国憲法の改正手続により定められたが、実際にはその基本原理は抜本的に転換された。主権原理の転換がその中核である。大日本帝国憲法は天皇主権をとっていたが、日本国憲法は前文および1条で国民主権原理に立つことを宣言した。天皇の地位は「統治権の総覧者」から「象徴」（1条）へと変わった。

国民主権

国民主権とは、国民が国家の意思の最終的かつ最高の決定権を有することを意味する。歴史的には、市民革命期に君主主権（権力を集中的に掌握する君主が国家意思の最終的決定権を有する）に対抗する概念として登場した。

しかし、一個人である君主とは異なり、「国民」が国政の最終的決定権を持つとはどういうことなのか、それほど明確ではない。この点をめぐり、市民革命後のフランスでは対立がみられた。革命直後に力を持ったのは、国民主権を「権力の淵源」を示すものと捉え、国民ひとりひとりの政治参加は必ずしも必要とせず（制限選挙）、選ばれた議員たちが一部の利益のためではなく「全国民の代表」として働くことを是とする考え方である（純粋代表制）。こうした国民主権の捉え方をナシオン主権と呼ぶ。しかし、19世紀後半に入ると経済格差の広がりとともに国民内部の利害分裂が明確になり、「全国民の代表」は幻想にすぎないとの見方が力を持ち始める。そのため、普通選挙を求める運動が起こり、有権者の意思によって国民代表を拘束する（命令的委任）ことの必要性が説かれるようになった。この背後にはプープル主権と呼ばれる考え方がある。20世紀に入るとその傾向はさらに進み、国民の意思を直接政治に反映させるしくみ（リコール制度や国民投票など）を備える国が増えてくる。

日本国憲法は議員が「全国民を代表する」（43条）と定めていることからナシオン主権に親和的とも見えるが、実際には国民代表に民意を反映させるさまざまな仕組みを民主主義の過程に組み込んでおり、より複雑である。

主権者の意思を国政に反映させるルート

民主政のありようを歴史的・比較法的に見ると、国民の意思からは独立して

代表者が政治を行うことがあるべき姿とされた純粋な代表民主政から、できるだけ民意を国政に反映させる方向にシフトしてきていることがわかる。国民が主権者であること、そして、その「国民」のなかにも多様な意見・複雑な利害対立があることを思えば、多様な民意をさまざまなルートで汲み上げ、国政に反映させる方途を模索することが肝要だろう。

　民意の反映ルートの第一はやはり選挙である。日本国憲法は公務員の選定罷免権を国民固有の権利として保障し（15条）、議員および選挙人の資格における差別の禁止（44条）を一般的な平等保護規定（14条）に重ねて明記している。民意の集約には選挙が不可欠と捉えてのことである。しかし、選挙制度を設け選挙権を保障するだけで十分とはいえない。そもそも権利を行使しなくては意味がないし❶、区割りや投票方法など、選挙制度の設計如何によって獲得議席に違いが出るため、民意の分布と議席配分とは必ずしも一致しない。また、政党への支持と政策への支持とが異なることもある。政党内の規律をどう考えるのか、選挙時には争点となっていなかった重要課題が生じた場合はどうすべきかなど、「全国民を代表する」国会が、それを取り巻く民意をきちんと受け止められるような選挙制度や国会運営が必要である。

　それと同時に、制度を取り巻く民意が豊かに生成され発露されうる環境を整えることも重要となる。日常的な対話やSNSでのやりとり、アピール行動や署名活動などは、個人の意見を公共的なものに練り上げ、可視化するプロセスでもある。表現の自由が民主政に資するといわれるのはそのためである。選挙に行くことだけが「私たちが主権者である」ことの意味なのではない。

❶参議院議員通常選挙における年代別投票率の推移

(%)

年	1992	1995	1998	2001	2004	2007	2010	2013	2016	2019
10歳代									46.78	32.28
20歳代	33.35	25.15	35.81	34.35	34.33	36.03	36.17	33.37	35.60	30.96
30歳代	49.30	41.43	55.20	49.68	47.36	49.05	48.79	43.78	44.24	38.78
40歳代	54.83	48.32	64.44	61.63	60.28	60.68	58.80	51.66	52.64	45.99
50歳代	62.00	54.72	69.00	67.30	66.54	69.35	67.81	61.77	63.25	55.43
60歳代	69.87	64.86	75.24	75.05	74.21	76.15	75.93	67.56	70.07	63.58
70歳代以上	61.39	57.20	65.22	65.24	63.53	64.79	64.17	58.54	60.98	56.31
全体	50.72	44.52	58.84	56.44	56.57	58.64	57.92	52.61	54.70	48.80

Key Word 3 平和主義

非軍事平和主義の普遍性と独自性

日本国憲法の最大の特徴は9条だといって過言ではない。9条は1項で戦争・武力による威嚇・武力の行使を放棄し、2項で戦力の不保持を謳っている。

とりわけ2項は憲法史的にも重要な意味を持つ。人々を苦しめる戦争を規制しようとする歴史は長く、古くは1791年フランス憲法に征服目的の戦争の放棄が掲げられ（6編）、第一次世界大戦後にはその深刻な被害から戦争違法化の機運が高まり、国際連盟が組織され不戦条約（1928年）が締結された。しかし、この取り組みが実効性を欠くまま二度目の大戦の惨禍を経験することになった世界は、第二次世界大戦後に国際連合を設立し、国際紛争の平和的解決を目指した。国連憲章は戦争のみならず武力による威嚇・武力の行使をも原則禁止している（4条）。イタリア（11条）、ドイツ（26条）など多くの国の憲法にも侵略戦争の放棄が掲げられた。9条1項はこうした世界の潮流と軌を一にする。

だが、日本国憲法はこれに加え9条2項で戦力の不保持を定めた。これはほかに例のない規定であり、日本の独自性はこの徹底した非武装平和主義にある。

政府の9条解釈

ところが、この9条の下で日本は自衛隊を持ち、世界で十指に入る軍事費を計上している。このギャップは政府の9条解釈によって生み出された。

政府は憲法制定時には「軍備なき自衛」論に立っていたが、1950年代に入ると占領政策の転換に応じて立場を変え、「戦力に至らざる必要最小限度の実力」を保持することは9条2項のもとでも許されるとの見解を示す。すなわち、国は固有の権利として自衛権を有しており、9条2項は「すべての戦力」を持つことを禁じているが、自衛権を行使するため「日本自衛のための実力で戦力に至らざる必要最小限度」を持つことは可能だという解釈である。この解釈はこんにちまで維持されており、これにより自衛隊の存在は正当化されてきた。

「戦力に至らざる必要最小限度の実力」という概念は相対的で拡大の危険があるとの学説（これまでの通説によれば自衛隊は違憲と解されてきた）からの批判はあったものの、少なくとも、歴代政府はこの解釈にもとづき海外派兵・徴兵制・集団的自衛権の行使は憲法上禁止されるとの立場をとってきた。2014年7月1日に内閣が行った集団的自衛権解釈の変更に関する閣議決定は、従来課し

てきた9条の下でのこの自己拘束をも大きく踏み越えるものである。

　政府の新しい9条解釈は、「我が国の存立が脅かされ、国民の生命、自由及び幸福追求の権利が根底から覆される明白な危険がある場合」という限定付きで集団的自衛権の行使を容認する。しかし、そもそも「他国をまもる」ものと性格づけられる集団的自衛権は「日本自衛のため」という論理で正当化するのは困難で、また、政府の付した限定は曖昧で拡大のおそれもある。同様に政府は、自衛の枠組みを越えるとして、海外における自衛隊の活動を「他国による武力行使と一体化しない」物品・役務の提供に限って認められるとしてきたが、閣議決定では「一体化しない」ための要件を緩和する方針を示した。これをうけ2015年に成立した安保法制では、集団的自衛権行使としての自衛隊の防衛出動が認められたほか、自衛隊の海外での活動（後方支援）範囲も拡大した。

日米安保体制のこれまでとこれから

　この政府解釈は日米安保体制と分かち難く結びついている。1952年、サンフランシスコ講和条約と同時にアメリカとの間で旧安保条約が発効、日本は米軍に対し基地提供の義務（全土基地方式）を負うことになり占領軍はそのまま駐留米軍へと移行した。1960年に締結された新安保条約はこれを引き継ぎ（6条）、さらに、日本の施政下における一方当事国への武力攻撃に共同して対処することを定めた（5条）。米軍の駐留目的は「日本の安全」と「極東における国際の平和と安全の維持」への寄与とされている（そのため6条は「極東条項」と呼ばれる）。基地提供❶も共同防衛行動も国際法上は集団的自衛権の行使につながるものだが、政府は9条との関係でこれを個別的自衛権で説明してきた。

　だが1996年の日米安保共同宣言以降、日米安保は極東の枠を越えて拡張されつつあり、日本の軍事的コミットメントも強化されてきている。9条解釈の変更はその流れを決定付けるものであり、原点に立ち返った検討が必要である。

❶日米地位協定

　米軍による日本国内の施設・区域（基地）使用と日本における米軍の地位は、日米地位協定で定められている。地元住民の意思表明の機会が保障されず、両国政府が合意すれば基地を提供できること（2条）、基地の施設管理に必要な措置をとることを米国に認めていること（3条）、米軍人が公務外で犯罪を犯したとき、身柄が米国にある場合には公訴提起までは引き続き米国が拘禁を行うこと（17条5）などが定められており、こんにちの基地問題の一因となっている。

Key Word 4　自由権の保障──表現の自由

人一般の権利としての人権

Key Word 1 で触れたように、憲法の主たる目的は人権の保障にある。もちろん、市民革命以前に人々が権利・自由を一切持っていなかったわけではない。だが、それは特定の身分に付随する特権や恩恵にすぎなかった。これに対し、市民革命期に生み出された人権思想は、人一般が持つ、人間が生来的に有する権利・自由（自然権）としてこれを保障するところを大きな特徴としている。

表現の自由の意義

フランス人権宣言に「人の最も貴重な権利のひとつ」（10条）と謳われたように、表現の自由は人権思想の創成期から人権のなかでも極めて重要な地位を与えられてきた。こんにちでも表現の自由は優越的地位にあるとされ、その制約は厳格な基準により審査されねばならないと考えられている。それはなぜか。

表現の自由には2つの意義があるといわれる。ひとつは個人が情報・表現に触れ、自らの意見を形成し、それを他者に向かって表現することで自己の人格を発展させるという個人的意義（個人の自己実現）である。もうひとつは社会的意義である。民主主義原理に立つ現代の社会では、国民が広く情報に接し活発に意見交換をして形成された公論に基づいて政治を行うことが何より重要であり（国民の自己統治）、表現の自由はその必要条件だからである。

したがって、表現の自由を保障することは単に個人の幸福の問題にとどまらない。経験的に表現の自由はいったん損なわれると回復が困難である（脆弱性）とされており、規制されるおそれから本来自由であるはずの表現まで自制してしまうという萎縮効果が及びやすい。しかし、萎縮効果によって表現が自制されると、それによって公論が歪められ、ひいては国政そのものが歪みかねない。また、思想の自由市場という考え方によれば、自由な討論こそが真理への到達の道であるとされ、それゆえ問題があると思われる表現でも自由に表明されることが重要だとされる。この考え方には市場を過度に理想化しているとの批判もあるが、安易な規制を排除すべきという点は広く支持されている。

表現の自由の保障と規制

よって、表現の自由の規制は、より慎重に行うことが求められる。具体的には、まず、規制のタイミングについては原則として事前規制は行うべきでない

とされる。事前規制は、事後規制とは異なり、人々が当該表現に接し規制の是非を判断する機会を奪うものであり、恣意的・広範囲になりやすいからである。事前規制の代表例が検閲であり、憲法21条2項はこれを絶対的に禁止する。

　また表現の内容に対する規制（内容規制）は、表現の内容にかかわらない時・場所・手段に関する規制（内容中立規制）に比べて、より厳格に違憲性を判断しなくてはならない。内容規制は、表現の根底にある思想に公権力が介入することに繋がるからである。性表現規制や煽動的表現の規制などが例として挙げられる。ただし、特定の日に行うことに意味がある集会を「その日は不可」として規制する場合など、内容中立規制であっても、もたらされる現実的効果によっては表現の自由を過度に制約する危険があり、注意が必要である。

表現の自由をめぐる具体的課題──ヘイトスピーチ

　表現の自由をめぐる問題は山積しているが、ヘイトスピーチの問題はとくに難しい。特定の人種・民族等に対する憎悪や差別を助長するヘイトスピーチは、差別的・攻撃的だとはいえそれ自体「表現」としての性格を持つことは否めず、また、特定の個人に対するものとは異なり、侮辱罪や名誉毀損等の形で法的責任を問うことが困難だからである。国によって対応は異なるが、日本では、ヘイトスピーチは偏見を助長し「自由な討論」の空間を歪めるものであり、言論で対抗するのは困難であることを理由に限定的に刑事規制を容認する見方と、表現の内容規制は極力避けるべきであり、直接犯罪を引き起こす現実的見込みがあるような場合を除き規制は許されないとする見解とが対立してきた。

　これに対し2016年、近時の排外主義的なデモの増加をうけて、ヘイトスピーチ解消法が制定された。この法律は国と地方公共団体に「不当な差別的言動の解消に向けた取組」に関する施策の実施を義務（地方公共団体については努力義務）づけるとともに、国民に対して差別的言動の解消の必要性への理解を深め、差別的言動のない社会の実現に寄与するよう努めることを求めている。ドイツのように差別的言動を罰則で禁ずるのではなく、努力義務という緩やかな形にとどめており、実効性を疑問視する向きもあるが、同法の成立を受け、市が管理する公園をデモのために使用することを不許可としたケースや、罰則付の条例を制定する自治体も登場している。自由な表現は民主主義社会の不可欠の基盤だが、差別的言動が蔓延すればコミュニケーションは成り立たなくなる。それぞれの国・社会の状況に応じ、慎重な対応がなされねばならない。

Key Word 5 政教分離

大日本帝国憲法と国家神道

　日本国憲法の保障する信教の自由を考えるとき、大日本帝国憲法下の歴史と切り離すことはできない。大日本帝国憲法も信教の自由を保障していた（28条）が、そこにおける信教の自由は、他の権利と比してやや特殊な性格を与えられていた。「法律の留保」が付されていなかったのである。

　法律の留保とは、権利を「法律の範囲内で」保障されたものとする規定であり、19世紀ドイツでは法律に基づけば権利・自由の制約は可能とする論拠として用いられた。プロイセン憲法（独）の影響を強く受けた大日本帝国憲法は、権利・自由の保障規定の多くにこの法律の留保を付していた。

　ところが信教の自由にはそれがなかった。だが、それは「法律によっても侵しえない」ことを意味しなかった。大日本帝国憲法28条は「安寧秩序ヲ妨ケス及臣民タルノ義務ニ背カサル限リ」臣民は信教の自由を有すると定めており、信教の自由は法律ではなく命令や規則によっても制約可能だと解された。

　国家神道の存在は信教の自由のさらなる抑圧をもたらす。政府は神権天皇制を権威づけるために神道を再編し、神社神道を事実上の国教とした（国家神道）。その中心的施設が、幕末以降の国内外の戦争で命を落とした軍人等を祀る靖国神社である。「神社は宗教に非ず」という理屈で国民は神社への参拝を義務づけられ、国家神道と相容れない宗教は弾圧された。終戦後、GHQ が国家神道の廃止と政教分離を求める指令（神道指令）を出したのはその故である。

日本国憲法の保障する信教の自由

　日本国憲法は個人の信教の自由を保障する（20条1項前段）。人が内心で宗教を信じる自由（信仰の自由）、その外部的表出として礼拝や祈祷など宗教的行為を行う自由、そして信仰を同じくする者が集まって宗教的活動を行う団体を結成する自由などが含まれる。それらを行わない自由もまた、保障される。

政教分離

　それと同時に、憲法は宗教団体が国から特権を受けること、国が宗教的活動を行うことなどを禁止している（20条1項後段、20条3項）。これらは国家と宗教との分離を定めた、いわゆる政教分離の規定である❶。

　政教分離は多くの国の憲法で採用されている原則であるが、国家と宗教との

かかわり合い方は国や時代により大きく異なる。国教制度をとりつつ他の宗教にも広汎な宗教的寛容を示す型（イギリスなど）、国家と宗教を分離し、固有の領域では独立であることを認め、競合する領域については政教条約を締結して処理する型（イタリア、ドイツなど）、政教を厳格に分離し相互不干渉とする型（アメリカなど）などがあるが、その実態は文字どおり多種多様である。

　日本国憲法の定める政教分離は、制定の経緯などから、アメリカと同様の厳格分離を要請するものと解するのが一般的である。とはいえ、現代国家は教育機会の提供や文化財保護などさまざまな場面で宗教とかかわり合いを持たざるをえず、どこまでのかかわり合いならば許されるのか慎重な判断が必要になる。また、日本の社会には宗教の雑居性があり❷、それゆえに、特定の物事につき他者が宗教的に違和感を覚えることに理解を示さず、その宗教的感情を軽視する危険があることも指摘されている。こうした社会においては、特に宗教的少数者の信教の自由をまもることが大きな課題となる。

❶制度的保障

　政教分離規定は、政府と宗教のかかわり方という一種の「制度」を定める。これを、憲法に規定をおくことで、その制度自体に立法によってもその核心ないし本質的内容を侵害することのできない特別の保障を与えたものと捉える見方がある。これを「制度的保障」論と呼ぶ。大学の自治など、制度を保障することが個人の人権保障に間接的に役立つ場合もあるが、日本国憲法のもとではかならずしも人権保障につながらない場合もある。制度の「本質的内容」の解し方次第では保障の範囲が狭くなり、また、私人の法的利益を直接保障するものではないとされるため訴訟上被侵害利益が認められにくくなるからである。自衛隊合祀訴訟判決（最大判1988・6・1）では、憲法20条3項は「制度的保障」規定であるからこれに反する行為であっても私人に対する強制等を伴わない限り当然に違憲とはならないとした。

❷宗教別信者数

　各宗教団体が信者と数えている人の数の合計は、総人口を大きく超える。これは1人の人間が複数の宗教団体の信者に数えられていることを示す（多重信仰）。

国民 126,320,000人 総務省統計局人口推計より	神道系	87,219,808人	72.4%
	仏教系	84,336,539人	68.5%
	諸教	7,851,545人	7.1%
	キリスト教系	1,921,484人	1.5%

宗教年鑑令和元年版（文化庁）より、2018年12月31日現在

Key Word 6　社会権の保障——教育を受ける権利

「国家からの自由」から「国家による自由」へ

　18世紀末の近代市民革命を経て、19世紀には欧米を中心に人権規定を含む憲法典が制定されるようになる。この時期の人権は国家による個人の私的な領域への介入を排除する、いわゆる自由権（国家からの自由）が中心だった。しかし、20世紀に入り資本主義が高度化するにつれ、経済格差が広がり、貧困や労働条件の悪化が深刻な社会問題となっていった。それを克服するため、国家に求められる役割が変化し、新たな性格の人権が生まれてくる。

　19世紀の国家はその任務を必要最小限の秩序維持に限定する自由国家・消極国家だった。それに対し、20世紀に入ると、社会的・経済的弱者が「人間らしい生活」をおくることができるよう労働条件を規制する法律を定めたり社会保険の仕組みを作ったりと自らの役割を拡大する国家が現れる。こうした国家を社会国家・積極国家と呼ぶ。そして、このような国家の積極的作為を求める権利として社会権を憲法上保障する国が登場する（ドイツ・ワイマール憲法）。社会権は国家の施策によって実現されるため、「国家による自由」とも呼ばれる。

　ただし、こんにちでは、自由権と社会権の違いは相対化されている。社会権もまた、国家によって上から与えられるものではなく、個人が自律的な存在として生きることを基礎とし、それぞれの状況に応じて必要な支えを受ける、そのための権利と捉える見方が広がっている。

日本国憲法と教育を受ける権利

　日本国憲法は生存権（25条）、教育を受ける権利（26条）、勤労の権利（27条）、労働基本権（28条）といった社会権を保障している。イタリアやフランス第四共和国憲法ほど詳細な規定ではないが、同時期に採択された世界人権宣言同様、20世紀の憲法として社会国家的な人権観に立つものと解される。

　26条は1項で国民が「ひとしく教育を受ける権利」を有すると定める。これはすべての国民が学びを通じて成長・発達し、自己の人格を形成・実現する権利（学習権）を有すること、そして、特に子どもについては「学習欲求を充足するための教育を自己に施すこと」（旭川学テ事件：最大判1976・5・21）を要求する権利を保障したものと解される。この子どもの学習権に対応するものとして、2項は親に対して「保護する子女に普通教育を受けさせる義務」を、国に

対しては教育制度を定め教育条件を整備する義務（その具体化として、義務教育の無償がうたわれる）を課している。後者は「教育を受ける権利」の社会権的側面の現れであり、自由権としての性質を備える学習権とあわせて、「教育を受ける権利」は複合的性格を持っている。

教育内容は誰が決めるのか？

発達過程にある子どもの学習にとっては、どのような教育が行われるかが極めて重要である。戦前、教育勅語のもとで国家主義的な教育が行われた反省から、教育基本法（1947年）には教育が不当な支配に服してはならないことが明記された。しかし他方で、義務教育の水準を一定に保ち、公共の利益に応えることは、公教育の提供者である国にとって関心事であり、実際に、教科書検定制度❶や学習指導要領などを通じて国は教育内容に実質的に関与している。旭川学テ事件ではその妥当性も争点のひとつとなった。この判決において最高裁は、教育内容の決定権は国家にあるとする国家教育権説も教師を中心とする国民全体にあるとする「国民の教育権」説もともに極端であるとして否定した上で、親や教師はそれぞれ限られた一定の範囲において教育の自由を有するが、国もまた、必要かつ相当と認められる範囲内で教育内容を決定する権限を有するとした。とはいえ、最高裁自身も教育内容への国家的介入はできるだけ抑制的であるべきと注記しており、実態に照らした検討が必要である。

❶諸外国における教科書制度の概要（文部科学省ＨＰより［2020年2月現在］）

国　名		初等教育教科書				中等教育教科書			
		発行者		検定	認定	発行者		検定	認定
		国	民間			国	民間		
ヨーロッパ・アメリカ諸国	イギリス		○				○		
	ドイツ		○	○			○	○	
	フランス		○				○		
	ロシア連邦	○	○		○	○	○		○
	スウェーデン		○				○		
	アメリカ合衆国		○		○		○		○
アジア・太平洋諸国	中国		○	○			○	○	
	韓国	○	○	○			○	○	○
	日本		○	○			○	○	

Key Word 7 法の下の平等

自由と平等の関係

「自由・平等・友愛」、フランス革命のこの有名なスローガンが示すように、市民革命期には多くの人権文書に自由と平等とが並び掲げられた。だが、自由と平等は本当に両立するのだろうか？

すべての人を法的に等しく取り扱うという形式的平等観に立てば、人々が等しく自由を行使できる社会が「自由で平等」な社会である。市民革命当初はこの考えが優勢だった。しかし、この考えに基づき特に経済的自由が無制限に行使された結果、人々の間には経済格差が広がり、「自由が不平等を生む」ことが意識されてくる。そのため20世紀に入ると、社会的・経済的に不利な立場にある人々を国家が積極的にケア（社会保障など）することで、現実の不利益を是正すべきという実質的平等観が登場する。現代国家はこの意味での平等（実質的平等）と自由な生とのバランスをとる必要に迫られており、日本国憲法が言う「平等」もそれを踏まえて理解する必要がある。

日本国憲法の保障する「法の下の平等」

日本国憲法は14条で「法の下の平等」を定める。ここで言う「平等」とは、一般に、各人をあらゆる局面でまったく同一に取り扱うという絶対的平等ではなく、「等しいものは等しく、異なるものは異なるように」取り扱うこと（相対的平等）と解される。よって、法的に異なる取扱いがなされる場合でも、実質的差異との対応において合理的であれば平等には反しない（合理的区別）。合理性が認められない場合にだけ14条に反する不合理な差別となる。

14条は1項後段で「人種、信条、性別、社会的身分又は門地」により差別されないとする。これは差別禁止事由を限定的に列挙したもの（限定列挙説）とも見えるが、判例通説は、これは例示である（例示列挙説）と解している。

だが、単なる例示としてしまうと、この列挙には何の意味もなくなる。しかし、この5つは実際に歴史的に差別の対象となってきたもので、それによる差別が特に禁止されるべきものといえる。よって、列挙はそれを特に保障する意味だと解する特別意味説が唱えられるようになった。これは後段列挙事由による別異取扱いとその他の場合とを区別し、前者は後者よりも厳格な違憲審査基準で判断すべきとするものであり、近年有力になっている。

日本社会に残る差別・不平等

日本国憲法の施行から70年経つが、日本の社会・法制度にはなおさまざまな差別・不平等が残っている。女性の社会参画は国際的にみると著しく遅れており❶、婚姻・家族制度には、憲法24条が「個人の尊厳と両性の本質的平等」を謳うにもかかわらず、合憲性が疑われるものが少なからず存在する。

その象徴ともいえるのが婚外子に対する相続分における差別規定（旧・民法900条4号）と、女性のみに6ヶ月の再婚禁止期間を定める規定（同733条1項）だった。最高裁は2013年に前者を違憲としたのに続き、2015年、後者についても違憲の判断を下した（最大判2015・12・16）。最高裁は、再婚禁止期間の定めの目的を父性の推定の重複を避けるためとしてその合理性を認める一方、民法772条2項（婚姻の成立の日から200日を経過した後又は婚姻解消若しくは取消しの日から300日以内に生まれた子は、婚姻中に懐胎したものと推定する）との関係で重複を避けるために必要な100日を超過する部分については、医療・科学技術が発達した今日においては正当化しえない過剰な制約であり、立法目的との関係で合理性を欠くとして憲法14条1項および24条2項に反すると判断した。法律が変わっても社会の偏見はすぐには解消されないかもしれないが、14条の保障する平等および24条が保障する個人の尊厳に照らし、大きな一歩といえるだろう。

❶グローバル・ジェンダー・ギャップ指数

ジェンダー平等の達成度を計る国際的な指数の一つ。経済・教育・健康・政治の4分野で男女の格差を数値化し、ランク付けしている。

	総合順位	経済（順位）	教育（順位）	健康（順位）	政治（順位）
アイスランド	1	2	36	123	1
ノルウェー	2	11	31	95	2
フィンランド	3	18	1	56	5
スウェーデン	4	16	59	117	9
ニカラグア	5	81	1	1	3
ドイツ	10	48	103	86	12
フランス	15	65	1	78	15
フィリピン	16	14	37	41	29
アメリカ	53	26	34	70	86
日本	121位/153カ国	115	91	40	144

＊世界経済フォーラム『グローバル・ジェンダー・ギャップ報告』2020より

Key Word 8　議院内閣制

立法権と行政権の関係

　国の統治の仕組みのなかで、政治部門である立法権（議会）と行政権（政府）の関係に着目した場合、主要な型として、①大統領制（議会と政府を厳格に分離し、国民が政府の長を選出する）、②議院内閣制（議会と政府とは一応分離されているものの、内閣の存立が議会を基盤とし、内閣が議会に責任を負う）、③議会統治制（議会が政府を選任し、政府が議会の意思に服する）が挙げられる。統治システムには民主的基盤、機能性、立法と行政の一貫性などが求められるが、どの型もそれぞれ長所・短所があり、運用によっていかに長所を生かし短所を補うかが重要となる。その点、議院内閣制はバランスのとれた型であり、採用する国も多い。

議院内閣制の本質

　議院内閣制は、議会と政府とが分立しつつ、政府が議会の信任に基づいて成立する統治システムである。イギリスで18世紀から19世紀にかけて慣行として確立した。当時のイギリスは国王から議会へと統治権が移行する過程にあり、議院内閣制も、当初は、国王と議会の均衡を目指したものだった。すなわち、行政権を国王と内閣とに分属させ、相対する国王と議会の間に大臣集団（＝内閣）が介在し双方に連帯責任を負うことで、相互の抑制・均衡を図ったのである（二元型議院内閣制）。議会からの不信任に対し均衡を保つための議会解散権はその不可欠の要素と考えられた。しかし、19世紀後半以降国王の行政権が内閣に移行してゆくと、内閣は専ら議会の信任に依存することになる（一元的議院内閣制）。その結果、内閣の議会解散権は議院内閣制に必須のものではなくなり、その意味も変化してくる。

　議院内閣制の本質をどう捉えるかについては均衡本質説と責任本質説の対立があるが、この対立は上記の歴史上の２つの議院内閣制イメージと結びつく。均衡本質説は、議院内閣制の本質を議会と内閣の均衡・抑制にあると捉えるもので、二元型議院内閣制のイメージを受け継いでおり、内閣の議会解散権を必須とする。対する責任本質説は、内閣が国民代表である議会に政治責任を負うことを本質と捉えるもので、一元的議院内閣制イメージと親和的である。この立場によれば、内閣の議会解散権は、均衡・抑制よりもむしろ、民意を反映し、民主的な基盤を再確認する手段と位置づけられる。

日本国憲法における議院内閣制

　日本国憲法は議院内閣制を採用している（66条3項、67条、68条、69条など）が、その規定上・制度上の特徴として、内閣の議会（衆議院）解散権について、憲法上は「衆議院で不信任の決議案を可決し、又は信任の決議案を否決したとき」（69条）に限定した定めになっていることがあげられる。この点、初期には69条所定の場合以外に内閣が衆議院を解散できるかが論議となったが、こんにちでは天皇の国事行為の規定である7条に内閣の実質的解散決定権を読み込むことが慣行として定着している。しかし、7条解釈として無理があることは否めず、また、議院内閣制の捉え方について均衡本質説に立つのであれば別段のこと、責任本質説に立てば議会解散権は必ずしも不可欠ではない。他方、責任本質説に立ったとしても、民意を反映するものであれば解散は肯定的に評価されるため、一概に否定はできない。解散・総選挙によって民意を反映しうるのは確かだが、内閣に無限定な解散権を認めることは恣意的な民意の「援用」を認めることにもなりかねない。バランスのとれた運用が求められる❶。

　ほかにも、日本国憲法は、民主的に選出された議員により構成され、かつ、解散権の及ばない参議院を有する独特な二院制を採用し（42条）、両院に国政調査権を認める（62条）など、内閣の行き過ぎを抑える仕組みを具える。議院内閣制のあるべき運用は、こうした統治構造全体を踏まえて検討すべきである。

❶日本国憲法のもとで行われた衆議院議員総選挙

衆議院総選挙	第23回	第24回	第25回	第26回	第27回	第28回	第29回	第30回
選挙年	1947年	1949年	1952年	1953年	1955年	1958年	1960年	1963年
選挙の契機		不信任決議可決	7条解散	不信任決議可決	7条解散	7条解散	7条解散	7条解散

第31回	第32回	第33回	第34回	第35回	第36回	第37回	第38回	第39回
1967年	1969年	1972年	1976年	1979年	1980年	1983年	1986年	1990年
7条解散	7条解散	7条解散	任期満了	7条解散	不信任決議可決	7条解散	7条解散	7条解散

第40回	第41回	第42回	第43回	第44回	第45回	第46回	第47回	第48回
1993年	1996年	2000年	2003年	2005年	2009年	2012年	2014年	2017年
不信任決議可決	7条解散	7条解散	7条解散	7条解散	7条解散	7条解散	7条解散	7条解散

Key Word 9 違憲審査制度

違憲審査制度のグローバル化

こんにち、多くの国が何らかの形の「違憲審査制度」を採用している。違憲審査制度とは、国家の活動の憲法適合性を特定の機関が審査をする仕組みのことであり、国家の活動は憲法に基づいて行われなくてはならないという近代立憲主義の基本原理を実現するためのものである。

しかし、違憲審査制度が世界的に広まったのは比較的最近のことである。19世紀初頭にアメリカで認められたのはごく例外であり、ヨーロッパの多くの国が導入へと舵を切ったのは第二次世界大戦後だった。それらの国では、もともと国の最高機関は民主的に選ばれた国民の代表たる議会であり、人々の権利・自由は法律を通じて実現されるという議会中心主義の考え方が支配的だったからである。だが、20世紀に入り、ファシズムの台頭の結果、議会が誤った決定をしてしまう「民主主義の失敗」を経験したり、行政権が拡大する行政国家化現象が生じたために、修正を余儀なくされた。さらに冷戦崩壊後、ロシアなど旧社会主義国の多くが導入したことで違憲審査制度は一種のグローバル・スタンダードとなったのである。

特に少数者の人権保障にとって違憲審査制度が果たす役割は極めて大きい。だが、民主主義との関係では一定の緊張を孕むことには留意が必要である。

違憲審査制度の2つの型

違憲審査制度には2つの型があるといわれる。付随的違憲審査制と抽象的違憲審査制である。前者は、個人の権利救済などを求める通常の訴訟の中で事案の解決に必要な限りで関連する法令等の違憲審査を行うもので、アメリカやカナダで採用されている。後者は、特別に設置された機関（憲法裁判所など）が特定の出訴権者の申立てにもとづき具体的事件とは無関係に法令の違憲審査を行うもので、それによって憲法秩序そのものを維持すること（憲法保障）を主たる目的とする。ドイツやイタリアがこの仕組みを持つ。

このように2つの型は対称的な特徴を持つが、実際には合一化の傾向にあるといわれる。アメリカでは公立病院や刑務所の施設改善など個人の権利に直接かかわらない訴え（公共訴訟）に原告適格の拡大で道を拓くなど、憲法保障的側面も重視されるようになってきており、逆にドイツでは、基本権を侵害され

た個人が憲法裁判所に直接異議を申し立てる「憲法異議」の制度が、始めは法律によって、1969年以降は憲法上認められ、個人の権利救済の役割も期待されるようになっている。他方で、韓国など理念型とは異なる管轄・権限の憲法裁判所を持つ国も少なくなく、単純な二分法に収まるものでもない。

日本における違憲審査制度とその実態

日本国憲法は81条で最高裁判所が違憲審査権を有すると定めるが、制度の具体的な定めはない。そのため、当初はいずれの型と解すべきか議論が分かれたが、最高裁は、裁判所が抽象的違憲審査権を有するとの見解は現行制度の下では「憲法及び法令上何等の根拠も存しない」（最大判1952・10・8）としており、アメリカ型の付随的違憲審査制を採用したものと解され、運用されている。

しかし、違憲審査制度が実際に果たしてきた役割は、日本とアメリカでは大きく異なる。アメリカでは連邦最高裁が積極的にリベラルな判決を下した時期があるが、日本の最高裁はしばしば司法消極主義であり違憲審査制度は機能不全だといわれてきた。違憲判決が極めて少なく、政治部門の判断に異を唱えることに消極的だったからである。これに対し、1990年代後半以降最高裁は複数の違憲判決を下しており、変化の兆しがあるともいわれる❶。

だが、最高裁の機能性は違憲判決の多寡のみで測られるべきでない。どんな種類の事件に、どのような論理で、どのような判断を下しているのか、また立法権・行政権との関係はどうなっているのかを、具体的に検討する必要がある。

❶日本の最高裁判所の違憲判断

| 1947 | 1960 | 1970 | 1980 | 1990 | 2000 | 2010 |

- ○不当長期拘禁による自白事件
- ○自白調書有罪事件
- ○講和条約発効後の占領法規1
- ○講和条約発効後の占領法規2
- ○第三者所有物追徴事件
- ○余罪量刑考慮事件
- ○第三者所有物没収事件
- ●強制調停事件
- ○偽計有罪自白事件
- ○高田事件
- ●刑法・尊属殺重罰規定
- ●薬事法・薬局距離制限規定
- ●公職選挙法・議員定数配分規定
- ●森林法・共有林分割制限規定
- ●公職選挙法・議員定数配分規定
- ○愛媛県靖国神社玉串料事件
- ●郵便法・免責規定
- ●公職選挙法・在外投票制度の不存在
- ●国籍法・非嫡出子国籍取得制限規定
- ○砂川市空知太神社事件
- ●民法・非嫡出子相続分二分の一規定
- ●民法・六ヶ月の再婚禁止期間規定

●法令違憲　○適用違憲・処分違憲等

第3章　民法（所有権・契約法）

Key Word 1　所有・契約

物を「所有」するということ、「契約」を結ぶということ

　たとえば、土地を所有している人は、その土地を農地として使用するのも宅地として使用するのも自由である。また、自分で作物を育てて収穫してもよいし、他人に貸して地代を収受してもよい。誰かに売ったりあげたり、担保に供したりすることも可能である。土地を無断で使用する者がいれば、国の力を借りて、追い出すこともできる。物を「所有」するというのは、このように、物の自由な使用・収益・処分を社会から承認された状態であるといえる。

　かりに誰かに土地を売る場合には、買主との間で契約を結ぶことになる。契約は、それが成立するまでの間は、自由が保障されている。したがって、そもそも土地を売ることを強制されず、売りたい場合には、誰を相手に、どのような価格で売ってもよい。もちろん、相手にも同じ自由がある。しかし、契約が成立した後は、当事者はその契約に拘束されるから、相手が契約で定めた代金を支払ってくれないようなときは、やはり国の力を借りて、代金の支払いを強制することができる。「契約」を結ぶというのは、見方を変えれば、他人と関係を築き、そこに適用されるルールを自分たちで決めることでもある。

「所有」と「契約」が実現する社会

　以上に述べた「所有」と「契約」は、第一に、個人の自由と平等を保障するための制度である。近代以前の共同体社会では、土地を生業以外の用途に使ったり部外者に譲渡したりすることは制限されており、それが身分の固定化につながっていた。個人を身分から解放するためには、土地をはじめとする生産手段の自由な利用と譲渡を認め、封建的な共同体（イエ・ムラ）を解体することが不可避であった。

　第二に、資本主義経済を法的に支える制度的な基盤でもある。資本主義とは、ある定義によれば、モノやサービスの生産手段（資本）を私有する資本家が労働力を商品として買い入れ、それを上回る価値をもつ商品を生産して利潤を得る経済システムをいう。個人が財産を所有し自由に売買できる制度が資本主義の重要な要素であることは、容易に理解できるであろう。

本章で学んでほしいこと

　現代社会を形成した資本主義は、豊かな社会を実現したが、その一方で、貧富の格差や環境破壊といった深刻な副作用をもたらし続けている。利潤の追求を本質とする資本主義のもとでは、どうしても大企業に資本が集中し、その経済活動から生じる公害などの外部不経済が市民に及んでいく。本章では、真に自由で平等な社会を実現するためのルールについて考えてみたい。

　社会的に弱い立場にある人（障がい者や高齢者等）の支援も、法の重要な使命である。自分の力ではどうにもならない事情を抱えた人たちに一方的な犠牲や忍耐を強いる世の中は、けっして望ましいものではない。誰もが普通の暮らしを保障されるノーマライゼーションも、本章の関心事である。

❶現代でも時おり起こる「村八分」は、前近代社会の遺風とみることも可能であろう。

　「いま」の課題に取り組むためには、過去と未来に目を向ける「縦軸の思考」も有用である。依然として残る前近代的な要素（過去）❶と、人口減少や科学技術の進歩（未来）が招く難問に挑む力を養ってほしい。

Column 　民法に期待される役割　📖

　近代的な民法典は、「万人の法の下の平等」や「経済活動の自由」といった価値観を採り入れている。それは民法典が、近代国家の成立する過程で封建的な制約から解放された人々の自由と平等とを制度的に保障する役割を担っていたからである。時は遷り変わり、当時とは社会状況が明らかに異なる現代において、民法典には、どのような役割が期待されるのであろうか。

　百人いれば、百通りの答えがありそうである。ここでは、ある学者の次の言葉を紹介したい。「『民法典を持つ』ということは、……『市民 citoyen』が『共通の関心事 res publica』として社会の骨格を定めること、『市民的権利 droits civils の法』として『社会を構成する』ことを意味する」（大村敦志『民法改正を考える』〔岩波書店、2011年〕187頁）。

　日本では「謙譲の美徳」が語られることも多いが、誰かが声をあげなければ社会は一向によくならない。実際、私たちが享受している現在の法や権利は、先人が闘いのなかで勝ちとってきたものである。法や権利は、与えられるものではなく、市民が自らの手で創り上げるものなのである。民法の諸原理と諸制度は、そのための指針となり、手段ともなる。

Key Word 2 権利能力

権利能力とは？

ゼロ歳児が権利を取得することはできるだろうか。答えは、もちろん、イエスである。人は、生まれた瞬間から、権利を取得するための資格（権利能力）を与えられるのである（なお、胎児は民法上、完全な「人」ではない）。この能力は、民法の世界で活動するための資格であり、これがなければ、物を所有することもできなければ、契約を結ぶこともできない。

権利能力は、年齢、性別、職業、社会的地位、知的能力等のいかんにかかわらず、すべての人に等しく認められるものである。平等の理念は、私法にとっても根本的な原理であり、その理念を表した「権利能力平等の原則」は、民法のもっとも重要な原則であるともいえる。

人が権利を取得できるのは当たり前であり、わざわざ指摘されるまでもないと思うかもしれない。しかし、これが当たり前でないのは、歴史の証明するところである。かつて奴隷は、権利能力を認められておらず、それどころか、主人の財産として取引の対象となっていた。現在でも、世界の至る所で人身売買が跡を絶たないが、このような所業を決して許さないためにも、人が、あくまでも権利の担い手（主体）であって対象（客体）でないことは、繰返し確認されるべきであろう。

人・物・行為

民法は、人・物・行為という3つの要素を基礎に設計されている❶。たとえば、所有権は、人が物を支配する権利であり、また、人と人とが締結する契約は、民法上、行為と呼ばれるものの1つである。

この例からもわかるが、人と物との関係は、前者が後者を支配する関係であるのに対し、人と人との関係は、行為によって結ばれる対等な関係である。権利能力は、ヒトを、この意味での「人」たらしめる能力であるともいえる。なお、「人」には、会社などの法人も含まれる。

「抽象的な人」から「具体的な人」へ

民法典が想定する「人」は、抽象的な人である。これは近代市民社会の主役が、革命を推進した有産階級であったことに端を発している。人を抽象的に把握することは、市民の自由と平等とを保障する思想的な基盤だったのである。

　この抽象的な人は、自己の利益を合理的に計算して行動する人でもあり、民法典は、これらの人々が自由かつ対等に取引を行う社会を念頭に置いている。レッセ・フェール（自由放任主義）が、近代自由主義思想とともに契約自由の原則の基礎にあったことは、よく知られた事実である。

　しかし、このような想定は、労働者や消費者が主役となった現代社会においてはリアリティを欠いている。生身の人間は、必ずしも合理的に行動するとは限らないし、それでなくとも、大企業との取引では、当事者間にある力の格差が合理的な判断を妨げるからである。また、現実の社会には、病や高齢等により判断能力が十分でない人も数多く存在する。

　私的自治の原則が真に機能するためには、具体的な人を念頭に置いて制度を設計し、法を運用することが不可欠である。本章で紹介する制度や理論は、このような観点から構築されたものも少なくない。

❶人・物・行為

Column　人間を中心とした世界観 📖

　権利能力を人だけに認めるという発想は、自然や動物を、人間のために利用しうる手段か道具にすぎないものと捉える人間中心主義の考え方でもある。ところが、このような考え方に根本的な疑問を投げかけたのが、「アマミノクロウサギ訴訟」の名称で知られる裁判（県の行ったゴルフ場開発許可の取消し等を求める裁判）である。この裁判は、奄美大島に生息する稀少動物が原告に名を連ねたことで社会的にも注目を集めたが、鹿児島地裁（2001年1月22日判決）は、次のような異例の説示を行った（なお、訴え自体は却下された。）。

　「『自然の権利』……という観念は、人（自然人）及び法人の個人的利益の救済を念頭に置いた従来の現行法の枠組みのままで今後もよいのかどうかという極めて困難で、かつ、避けては通れない問題を我々に提起した」。

Key Word 3　所有権

物の全面的な支配権

　所有権は、本章の冒頭でも簡単に触れたように、「法令の制限内において、自由にその所有物の使用、収益及び処分をする権利」（民法206条）である。別の言い方をすれば、物を全面的に支配する権利であり、そのことを誰にでも主張できる絶対的な権利でもある。他人の支配（使用・収益、権利設定など）を排除できるという意味で「排他的支配権」といわれることもある。

　所有権の上記の性質は、発明や著作物といった無体財産に対する権利にも認められている。また、権利を享有する主体である「人」の存立に欠かせない人格権（生命、身体、名誉など）にも、当然に備わっている。実際、「人格権としての名誉権は、物権の場合と同様に排他性を有する」として、名誉毀損にあたる雑誌の出版差止めを命じた処分の適法性を認めた判例がある（雑誌名をとって「北方ジャーナル事件」と呼ばれている）。

所有権は義務を伴うか？

　もちろん、所有権も、他者の権利を害する目的で濫用することは許されるべきではない（有名な「宇奈月温泉事件」は、所有権の濫用的な行使を否定した判例として知られている）。また、「公共の福祉」（憲法29条2項、民法1条1項）の要請から、所有権の行使には様々な法令上の制約がある。

　ところで、利潤の最大化が常に求められる資本主義経済のもとでは、生産手段としての土地が過剰に利用され、その悪影響が、土地の周囲がつながっていることもあって、広範囲に及びやすい。真っ先に思い浮かぶのは、戦後の高度経済成長期に深刻化した公害であるが、今世紀に入ってからは、地域の景観や町並みを損ねるビルの建築が問題となるなど、新たな状況も現れている。

　一方、人口減少・低成長時代の到来とともに顕在化してきたのが、いわゆる空き地・空き家問題である。空き地や空き家は、治安、景観、衛生環境の悪化といった厄介事を複合的に生じさせる。民法学の観点からは、経済的価値のなくなった不動産の所有権を放棄できるかが議論の的となっている。

　1919年制定のワイマール憲法には、「所有権は義務を伴う」との規定もあった。ただ、「義務」を強調しすぎると、正当な権利行使を抑圧する諸刃の剣ともなる。いずれにせよ、この問題は、現代的な局面を迎えている。

所有権の対象となる「物」

　所有権の対象は「物」である。物とは有体物をいうから（民法85条）、土地や建物（不動産）のほか、自動車、絵画、宝石などの動産も、所有権の対象となる。有体物に限られているのは、排他的支配・管理が可能だからである。したがって、無体物でも、それが可能であれば、物に準じた扱いをする余地はある。実際、刑法では、電気は「財物」とみなされている（刑法245条）。

　むしろ問題となるのは、有体物であれば、何でも所有権の対象としてよいかである。ここでは、差し当たり2つのことを指摘しておきたい。

　第一に、人体または人体の一部（遺体、遺骨、臓器、血液、精子・卵子など）の処分可能性（とくに取引可能性）が問題となる。臓器移植や生殖補助医療といった医療技術の発達により、その経済的・商品的価値に目が向けられるようになりつつあるが、人の尊厳という観点からは、丁寧な議論と慎重な判断が求められる。

　第二に、法律上は「物」とみなされる動物を、完全に物として扱うことの是非も問われている。動物は、生命をもち、苦痛を感じる存在だからである。物であれば、傷つけたり棄てたりするのも自由ということになるが、動物に対する虐待が人道上の見地から許されないのは、言うまでもない。一方、ペットが交通事故にあったような場合には、愛着利益の喪失に対する慰謝料の請求をどの程度まで認めるかという問題もある。また、最近では、ペットに財産を遺したい飼い主が増えているともきく。車や絵画とは異なる扱いを可能にする工夫（法人格の付与、信託の設定など）が求められている。

Column　情報・データは誰のものか？　📖

　現代社会では、情報技術の発達により、人の行動が様々な形でデータ化され利用される。ところが、当人がそれを知らないまま、不利な状況に追い込まれていることがある。最近、話題になったのは、就職情報サイトを運営する会社が、就職活動をする学生の内定辞退率を予測し、その結果を、本人に対する十分な説明もなく、企業に販売していたという出来事である。

　販売された情報は、サイトを利用する学生の閲覧記録等を、人工知能（AI）を用いて分析した結果であるというが、そのような閲覧記録や予測結果に、所有権類似の権利を観念するのは難しい。データの時代に生きる個人をどのように保護すればよいのか、多角的な視点から議論を加速させる必要がある。

Key Word 4　物権変動

所有権の移転・取得

　物を売買する契約を結ぶと、所有権が売主から買主に移転する。所有権の移転は、このように、契約によって行われるのが一般的である。売買のほか、贈与や交換といった契約によることもある。もっとも、遺産を相続する場合のように、契約によらない所有権の移転もある。一方、他人の所有権を譲り受けるのではなく、自分が最初の所有者になることもある。たとえば、建物を新築した場合や、他人の土地を（自分のものとして）長期間使用することにより時効が完成した場合が、そうである。

　所有権の移転・取得は、「物権変動」の典型例である。物権変動とは、物に対する権利（＝物権）の設定、移転、喪失のことをいう❶❷。土地を所有する者が金融機関から資金を借り入れるときに、その土地に金融機関のための抵当権（担保権の1つ）を設定するのも、物権変動である。建物を所有する者がその建物を取り壊したり所有権を放棄したりする場合も、そうである（放棄された建物の所有権は、国が取得することになる）。

第三者に対する主張

　不動産（土地、建物）の物権変動は、登記（不動産登記簿への記録）をしておかなければ、当事者以外の第三者には主張することができない。したがって、AがBから土地を購入したところ、CもBから同じ土地を二重に購入していたという場合には、AがCより先に登記をすれば、所有権の取得をCに主張できるのに対し、Cが先に登記をしてしまうと、もはやそれができなくなる。不動産を購入したら、できるだけ早く登記をすませる必要がある。

　物権変動は、このように、一般の人に広く知らせておかなければ、その効力を確定的には認めてもらえない。これを「公示の原則」という。上記のCは、自分の購入する土地の所有者がBであることを、不動産登記簿を閲覧して確認した可能性がある。にもかかわらず、先にAが土地を買っていたという理由で所有権を取得できないとすれば、安心して土地を購入することができないであろう。公示の原則は、そのような事態を防ぎ、取引の安全を確保するために設けられた原則なのである。物権変動の公示方法（対抗要件）は、不動産の場合は「登記」であるが、動産（自転車、絵画など）の場合は「引渡し」である。

自由な競争と公正な取引

　先に登記をしたＣは、Ｂから土地を購入した時点で、同じ土地をすでにＢがＡに売却していた事実を知っていたとしても、この土地の所有権を取得できるのだろうか。登記という画一的な基準で所有者を決めるには、そのほうがよいし、より高い価格を提示した者が所有権を取得できるほうが、経済にも資する。そのような理由から、Ｃが単なる悪意（ある事実を知っていること）であるなら、土地の所有権を取得できるとされている。

　しかし、Ａに登記がないことを知って、不当な利益を得ようと企んでいた場合は、別である。Ｃがそのように悪質な者（背信的悪意者）であるときは、Ａは所有権の取得をＣに主張し、登記を自分に移転するよう請求できる。法は不公正な取引まで保護するものではないからである。

Column　所有者はご先祖様⁉　📖

　前述した「空き地・空き家問題」は、不動産の所有者が亡くなった後、登記簿上の名義人を相続人に変更する登記（相続登記）がされないまま、所有者が不明となったことに起因する場合も多い。遺産を誰がどのように譲り受けるかを決める協議が整わないことが、相続登記のされない要因の１つである。このような問題を解決するために、相続登記の義務化などが、現在、法制審議会（法務省の諮問機関）で検討されている。実現すれば、有効な手立てになるであろう。遺産分割協議自体が公正に行われるように、その段階から専門家の関与を求める方法もある。フランスでは、相続や様々な取引の場面で、正義の実現に奉仕する「公証人」の関与が要求されているが、大いに参考となる。

❶民法上の物権

所　有　権		物を使用・収益・処分する権利（206条）
占　有　権		物に対する事実上の支配状態を保護する権利（180条）
制限物権	用益物権 地上権	工作物・竹木を所有するために他人の土地を使用する権利（265条）
	永小作権	耕作・牧畜をするために小作料を支払って他人の土地を使用する権利（270条）
	地役権	他人の土地を自己の土地の便益に供する権利（280条）
	入会権	村落共同体等の構成員が入会地を総有的に支配する権利（263条、294条）
	担保物権 留置権	物に関して生じた債権の弁済を受けるまで、その物を留置することができる権利（295条）
	先取特権	債務者の財産につき、他の債権者に先立って自己の債権の弁済を受ける権利（303条）
	質権	債権者等から受け取った物を占有し、かつ、その物について他の債権者に先立って自己の債権の弁済を受ける権利（342条）
	抵当権	債権者等が占有を移転しないで債務の担保に供した不動産につき、他の債権者に先立って自己の債権の弁済を受ける権利（369条）

❷物権の特徴（債権との比較）

	物　権	債　権
性質	絶対的	相対的
排他性	あり（一物一権主義）	なし
内容の自由度	なし（物権法定主義）	あり（契約自由）
譲渡性	自　由	原則自由（制限あり）
優劣	優　先	劣　後

Key Word 5 契約（私的自治）

契約とは？

私たちは、日常、様々な契約（書籍の購入やマンションの賃貸借など）を結んでいる。この契約は、約束とはどこが違うのだろうか。実は、契約も約束ではあるが、単なる約束とは、法的な効力を伴う点で異なっている。

たとえば、Aが自動車を購入する契約をBと結んだとしよう。Aは、この契約によって、Bに対する権利（自動車の引渡しを求める債権）を取得する。その結果、もしもBが自動車を引き渡さなければ、裁判所の助力を得て、自動車の引渡しをBに強制するか、もしくは、Bに対して損害賠償（自動車の価値に相当する額など）を請求することができる。

自動車を取得しようとするAの意思は、このように、契約の法的な効力によって叶えられる。契約とは、一義的には、個人の意思が反映された権利を実現するための手段であるといえる。

私的自治を支える制度

AとBは、自動車の価格や履行期（自動車の引渡時期や代金の支払時期）などを互いに納得する形で自由に決めることができる。しかし、自分たちで決めたからには、その決定には従わなければならない。約束が守られることへの互いの信頼は、契約制度を成り立たせるための基本的な要素である。もっとも、その約束自体が、正しい情報や当事者間の平等な関係に基づいたものでなければならないのは、言うまでもない。

AとBが契約を結ぶ際に決めているのは、自律的なルールである（ローマの法学者であるウルピアヌスは「合意は契約者に法律を与える」という法格言を遺している）。契約は、このように自律的なルールを創造する機能をもっているため、個人の主体的な活動を保障する私的自治の根幹をなしている。私的自治は、近代市民社会を特徴づける重要なファクターであるが、それを法的に表現した私的自治の原則（私的な法律関係は個人の意思に基づいて自由に形成できるとする考え方）は、現在でも、確固たる私法の基本原則である。地縁的な繋がりが良くも悪くも稀薄になりつつある現代社会において、他者との間に対等な関係を構築できる契約は、私的自治を基礎とする市民社会の形成に不可欠な存在である。

契約に関する規定

民法典には、贈与や売買といっ
た13個の契約（典型契約）に関す
る規定が置かれている❶。これら
は民法制定時に日本に存在してい
たか、もしくは将来において相当
程度に利用されるだろうと予測さ
れた契約であり、他の契約を認め
ないという趣旨ではもちろんない。

典型契約の規定は、ほとんどが
「任意規定」であり、当事者は、
その適用を合意によって排除する

❶民法上の契約（典型契約）

贈与		無償	片務	諾成
売買	物の交換	有償	双務	諾成
交換		有償	双務	諾成
消費貸借		無償（原則）	片務（原則）	要物（原則）
使用貸借	物の貸借	無償	片務	諾成
賃貸借		有償	双務	諾成
雇用		有償	双務	諾成
請負	労働の貸借	有償	双務	諾成
委任		無償（原則）	片務（原則）	諾成
寄託		無償（原則）	片務（原則）	諾成
組合		有償	双務	諾成
終身定期金	その他	無償（原則）	片務（原則）	諾成
和解		有償	双務	諾成

ことができる。にもかかわらず、このような規定が、わざわざ設けられている
のは、どうしてなのか。

第一に、当事者が契約で決めなかった事柄（たとえば代金の支払期限や支払場
所など）に適用するためである。これにより、後の紛争を、かなりの程度、防
ぐことができる。第二に、契約締結にかかるコストを節約するためである。典
型契約の規定は、当事者が契約内容を交渉する際の叩き台となりうるが、それ
がない場合に比べると、はるかにコストが少なくてすむはずである。第三に、
公正で公平な契約の指針を示すためである。任意規定の内容は、当事者の合理
的な意思を推測したものであるから、合意内容がそれと程遠い場合には、逆に、
その不当性が疑われることにもなろう。

Column　契約の光と闇──いわゆる「コンビニ問題」　📖

契約には、それを用いて経済活動を行ったり、慈善活動や社会貢献を行ったりして、
他者や社会との間に関係を構築できる「コミュニケーション機能」がある。また、
自分たちに適用されるルールを設けたり、将来の予測を立てたりできる「オーガナ
イズ機能」もある。言うなれば、契約とは、人格を表現する行為なのである。

しかし、時として、人の尊厳を傷つける凶器ともなる。たとえば、「コンビニ」の
加盟店が本部と締結するフランチャイズ契約には、売上げに見合わない高額のロイ
ヤリティ、過酷な経営環境（年中無休の長時間営業）、脱退を困難にする違約金の定め
などがあり、オーナーを苦しめている。契約の病理的な側面である。

Key Word 6 意思能力・行為能力

意思能力とは？

　認知症高齢者が高額商品を買わされるといった被害が相次いでいるが、意思能力（自己の行為の結果を理解できる精神的能力）を欠いた状態で締結した契約は、無効である。判断能力が十分でない人（幼児、知的・精神的障がい者、認知症患者など）に、自由意思に基づく責任を課すのは、私的自治の尊重という理念に反するし、実際上も、過酷な結果を招きかねないからである。

行為能力とは？

　意思能力の制度は、契約の効力を後から否定するものにすぎないが、認知症高齢者なども、日常、さまざまな契約を締結する必要に迫られることを考えると、契約を締結する際に、それを積極的に支援する仕組みも必要となる。このため、民法には、行為能力（単独で確定的に有効な契約を締結するための資格）の制度が別に用意されている❶。

　たとえば、未成年者の場合には、本人が親権者（または未成年後見人）の同意を得て契約を締結するか、親権者などが、本人の代わりに契約を締結することになる。他方、成年被後見人の場合には、判断能力の低下が著しいため、本人が契約を締結することはできず、成年後見人（家庭裁判所が職権で選任）に、代わりに締結してもらわなければならない。これらの制限行為能力者が所定の手順を踏まないでした契約は、取り消すことができる（第8章も参照）。

代理

　未成年者Aの親権者であるBが、Aの代わりに、Aの自動車をCに売却する契約を結ぶと、AとCとの間に、自動車の売買契約が成立する。このように、権限のある人（代理人）が、本人の名を示して相手方と契約を締結した場合にその契約の効果が本人に帰属するという仕組みを、代理という。

　代理人の権限の範囲は法律で定められている場合もあるが、それが契約で決まるタイプの代理もある。たとえば、土地を売りたい人が、不動産取引の専門家に土地の売却を依頼し、そのために必要な代理権を与えるような場合である。

　このように、代理は、本人の判断能力の不足を補い、あるいは、活動の幅を拡げる機能をもっている。少し抽象的な表現にはなるが、この制度は、私的自治を補充し、または拡張するためのものであるといえよう。

❶制限行為能力制度の概要

	未成年者〔親権者・未成年後見人〕	成年後見（家庭裁判所の審判が必要）		
		成年被後見人〔成年後見人〕	被保佐人〔保佐人〕	被補助人〔補助人〕
原則	本人が親権者等の同意を得て契約を締結、または親権者等が本人に代わって契約を締結	成年後見人が本人に代わって契約を締結	本人が単独で契約を締結（保佐人の同意は不要）	本人が単独で契約を締結（補助人の同意は不要）
例外	一定の場合（5条1項、3項参照）には本人が単独で契約を締結（親権者等の同意は不要）	食料品の購入等、日常生活に関する行為は本人が単独で行う（成年後見人の同意は不要）	重要な行為（13条1項に列挙する行為）は本人が保佐人の同意を得て行う	とくに重要な行為（13条1項に列挙する行為の一部）は本人が補助人の同意を得て行う

〔　〕内は保護機関

Column　超高齢社会を支える成年後見制度　📖

　制限行為能力者（未成年者を除く）を支援する成年後見制度は、1999年に、既存の制度（禁治産・準禁治産宣告）を抜本的に見直して新たに導入したものである。本人の意思や能力を可能な限り尊重しながらノーマライゼーションを推進するというのが、新しい制度の基本理念である。

　新設の「被補助人」は、軽度の認知症患者などが利用することを想定した、新制度の"目玉"の1つである。被補助人は、原則、単独で契約を締結でき、事前に指定した種類の取引をするときのみ、補助人の同意や代理を必要とする。同じく、新たに導入された「任意後見」も、積極的な活用を期待される制度である。この制度は、将来の判断能力低下に備え、まだ能力が十分なうちに、あらかじめ後見事務の内容を契約で決めておくというものである。どちらも、本人の意思を最大限に尊重する仕組みとなっている。

　ただ、現実には、これらの制度は、あまり活用されていない。自由の制約が大きい「成年被後見人」の利用件数だけが突出しているのである。しかも、後見人による財産の着服が、無視できない件数と額に達している。

　新制度の理念を実現するためには、運用面での更なる改善が求められる。

Key Word 7　意思表示

意思表示とは？

自動車を購入する際には「自動車を買いたい」という考えを相手に伝える必要がある。意思表示とは、このような伝達行為を指す民法上の概念である。契約は、申込者の意思表示と承諾者の意思表示とが合致することによって成立する。たとえば、AがBに「この自動車を100万円で買いたい」と申し込み、Bがそれに承諾を与えると、その瞬間に、AとBとの間に契約が成立する。契約書の作成は、契約が成立したことの有力な証拠にはなるが、それがなければ契約が成立しないというものではない。

不本意な意思表示

契約が成立すると、当事者はその契約に拘束されることになるが、その拘束力が正当化されるためには、契約が自由な意思で締結されたものであるといえなければならない。このような理由から、意思表示がされるまでの過程に何らかの問題があれば、意思表示をした者（表意者）は、一定の要件のもとに、契約の無効や取消しを主張することができる❶。

たとえば、多額の借金を抱えたAが、債権者からの強制執行を免れるために自己所有の土地をBに譲渡する契約を装ったとしよう（虚偽表示）。Aは「土地を売る」という意思をBに向けて表示するが、土地を売る気のないAの内心には、その表示に対応する意思が存在しない。このような場合、Aは、虚偽表示を理由に、契約（厳密には意思表示）の無効を主張することができる。

他方、表示に対応する内心の意思は存在するが、その形成過程（動機）に問題があるという場合もある。土地の値段が近々下落するとBに騙されたAがそれを信じて「土地を売る」という意思をBに表示したような場合である。Aはこのような瑕疵のある意思表示を取り消すことができる。もっとも、取り消されない限りは、その意思表示は、有効である。

第三者を保護する規定

ある土地がAからB、BからCへと売却されたが、AB間の売買が虚偽表示のために無効であるとしよう。このとき、Aは、AB間の契約が無効である旨をCにも主張し、土地の返還を求めることができるだろうか。

契約の無効や取消しは、表意者（上の例ではA）の保護には資するが、その

一方で、表意者の意思表示を信頼した相手方（B）、あるいは、その相手方と取引を行った第三者（C）に不測の損害を与えるおそれがある。民法は、相手方の信頼にも配慮して、無効や取消しを主張するための要件を設けているが、それに加え、第三者の信頼（ひいては取引の安全）を保護するために、無効・取消しを第三者に主張できる場面にも、一定の制限を設けている。

　先ほどの例では、AB間の虚偽表示の事実をCが知らないときは、Aが、契約の無効をCに主張することはできず、その結果、土地の返還をCに求めることができなくなる（なお、Cが虚偽表示の事実を知っていれば、Aは、土地の返還をCに求めることができる）。

❶意思表示に関する民法上の規定

心裡留保（93条）	真意ではないことを知ってした意思表示 　例：あげる気もないのに「指輪をあげる」という	原則有効
虚偽表示（94条）	相手方と通じてした虚偽の意思表示 　例：差押えを免れるために他者も巻き込んで土地の譲渡を装う	無効
錯誤（95条）	①表示に対応する意思を欠いていることに気づかずにした意思表示 　例：100,000円と書く意思で1,000,000円と書く ②契約の基礎とした事情についての認識が真実に反することに気づかずにした意思表示 　例：有名画家の作品であると勘違いして「絵画を買う」という	取消し
詐欺（96条）	他人から欺罔されてした意思表示 　例：有名画家の作品と騙されて「絵画を買う」という	取消し
強迫（96条）	他人から脅されてした意思表示 　例：秘密を暴露すると脅されて「○○円をあげる」という	取消し

Column　不良品でも返品できない!?──約款の功罪　📖

　ホテルに宿泊したり旅行の申込みをしたりする際に「宿泊約款」や「旅行約款」というのを目にすることがある。約款とは、不特定多数との大量の取引を効率的に行うために、取引に適用されるルールを定型的に定めたものである。最近では、インターネットサイトの利用規約でも広く活用されている。

　約款には、消費者の側にもいくつかのメリットがある。たとえば、鉄道を利用するたびに鉄道会社との間で料金を交渉するというのは、非現実的であろう。すべての利用者に同一の料金が適用されるのも、平等という観点からは望ましい。しかし、約款の内容を十分に理解して契約を締結する消費者は稀である。このため、「不良品でも返品できない」というような不利な条項の存在に気づかないまま、契約を結んでしまう場合も少なくない。

　2017年に成立した改正民法には、「定型約款」に関するルールが新たに設けられた。そのルールの運用のあり方とバージョンアップが、今後の課題となる。

Key Word 8　強行規定・公序良俗

契約の適法性

　殺人を依頼する契約が無効であることに異論のある人は、いないであろう。契約自由の原則のもとでは、どのような内容の契約を締結するのも基本的には自由であるが、当事者が合意した契約の内容が、社会の根本的な秩序や正義の観念に照らして、およそ許容できないものであれば、そのような契約（強行規定や公序良俗に反する契約）は、法の助力に値せず、効力を否定されることになる。そうでなければ、弱肉強食の世界を招き、契約が他者を抑圧する手段と化してしまうからである。自由は、恣意や放縦とは違うのである。

強行規定に反する契約

　民法の条文には、実は、当事者の合意によって適用を排除できる規定（任意規定）というのがある。しかし、その一方で、適用を排除できない規定（強行規定）も、たくさんある。後者は、公の秩序に関するものであり、これらの規定に反する契約は、無効である。たとえば、「未成年者が法律行為をするには、その法定代理人の同意を得なければならない。〔以下省略〕」（5条1項）といった規定が、これにあたる。

　この点に関して多少、注意を要するのは、取締規定と呼ばれる行政法規に違反した契約の効力である。たとえば、食品衛生法52条1項は、営業許可を受けていない者が行う食肉販売を禁止しているが、この規定に違反する契約も、私法上は無効ではない（最判1960・3・18）。

　ただ、取締規定のなかには、それに違反した契約の無効を導くものもあり、「効力規定」と呼ばれて、単なる取締規定とは区別されている。このような区別の背後には、行政法規が私的な法律関係に与える影響を可能な限り抑えようとする考え方（公法と私法を峻別する考え方）がある。しかし、行政法規（公法）は、私法と対立した存在ではなく、両者は、共通の目的に仕える相互補完的な関係にある。取締規定に違反する契約の効力は、その契約の内容が、公序良俗に反するかどうかを基準に判断すれば十分であろう。

公序良俗に反する契約

　公の秩序（公序）および善良の風俗（良俗）に反する契約も、無効である。民法制定時には、公序とは国家的・社会的な秩序を意味し、良俗とは道徳（と

くに性道徳）を意味すると解されていた。このため、当時の典型的な違反行為は、犯罪を目的とする行為（贈収賄の約束など）や人倫に反する行為（妾契約など）といったものであり、その守備範囲は限られていた。

　しかし、公序良俗規定が適用される範囲は、次第に拡げられつつある。たとえば、偽ブランド商品を販売する行為が「経済取引における商品の信用の保持と公正な経済秩序の確保を害する著しく反社会性の強い行為」であるという理由で無効とされ（最判2001・6・11）、また、女子の定年年齢を男子より低く設定していた就業規則（従業員の労働条件などを定める規則）も、性別のみによる不合理な差別を定めたものであるという理由で無効とされている（最判1981・3・24）。

　公序良俗規定は、契約を無効とする要件が抽象的であり、適用範囲もあいまいである（このような規定を「一般条項」という）。それゆえ、新しい形の不正義にも柔軟に対応でき、その結果、法の隙間を埋める受け皿的な役割を果たしている。ただ一方で、無効になるかどうかを予測するのが難しく、裁判官の恣意的な判断も招きやすい。どのような契約が無効とされるのか、この規定の射程を把握しうるような理論的な枠組みを構築することが必要であろう。

Column　**暴利をむさぼることは許されない！** 📖

　他人の困窮状態や無知・無経験に乗じて過大な利益を得る行為を、暴利行為という。たとえば、相手方の無知に付け込んで、二束三文の土地を高額で売りつけるような場合である。交換される財産の価値に不均衡がある点に特徴があり、このような契約を無効とした例もある（最判1952・11・20）。

　物やサービスの代価には、通常、当事者がそれを必要とする事情なども反映されるため、代価が相場を上回っていたとしても、そのこと自体は一概に非難されるべきことではない。問題なのは、その代価の決定が、相手方の困窮状態や無知・無経験に乗じて行われたという点である。つまり、暴利行為とは、当事者の一方に、本来なら望まないような不利な内容の契約を押し付けるものであり、契約を締結する際の意思決定に不当な干渉を加える行為であるといえる。

　このような観点からすれば、困窮状態などの悪用に限らず、相手方の従属的な地位（取引依存度が高い事業者との取引など）や抑圧状態（夜分の長時間にわたる説得など）を利用してなされた不当な契約も、広く無効と解すべきことになろう。

Key Word 9 契約責任

契約内容を実現する手段

契約上の義務を相手方が履行してくれない場合、当事者は、どのような手段をとることができるだろうか。たとえば、Aが、自動車（甲）を購入する契約をBと締結したが、履行期になってもBが甲を引き渡してくれないとしよう。このとき、AがBのもとから実力で甲を奪い取ること（自力救済）は許されない。甲の引渡しを求める権利が本当にAにあるとは限らないし、かりに、それが確実であったとしても、実力行使は、ときに行き過ぎを招くからである。

権利を実現するためには、司法手続を経ることが必要である。したがって、通常であれば、Aは、まず裁判外でBに甲の引渡しを請求し、Bが任意に甲を引き渡してくれなければ、改めて訴えを提起することになる。

Aの訴えが認められても、なおBが甲を引き渡さないときは、Aには、大きく分けて2つの選択肢が用意されている。一つは、権利の内容を強制的に実現する方法（履行の強制）であり、もう一つは、履行の強制に代えて、あるいは履行の強制とともに、損害賠償を請求する方法である。

履行の強制

甲の引渡しを強制する方法には、直接強制（国の執行機関がBから甲を回収してAに引き渡す方法）と間接強制（甲を引き渡すまでの間、裁判所がBに一定の金銭の支払いを命ずる方法）の2つがある。このほか、建物の取壊し等、債務者でなくても行うことのできる作為債務の場合には、代替執行（債務者の費用で別の人に債務内容を実現してもらう方法）によることも可能である。

諸外国に目を向けてみると、英米法のように、損害賠償を原則とし、履行を強制できる債務を極端に限定している法制もある。そのような法制のもとでは甲を高額で買ってくれるCが現れた場合に、甲をAに引き渡すか（Aに賠償金を支払って）Cに引き渡すかを、Bが選択することになり、その結果、BがCとの契約を優先して、Aとの契約を破る可能性がある。履行の強制を自由に認める日本法は、権利の本来的な実現に対する保障が、英米法に比べて、かなり手厚いといえよう。

損害賠償

Aは、Bと契約を結ぶことによって、何らかの利益（自己使用、貸借、転売な

ど）を得ようと考えていたはずである。それなのに、Bが甲を引き渡してくれなければ、予定していた利益を得ることができない。損害賠償は、このように、契約上の義務が履行されないことにより、当事者が予定していた利益を得ることができないときに、それを金銭によって補うための制度である。

たとえば、Bの過失で甲が滅失したような場合には、Aは、甲の価値に相当する額の賠償（填補賠償）をBに請求できるが、これに加え、賃料収入や転売利益といったその他の履行利益（もしも債務が履行されていれば、債権者が得たであろう利益）の賠償も、あわせて請求することができる。AとBは、将来における一定の利益を獲得する目的で相互に義務を負担しあう契約を締結したわけであるが、その契約の拘束力が、Bの賠償責任を正当化するのである。

したがって、どのような場合に、どこまでの賠償責任を課すかを判断するにあたっては、当事者が、その契約によって、いかなる義務を負担したのかが決め手となる。義務の内容は、基本的には、契約の解釈（当事者の意思の探求）を通じて確定されるが、意思に基づかない義務（他律的な義務）が認められることもある。雇主が従業員の安全に配慮する義務は、その典型例であるが、近時の学説は、これらの義務を正当化する根拠を、相手方の基本的人権や人格権といった、より抽象的で高次の権利に求めている。

Column　権利行使にも効率性が求められる⁉ 📖

売買の目的物が新車のような代替物である場合には、履行の強制を認めるべきではないとする考え方がある。買主は、代わりの新車を他者から調達し、そのために余分にかかった費用のみを売主に請求すればよく、そのほうが、わざわざ国家機関の助力を得て権利の実現を図るより、社会的コストが低く抑えられるというわけである（履行の強制にも税金が投入される！）。

それだけではない。調達費用の請求にも、効率的な行動が要求される。たとえば、新車の価格が上昇しているときには、買主の調達が遅くなるほど費用もかさみ、その分、損害額も増えるが、調達の遅れに起因する損害は、合理的な範囲のものでない限り、賠償請求を認めるべきではない、というのである。

このような考え方は、債権者（買主）に、損害を軽減するための調達義務を課すことにほかならないが、債権者に代替取引の時期を判断するリスクを負わせ、本来、契約を守るべき債務者（売主）を保護する結果となる。このため、これを正面から認めることには消極的な学説も少なくない。

第4章　民法（不法行為法）

Key Word 1　不法行為法の意義

不法行為とは？

　私たちは、社会生活を送るなかで、他人に迷惑をかけることもあれば、かけられることもある。ささいな迷惑なら、我慢することがほとんどだろう。しかし、生命や健康、自由、財産などを侵害された場合にまで我慢する必要はない。民法その他の法律において、ある行為によって自分の権利や法律上保護された利益を侵害された者は、それによって生じた損害の賠償を、その行為を行った者に対して請求することができる。このような、加害者に被害者に対する損害賠償責任を発生させる行為を「不法行為」といい、不法行為に関する法制度を「不法行為法」という。

過失責任主義とその例外

　不法行為の成立には、原則として、加害者に過失（→ Key Word 3）がなければならない（過失責任主義）。もし、過失の有無にかかわらず自分の行為から生じたあらゆる損害を賠償しなければならないとしたら、人は自由に行動することをためらってしまうだろう。他人に損害を与えないよう注意して行動する義務を果たしてさえいれば、たとえ損害が生じても責任を負わなくてよいとする過失責任主義は、私的自治の原則とともに、社会において対等な個人の自由意思に基づく活動を保障する（過失がなければ責任なし）。一方、加害者に過失があるということは、なすべき注意を怠ったという非難につながり、加害者に不法行為責任を負わせる根拠となる（過失があるから責任あり）。しかし、現代型の事故、たとえば公害や製造物の欠陥による被害などは、個人が加害者である場合よりも広範で深刻であることが多いし、加害者と被害者は対等ではなく、立場が交換することもない。また、自動車は、交通事故の危険が伴うが、その便利さゆえに市場から排除することはできない。そこで、過失責任主義に基づく一般不法行為（民法709条）に対して、特殊不法行為（民法714〜719条）や民法の特別法は、被害者に加害者の過失を立証させる原則から離れて、加害者に自らの過失がないことを立証させる「中間責任」を採用したり、無過失責任主義を採用したりしている。

この章で伝えたいこと──不法行為法の目的

　不法行為法は何のために存在するのか。①不法行為法は、被害者に生じた損害を原則として金銭で補い、不法行為がなければ本来あったであろう状態に戻すことにより、被害者を救済する（原状回復機能）。また、②加害者が被害者の損害を補うルールの下では、人は不法行為をしないように注意深く行動をするようになり、結果として将来の不法行為の発生が抑止される（抑止的機能）。もっとも、①は不法行為法に限定された機能ではない。加害者の過失などの要件を満たさなければ不法行為は成立しないし、成立しても加害者に賠償する資力がなければ被害者は救済されない。②はどうか。人には多かれ少なかれ合理的に行動する性質があるとすれば、ある事故を避けるために注意深く行動する負担が、発生する損害よりも小さい場合にのみ、その事故に対する抑止的機能が働く。さらに、この機能は、事故の発生リスク、防止費用、損害を正しく計算できることが前提となる。そこで、さまざまな事故が生じうる現代社会においては、不法行為法は損害の公平な配分に優れた保険制度や公的補償・救済制度、社会保障制度に置き換えられるべきだという考え方が登場している。

　本章は、その考え方に否定的である。他の制度による補完が必要であっても、不法行為法自体が廃止されるべきではない。なぜなら、そこには権利の実現という目的があるからである。第一に、不法行為法は加害者に被害者の侵害された権利を回復させる。人には、他人の権利を侵害しないよう注意を払って行動する義務がある。その義務を怠って被害者に損害を生じさせた加害者こそが、その損害を賠償する義務を負うのである。他の制度において、加害者と被害者の関係は希薄であるか存在しない。たとえば、自動車損害賠償責任保険・共済制度（→ *Key Word* 5）において、保険・共済金を支払うのは直接の加害者ではない。第二に、不法行為法は、既存の権利の内容の拡充や新たな権利の形成に寄与する。公害・環境問題（→ *Key Word* 8）の被害者は、原因者の行為によって侵害されている権利を主張する必要に迫られて、人格権や環境権の議論を突き詰めていった。そして今、原発事故（→ *Key Word* 9）の被害者が、侵害された権利の一つとして主張しているのが平穏生活権である。

　本章では、不法行為法が、権利の実現という目的を達成するためにどう発展してきたのか学んでほしい。そして、その目的がいまだ達成されていないのであれば、今後どう発展していくべきなのか、考えてほしい。

Key Word 2　権利侵害・違法性

一般不法行為の成立要件

　民法709条を分解すると、加害者が被害者に不法行為責任を負うのは、①被害者の権利または法律上保護される利益が侵害されたこと、②加害者に故意または過失があったこと、③権利・法益侵害と故意・過失との間に因果関係があること、④被害者に損害が発生したこと、⑤権利・法益侵害と損害との間に因果関係があることがそろった場合に限られることがわかる。①の「法律上保護される利益」という文言は、2004年の改正時に入った。なぜそうなったのか。そのことは、権利の実現という目的とどう関わっているのか。

権利侵害要件

　民法典の起草者が不法行為の成立要件に「権利侵害」を入れたのは、過失要件（過失責任主義）とともに不法行為の成立範囲を限定して個人の自由な活動を保障するためであった。桃中軒雲右衛門事件（大判1914・7・4）は、権利侵害要件を狭く解釈して不法行為の成立を否定した有名な判決である。大審院は、Xが当時人気の浪曲師に高額の録音料を支払って製作したレコードを、Yが無断で複製・販売して利益を得たことが「正義の観念に反する」としながらも、瞬間創作をなす浪曲は著作権法が保護する音楽的著作物には当たらず、これを録音したレコードに著作権が認められない以上は著作権侵害もないため、不法行為も成立しないと判断した。しかし、Yの行為によってXの利益が減少したことは事実であり、本判決は大いに批判されることとなった。

　その後、大審院は、大学湯事件（大判1925・11・28）において方針を転換した。大学湯という名の「老舗」を売却できなかったことで損害を受けたことについて、老舗は権利ではないとして不法行為の成立を否定した原審に対し、大審院は、具体的権利だけでなく法律上保護される利益の侵害であっても不法行為が成立すると判断したのである。

権利侵害から違法性へ

　しかし、その後2004年になるまで、709条の文言は変わらなかった。そのままの文言で法律上保護される利益の侵害も709条の保護の対象とするためにはどうすればよいのか。一つの方法は、利益を権利に変えてしまうことである。しかし、権利の種類をどんどん増やしたら、複数の権利が矛盾・衝突し、本当

に重要な権利がそれほどではない権利によって損なわれるおそれがないだろうか。もう一つの方法は、権利侵害要件を別の要件に読み替える考え方である。有力になったのは、権利侵害は違法性の徴表（ある事物を他の事物と区別する特徴を表すもの）にすぎないとする説である。権利を侵害することは法律秩序を破ることであり、それ自体が違法となる。一方で、権利侵害がなくとも行為が違法と評価される場合がある。すなわち、不法行為の本質的要件は権利侵害ではなく加害行為の違法性だと考えるのである。

　それでは、どのような場合に違法性ありと評価されるのか。判例・通説は、侵害される権利・利益の種類と侵害行為の態様とを相関関係的に判断している。生命・身体や所有権の侵害は、侵害行為が悪質かどうかを問わず、原則違法である。一方、侵害される利益があまり強固でない場合には、刑罰法規に違反するなどの悪質な侵害行為に限って違法となる。たとえば、営業上の利益の損失について、自分の営業努力の結果で競業者の売上げが落ちても違法とはならないが、暴力を用いて営業妨害した結果であれば、違法となる。

Column　宇奈月温泉事件　📖

　刑罰法規違反のほかに悪質な侵害行為とされているのは、取締法規違反、公序良俗違反、そして権利濫用に該当する行為である。

　権利濫用に関する判決で最も有名なのは、宇奈月温泉事件（大判1921・10・5）であろう。宇奈月温泉は、源泉から管を使って湯を引いていた。引湯管が通過する土地のうち約2坪の利用権を得ていなかったことに目をつけたXが、それを含む112坪の土地を買い上げて所有権者となり、引湯管を占有・使用するYに対して、不法占拠を理由に、管を撤去するか、他に使い道のない112坪と周辺の土地を合わせた約3,000坪を法外な価格で買い取るよう求めた。Yが断ると、XはYに対して管の撤去等を求める妨害排除請求訴訟を提起したのである。

　大審院は、Xの請求を、権利濫用に当たるとして認めなかった。民法1条3項が権利濫用を禁止しているのを見れば、当然に思うかもしれない。しかし、この条文が民法に組み込まれたのは、判決から26年後の1947年のことだ。判決の決め手となったのは、本件土地の利用価値はほぼ無いに等しいが、宇奈月温泉の人々にとって引湯管が撤去されることは死活問題であること、そして、Xの権利行使の態様が悪質だったことである。民法は、所有権を特に強固な権利と捉えているが（所有権絶対の原則）、権利をみだりに振りかざして他人の生活の糧を奪うことまでは許さないのである。

Key Word 3　故意・過失

故意

　加害行為が故意によるのか過失によるのかは、刑法上は犯罪の成立において重要な違いをもたらすが、不法行為責任を成立させる要素としての違いはない（民法709条）。しかし、不法行為の被害者に生じた精神的損害の賠償の算定においては被害者・加害者双方のさまざまな事情が考慮され、通常、故意不法行為の方が過失不法行為よりも慰謝料が増額される。故意とは、権利・法益侵害の結果の発生を認識しながら、あえてその行為をすることをいうのであり、故意不法行為の加害者は、結果を容認して行為したという点で、過失の場合よりも非難性が高いからである。

過失

　伝統的な学説は、過失を、不注意のために自己の行為の結果を予見しないでその行為をする心理状態と考えて、意思の緊張を欠いたことが法的責任を負いうる非難に値すると考えてきた。したがって、加害者には、自己の行為がどのような法律上の責任を発生させるのか弁識できる「責任能力」が必要である。

　そうはいっても、人の心理状態は結局のところ本人にしかわかりようがない。判例は、被害者の権利・法益を侵害する結果を回避すべき義務に違反した行為をもって過失ありと判断している。そして、結果回避義務の前提として、行為者には、結果の発生が予見できたことが要求される。注意していれば結果を予見し回避できたはずなのに、注意を怠ってしまったことが法的非難に値するのであり、そのような注意義務に違反した者に不法行為責任を課すことは当然だ、という結論になるのである。

注意義務の基準

　もっとも、注意義務を尽くす能力は人によって異なる。ある事故において、加害者が通常の人よりも注意力が足りない人だった場合に、本人の能力的には注意義務を尽くしたのだから過失なしとされてしまっては、被害者は報われない。そこで、判例・通説は、加害者本人ではなく、平均人（一般人・通常人）であれば払う程度の注意が基準となると考えてきた。注意を払う能力が平均より劣る人にとっては酷なようだが、人は、他人が人並みの注意を払って行動しているという期待の下に同じ程度の注意を払って行動しているのであるから、そ

の期待に反した加害者には過失が認められるべきだと考えるのである。

結果回避義務の内容

　化学工場の排煙による農業被害に関する大阪アルカリ事件において、大審院は、事業によって生じうる損害を予防するために事業の性質に従い相当な設備を施していれば過失はないと判示した（大判1916・12・22）。「相当な」という言葉遣いでは、結果回避義務の程度はさほど高くなく、企業保護の判決と思われそうだが、これは過失の判断枠組みを提示しているにすぎない。同事件の差戻審は、より高い煙突を立てて被害を防止しなかったことをもって、相当な設備を施さなかったと判断し、過失を認定した（大阪控判1919・12・27）。同じく公害事例であるが、化学工場の廃液により生命・健康被害が生じた新潟水俣病事件で、裁判所は、結果回避義務の内容として、「最高技術の設備をもってしてもなお人の生命・身体に危害が及ぶおそれがある場合には、企業の操業短縮はもちろん操業停止までが要請されることもある」とした。なぜならば、「住民の最も基本的な権利ともいうべき生命・健康を犠牲にしてまで企業の利益を保護しなければならない理由はないからである」（新潟地判1971・9・29）。

Column　子のしでかしたことは親の責任？　📖

　責任能力のない者が他人に損害を加えた場合、その者には賠償義務が生じない（民法712条、713条）。それでは被害者が救済されないままとなるため、民法714条は、責任無能力者を監督すべき義務のある者に賠償義務を課している。監督すべき義務のある者は、監督義務を怠らなかったこと、または、監督義務を怠らなくても損害が生ずべきであったことを立証した場合には責任を免れることができるが、実際に免責が認められることは稀である。

　責任能力の有無について、民法には刑法のような年齢による明確な線引きはないものの、一般には12歳程度の知能が備わっているかどうかで判断されている。したがって、その年齢を超えた未成年者による不法行為については未成年者自らが賠償義務を負うことになるが、十分な賠償資力を期待できるケースはほとんどないだろう。判例は、監督義務者（親）の義務違反と責任能力ある未成年者（子）の不法行為によって生じた損害との間に因果関係がある場合には、子だけでなく、親も、被害者に対して民法709条に基づく不法行為責任を負うとしている。（最判1974・3・22）。

　近年、民法714条の問題として、認知症患者の加害行為について介護する家族の責任が争われたケースがでてきた（最判2016・3・1）。超高齢化社会において、このようなケースは今後増えていくだろう。

Key Word 4 不法行為の救済方法

損害賠償

　不法行為により、被害者にはさまざまな損害が発生する。たとえば、交通事故でけがを負って入院した被害者は、治療費を支払わなければならないし、仕事を休んだ間の収入は減少し——本来得られたはずの利益（逸失利益）の喪失——、事故時の痛みや恐怖、療養中の不自由さといった精神的苦痛も受ける。それでは、たとえば被害者が完全に治った後も働く気にならず、仕事を首になって借金を重ねたことで家庭が壊れ、そのストレスで病気になった場合、これらの損害についても加害者に賠償請求できるだろうか。前提として、加害行為と損害発生との間には原因と結果の関係がなければならない。確かに、被害者が不幸な人生を送ることになったきっかけは交通事故である。しかし、すべてを加害者のせいにするのはどうだろうか。損害賠償の範囲について、判例は、不法行為と相当因果関係のある損害が賠償されるとしてきた（富貴丸事件・大連判1926・5・22）。すなわち、加害者は、不法行為から通常生ずべき損害を賠償しなければならないが、自分が予見できなかった特別の事情による損害についてまで賠償する必要はないのである（民法416条の準用）。

　損害賠償の方法は、原則として金銭による。しかし、誹謗中傷されるなどの名誉権侵害の場合には、金銭賠償だけでは救済として不十分であるため、謝罪広告などによる名誉の回復が可能とされている（民法723条）。

　被害者は、加害者に対する損害賠償請求権を永遠に行使できるわけではない。不法行為に基づく損害賠償請求権は、被害者が損害と加害者を知った時から3年で時効によって消滅する（民法724条1号）。人の生命または身体を害する不法行為による損害賠償請求権の場合は5年である（民法724条の2）。もっとも、時効制度は、「権利の上に眠る者は保護に値しない」という考え方が根底にあるため、被害者が裁判を提起すること等で時効の進行を振出しに戻すことができるし——時効の更新——、権利行使が不可能な状況の下では、時効の完成は猶予される。さらに、不法行為に基づく損害賠償請求権は、不法行為の時から20年経過したときにも時効によって消滅する（民724条2号）。これまでも、損害賠償請求権を消滅させると著しく正義・公平の理念に反するような事件では、期間の進行の停止を認めて20年が経過していないと解釈したり（最判1998・6・

12、最判2009・4・28）、加害行為が終了してから相当の期間が経過した後に損害が発生する事件においては、損害全部または一部が発生した時点から期間を計算したりすることで（最判2004・4・27、最判2004・10・15）、被害者の権利の実現を図ってきた。

差止め

損害賠償は、生じた損害を事後的に回復する措置であるので、現に行われているかそのおそれのある加害行為については「差止め」が認められないと、被害者は救済されないままとなる。民法には差止めについて明文の規定がないため、差止めの根拠をどこに求めるかについて議論がなされてきた。判例は、侵害された権利の効力として、差止請求権を認めている。名誉毀損記事が掲載されている雑誌の出版・販売の事前差止めに関する北方ジャーナル事件において、最高裁は、人格権としての名誉に基づく侵害行為の差止めを適法と判断した（最大判1986・6・11）。人格権についての明文規定はないが、生命・身体・自由をはじめとする人格的利益に関する権利は、人間の尊厳という観点から尊重されるべきとされている。

Column　損害賠償額の男女格差　📖

不法行為の被害者の逸失利益は、死亡時の年収に基づいて算定される。それでは、被害者が死亡時点で無職の場合はどうするのか。専業主婦であれば、収入がなくとも実際に家事労働を行っているので、女子労働者の平均賃金を基礎として逸失利益を算定している。年少者はどうか。最高裁は、死亡した女児について、女子労働者の平均賃金を基礎として算定した（最判1987・1・19）。しかし、この方法では、男女の平均賃金の格差が賠償額に反映されてしまう。雇用における男女の均等な機会と待遇を実現しようとしている社会において、現在の男女格差が将来にわたって続くことを前提に逸失利益を算定することでよいのだろうか。その後、女児の逸失利益について男女をあわせた全労働者の平均賃金を基礎に算定する裁判例が登場し（東京高判2001・8・20）、この方法が普及したことにより、男女格差は以前よりは小さくなっている。

平成30（2018）年賃金構造基本統計調査
による一般労働者の平均賃金（月額）

男性計	女性計	男女計
337,600円	247,500円	306,200円

出典：厚生労働省

Key Word 5　交通事故

交通事故の現状

　日本には、乗用車だけでも6,200万台超、トラック、バス等も合わせると大変な数の自動車が存在する。それだけ便利な交通・輸送手段として我々の生活に浸透しているわけだが、交通事故をはじめとする負の影響——自動車の社会的費用——を無視することはできない。2019年版交通安全白書によると、2018年中の交通事故発生件数は430,601件であった。過去最多の952,709件（2004年）から減少したとはいえ、なお高い水準にある❶。

交通事故の保険・共済制度と政府保障事業

　自動車事故の被害者が加害者に対して民法709条に基づく損害賠償責任を追及する場合、被害者には加害者の過失等を立証する責任があるが、それが難しい事故もある。そして、加害者の不法行為責任が成立したとしても、加害者に賠償する資力がなければ、被害者は金銭的に被害を回復することができない。これらは不法行為に共通の問題ではあるが、誰でも被害者になりうる交通事故について、そのような事態が頻繁に起こることは、いっそう望ましくない。

　1955年に制定された自動車損害賠償保障法（自賠法）は、自動車——バイクや原付も含まれることに注意——の保有者に対して、自動車損害賠償責任保険または自動車損害賠償責任共済に加入することを義務づけ、保険会社・共済組合側にも契約締結義務を課している。しかし、自賠責保険・共済は、人身損害に限定されており、補償額にも上限がある。たとえば、死亡による損害は3000万円である。そのため、自賠責の補償内容をカバーする自動車保険・共済が販売されており、保有車両の90％近くは、任意の対人賠償保険・共済に加入している。自賠責保険・共済では、被害者から保険会社・共済組合への直接請求権が認められているので、被害者は迅速な補償を受けることができる❷。保険会社・共済組合が、被害者に対して加害者が支払うべき損害賠償額に相当する額を支払うと、被害者の加害者に対する損害賠償請求権はその限度で消滅する。

　さらに、自賠法は、社会保障の見地から、政府による自動車損害賠償保障事業という制度を導入している。ひき逃げなどの自動車の保有者が明らかでない事故や無保険車による事故により人身損害が発生した場合でも、被害者は、政府から補償金を受け取ることができる。

自動車運行供用者の責任

　自賠法の下、自己のために自動車を運行の用に供する者（運行供用者）は、自動車の運行によって「他人」の生命・身体を害した場合に、①自己および運転者に運行上の不注意がなかったこと、②被害者または運転者以外の第三者の故意・過失があったこと、③自動車の構造上の欠陥または機能に障害がなかったことのすべてを証明できない限り、損害賠償責任を負う。証明責任を被害者から加害者に転換しているのは（中間責任）、危険物である自動車の運行を支配する者に責任を負わせる「危険責任」と、自動車の運行によって利益を得ている者に不利益についても負担させる「報償責任」の思想に基づく。

　運行供用者であるかどうかは、車に運行利益・運行支配を有するかどうかで判断される。たとえば、会社の運転手が社用車を私用で運転中に起こした事故について、会社はその車について運行利益・運行支配を失ったとまではいえないため、運行供用者責任を負う。一方、盗難車が事故を起こした場合には、車の保有者はもはや運行支配を失っているため、運行供用者責任を負わないことになる。もっとも、車が盗難されたことについて保有者に過失があるのなら、盗難中の事故であっても民法709条に基づく責任を負う可能性がある。また、ここでいう「運行」とは、自動車を当該装置の用い方に従い用いることであるので、運転中以外の事故でも自賠法が適用されることがある。

❶自動車事故データ（2018年）

事故発生件数	430,601件
死者数（24時間以内に死亡）	3,532人
死者数（30日以内に死亡）	4,166人
負傷者数	525,846人

出典：内閣府『令和元年版交通安全白書』

❷自賠責保険・共済の流れ

　自賠責保険・共済の契約
　交通事故による損害の発生
　保険・共済金の請求
　事故および損害の調査
　支払額の決定
　保険・共済金の支払い

Column 配偶者も「他人」📖

　自動車事故の被害者は、加害者の運行供用者責任が成立することによって、自賠法上の「他人」として、自賠責保険・共済に対して損害賠償金の支払いを請求することが可能になる。自動車事故被害者の救済という法の趣旨からは、「他人」の範囲は広い方がよい。判例は、夫の運転する自動車に同乗中、夫の過失による事故で負傷した妻も、夫である運行供用者とは「他人」であるとして、妻の自賠責保険の請求を認めた（最判1972・5・20）。

Key Word 6 製造物責任

製品による事故

　私たちは、いろいろな製品を使用しているが、時には、その欠陥が原因となって、人の生命や身体が害されることがある。高度経済成長期には、森永ヒ素ミルク事件❶を皮切りに大規模な食品公害・薬害が次々と発生し、その後も、欠陥自動車などによる事故がたびたび社会問題となってきた。

契約責任の限界、不法行為責任の限界

　製品の欠陥による損害を受けた被害者は、従来は、契約に基づく責任か不法行為責任を追及するしかなかった。しかし、契約責任を追及するには契約が存在しなければならないが、製品をメーカーから直接購入する消費者は多くない。不法行為責任についても、被害者がメーカーの過失を証明するためには、メーカー以上にその製品に関する知識・情報を有することが必要となるが、そのようなことはまずありえない。

製造物責任法

　そこで、1994年、製造業者の過失の有無にかかわらず、製造物の欠陥により人の生命・身体や財産に係る被害が生じた場合には製造業者に対して損害賠償責任を課すという製造物責任法が制定された。民法の原則である過失責任主義を修正していることは、事業者が危険責任・報償責任を負っていることに加え、消費者は事業者を信頼する以外に自らの安全を確保する手段を持たないという、事業者の「信頼責任」から正当化される。

　製造物責任法の対象となる「製造物」は、土地・建物以外の製造または加工された物である。市場に流通している多くの物が「製造物」にあてはまるが、農産物や水産物の未加工品は入らない。たとえば、生卵は「製造物」ではない。しかし、ゆで卵はゆでるという加工を施しているので「製造物」になる。

　製造物の「欠陥」とは、製造物の特性、通常予見される使用形態、製造業者などが製造物を引き渡した時期その他の当該製造物に係る事情を考慮して、製造物が通常有すべき安全性を欠いていることをいう。ひとくくりに欠陥といっても、①製造物が設計・仕様どおりに作られなかったために安全性を欠いている「製造上の欠陥」、②製造物の設計段階で十分に安全性に配慮しなかったため、製造された物すべてが安全性に欠けることになる「設計上の欠陥」、そし

て、③有用性や効用との関係で除くことのできない危険性のある製造物について、危険が現実にならないようにするための指示・警告❷が不十分な「指示・警告上の欠陥」がある。

同法は、製造業者を幅広くとらえ、本来の製造業者や加工業者だけでなく輸入業者も対象としている。被害者が海外の製造業者に損害賠償請求することが難しいからである。被害者保護の観点から、プライベート・ブランド商品のように、実際に製造していなくても消費者が製造業者と思うような表示をしている者も、製造物責任を負う。

製造物責任法に基づく損害賠償請求権は、被害者が損害および賠償義務者を知った時から3年——人の生命または身体を侵害した場合には5年——、製造物の引渡し時から10年で消滅する。後者の期間（10年）が民法724条2号の期間（20年）よりも短縮された理由の一つは、比較的長期に使用される製造物であっても、平均的な耐用期間は10年程度、使用期間は7年程度であるためである。ただし、蓄積したり遅れて発生したりする損害については、損害が発生した時を起算点とする。

❶森永ヒ素ミルク事件

1955年、ヒ素が混入した粉ミルクにより、西日本一帯で死者130名、中毒患者12,131名（1956年6月時点）にのぼる被害が生じた食品公害事件。1973年、国、粉ミルク製造者である森永乳業株式会社、被害者は、同社の資金拠出によって被害者を恒久救済することについての確認書を交わし、そのための財団が設立された。

❷洗剤の警告表示の例

出典：日本石鹸洗剤工業会

Column 「あついのでやけどにごちゅういください」 📖

1994年、アメリカで、マクドナルドのコーヒーで火傷した被害者に約300万ドルの賠償を認める判決が出た。熱すぎるコーヒーが危険であり、その警告が不十分だったことから、損害の填補分に加えて、過去に同様の事例が数多くあったのに何の対策も取らなかったことについて懲罰的損害賠償が課されたためである。後に懲罰的損害賠償分は大幅に減額されたが、今では、同社にかぎらず、持ち帰り用コーヒーカップには注意を促す警告表示をつけるようになった。

Key Word 7 医療過誤

医療過誤訴訟の動向

　最高裁判所の『裁判の迅速化に係る検証に関する報告書（第8回）』（2019年7月）によれば、2018年に裁判所が新規に受理した医事関係訴訟の数は753件、処理を終えた件数は770件で、平均審理期間は24.4か月だった。地方裁判所における民事第一審訴訟の平均審理期間は9.0か月であったから、3倍近くの時間がかかっていることになる。そして驚くのは、医事関係訴訟で原告の請求が認容される割合の低さである。同じく最高裁の『医事関係訴訟に関する統計』によれば、2018年度の地裁民事第一審訴訟で原告の請求が認容される割合は85.5％だったが、医療関係訴訟事件だけでは18.5％だった。なぜこれだけ差がつくのだろうか。

医療過誤訴訟の法律構成

　医療過誤の民事責任を追及する場合、診療契約違反として構成することと、不法行為として構成することが考えられる。患者側で自らに有利な構成を選択することになるが、どちらを選択しても立証の大変さは変わらない。

　不法行為構成をとるとしよう。医師個人の責任を問うことも（民法709条）、医師が勤める病院の責任を問うことも（使用者責任、民法715条）、両方の責任を問うことも可能であるが、いずれの場合でも、患者側が医師の過失を立証する責任を負う。治療が間に合う○○の時点で◇◇の検査をすべきであった、この検査結果からは□□という診断をすべきであった、治療方法として△△ではなく▽▽を選択すべきであった……。患者側には、医療従事者を超えるくらいの医学知識や医療情報が必要となる。

　それでは、契約構成ならどうか。一般に、診療契約において医師・病院側が負う債務とは、適切な診療行為をすることだと考えられている。病気やけがの治癒ではない。多くの人は、治癒を期待して医師の診療を受けているのだろうが、いかに最善を尽くしても完治が不可能な病気やけがはあるので、そのような患者を診る医師・病院は必然的に契約違反になってしまうからである。したがって、医師・病院の契約違反を追及するには、患者側に、医師が行った診療行為がどう不適切であったのか立証することが要求されるのであり、それは、不法行為構成における過失の立証と同様の困難が伴う。

医師の注意義務の水準

医師が負う注意義務は、「一般的には診療当時のいわゆる臨床医学の実践における医療水準」（最判1982・7・20）とされている。しかし、日々進歩している医学・医療技術をすべての病院が一律に実践することは不可能である。大学病院と診療所、大都市圏の病院と地方の病院では、医学的知見の普及に時間差があるからである。そこで、「ある新規の治療法の存在を前提にして検査・診断・治療等に当たることが診療契約に基づき医療機関に要求される医療水準であるかどうかを決するについては、当該医療機関の性格、所在地域の医療環境の特性等の諸般の事情を考慮すべき」であるとされている（最判1995・6・9）。

医師の説明義務と患者の自己決定権

患者は、自己の生命・身体の処分に関して自由に決定する権利（自己決定権）を有する。医療行為は患者の身体に対する侵襲であるので、医師は、説明を尽くして患者の承諾を得なければならない。したがって、医療行為自体については医療水準にかなっていて過失がない場合でも、医師の説明が不十分であったことから患者の自己決定権が侵害されたとして、不法行為の成立が認められることはありうる。

Column　医事紛争に関する改革　📖

2001年の司法制度改革審議会の意見書では、医事関係訴訟の充実・迅速化を図るため、鑑定制度を改善することが提言された。医療に関する知識に基づく判断を必要とする複雑な訴訟であるにもかかわらず、専門家である鑑定人を見つけることが困難であったためである。これを受けて、現在では、最高裁に設置された医学界・法曹界・一般有識者からなる医事関係訴訟委員会が鑑定人候補者を選定している。また、裁判所によっては医事事件集中部が設置され、集中証拠調べによる審理期間の短縮化を図っている。

一方、裁判という当事者対抗的な紛争解決制度では、患者側が求める医療事故の真相の究明や再発抑制は必ずしも実現されないという考えから、患者と医療者が話し合いを通じて紛争解決を図る「医療ADR」の活用が提唱され、一部の弁護士会において実施されている。さらに、近年では、医療にかかわる苦情や事故発生の際の病院内での初期対応として、院内医療メディエーター（医療対話仲介者）が患者と医療者が向き合う場を設定し、当事者間の対話を促進することを通じて関係再構築を支援する「医療メディエーション」への取組みが注目されている。

Key Word 8 公害・環境問題

公害・環境問題と不法行為法

　深刻な公害から人の健康・生活環境を保護するため、そして自然環境を保全するため、現在に至るまでさまざまな環境法が制定されてきたが、それらの個別環境法は、もっぱら行政が公害・環境問題の原因となる行為を規制するものであり、通常、公害・環境問題による損害の賠償やその差止めを求める規定を含んでいない。四大公害の時代はもちろん、現在においても、公害・環境問題の解決において不法行為法が果たす役割は大きい❶。

環境権

　公害・環境問題の差止請求訴訟においては、差止めの根拠として、人格権侵害に加えて環境権侵害が主張されることが多い。環境を守るために、環境を支配し、良き環境を享受しうる権利の侵害に対しては、妨害排除・妨害予防請求が可能であるとするのである。

　しかし、この私法上の権利としての環境権について、裁判所は一貫して、その主体や内容が不明確であることなどを理由に否定してきた。それでも、人格権侵害に至らない環境悪化の段階での差止めが可能となる環境権を主張し続けることで、①人格権の内容が拡充され、②環境保護に関する新しい権利・利益が登場する道筋をつけたことは評価されるべきである。①の例として、産業廃棄物最終処分場の操業について、「人格権の一種としての平穏生活権の一環として、適切な質量の生活用水、一般通常人の感覚に照らして飲用・生活用に供するのを適当とする水を確保する権利」に基づく差止めが認められた裁判例がある（仙台地決1992・2・28）。②の例としては、高層マンションが景観を破壊するとして、周辺住民が事業者らに対して一部撤去と損害賠償を求めた事件において、最高裁は、損害賠償責任の有無を判断する過程で、「都市の景観は、良好な風景として、人々の歴史的又は文化的環境を形作り、豊かな生活環境を構成する場合には、客観的な価値を有する」のであり、「良好な景観に近接する地域内に居住し、その恵沢を日常的に享受している者は、良好な景観が有する客観的な価値の侵害に対して密接な利害関係を有するものというべきであり、これらの者が有する良好な景観の恵沢を享受する利益……は、法律上保護に値する」として、「景観利益」を認めるに至った（最判2006・3・30）。

公害・環境訴訟における受忍限度論

公害・環境問題によって生命・健康被害が生じている場合、侵害されている権利・法益の重大性から、加害行為の態様を考慮することなく違法であると判断されるべきではあるが、判例上は、加害者・被害者双方の事情が総合的に勘案され、被害が一般社会生活上受忍すべき程度（受忍限度）を超えると判断された場合にようやく損害賠償・差止めが認められてきた。そこで考慮される事情とは、①被害の内容や程度、②加害行為の態様、③当事者間の交渉経過、④規制基準違反の有無、⑤地域性、⑥先住性、⑦加害行為の公共性などである。これらの事情は損害賠償の違法性判断においても考慮されるが、裁判所は、通常、差止請求においては、損害賠償請求よりも高い違法性を要求している。

❶四大公害訴訟の概要

	イタイイタイ病	熊本水俣病 （第一次訴訟）	四日市公害	新潟水俣病 （第一次訴訟）
発生地域	富山県神通川流域	水俣湾周辺	四日市コンビナート周辺	新潟県阿賀野川流域
原因物質	カドミウム	メチル水銀	硫黄酸化物等の大気汚染物質	メチル水銀
加害企業	三井金属鉱業	チッソ	四日市コンビナートの6社	昭和電工
判決	1971・6・30（第一審） 1972・8・9（控訴審）	1971・9・29	1972・7・24	1973・3・21
根拠条文	鉱業法109条	民法709条	民法719条	民法709条
主な争点	因果関係	過失、因果関係、見舞金契約の効力	過失、因果関係、共同不法行為	過失、因果関係

Column　被害救済と政策形成 📖

公害・環境訴訟の原告らは、自己の権利救済だけを目的としているのではない。四大公害訴訟の原告団と弁護団は、勝訴判決を得た直後から被告と直接交渉を行い、裁判の原告以外の被害者たちも含めた恒久的救済措置を勝ち取った。たとえば、熊本水俣病訴訟判決後には、原因企業のチッソが、水俣病患者として行政認定された被害者に対して判決で認定された慰謝料に加えて年金・医療費などを将来にわたって支払っていく内容の補償協定が締結された。

さらに、訴訟活動を含めた公害反対・環境保護運動は、環境政策をも動かす。1972年の四日市公害訴訟判決を受けて、1973年に公害原因者の民事責任を踏まえた公害健康被害補償法が制定されたのは、ほんの一例である。

Key Word 9　原子力損害賠償

福島第一原子力発電所事故による被害

　2011年3月11日に発生した東北地方太平洋沖地震と津波から、福島第一原子力発電所において、炉心融解・水素爆発が生じ、発電所の外に大量の放射性物質が飛散するという深刻な事故が発生した。原発の周辺で暮らす人々は、政府の指示によって避難を余儀なくされた❶。避難指示の対象外であっても、情報不足と混乱のなか、とりもなおさず避難をした人は相当の数に上った。また、避難指示区域外の住民のなかには、とりわけ小さな子どものいる家庭を中心に、事故後しばらく経ってから被ばくを避けるために避難した人もいるし、さまざまな事情から避難はしないまでも、可能な限り被ばくを避けるべく不自由な日常生活を送っている人もいる。

　2012年4月1日以降、避難指示区域は、放射線量の高さによって3つに分けられた。そして、除染等によって年間積算量が20ミリシーベルト以下になった地域については、避難指示が解除されてきた。なお、事故前の国の安全基準値は年間1ミリシーベルトであった。復興の加速化を推進する政府は、2020年3月4日までに、放射線量が非常に高い「帰還困難区域」を除く避難指示区域をすべて解除した。すでに福島県は、2017年3月末に、区域外避難者への避難用住宅の無償提供を打ち切っている。

原子力損害賠償制度

　原子力損害の賠償に関する法律（原賠法）の下、福島第一原発の事業者である東京電力ホールディングス株式会社は、原子力損害の賠償に関して無過失責任を負う。不法行為の一般原則である過失責任ではなく無過失責任が採用されたのは、原子力事業が潜在的に危険な活動だからである。また、同法は事故を起こした事業者に無限責任を課しているが、東電の資産は有限である。そこで、国は、賠償費用等にあてるための資金援助を東電に対して行っている。

　原発事故の被害者が東電に対して損害賠償を請求する場合、①東電への直接請求、②原子力損害賠償紛争解決センターへの和解の仲介の申立て（原発ADR）、③民事訴訟の提起が考えられる。①では、被害者は東電が用意した請求書を利用して賠償金の請求を行い、東電は国の指針を基に作成した賠償基準で算定した賠償額を支払う。②では、センターが、中立・公平な立場から被害

者と東電の意見を調整して、国の指針に基づいて算定した賠償額を提示し、和解が成立すれば、東電から被害者に賠償金が支払われる。東電は、和解案の尊重を表明しているが、現実には和解案受諾を拒否し、センターが手続を打ち切るケースが増えている。③については、原発事故によって生じた損害の賠償や、空間放射線量を事故前のレベルに戻すことを求める訴訟が提起されている。これら原発賠償訴訟のほとんどにおいて、国が東電に対する規制権限の行使を怠った違法があるとして、東電の責任に加えて国の責任が追及されており、東電の責任についても、その過失を明確にして反省を求めるために、原賠法の無過失責任とともに、民法709条の過失責任が追及されている。

❶政府による避難等が指示された地域

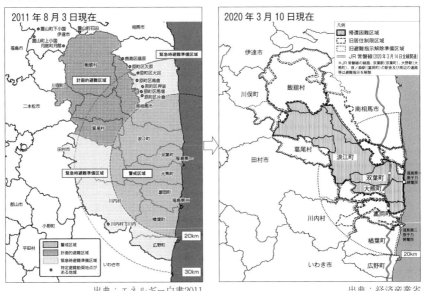

出典：エネルギー白書2011　　　　　出典：経済産業省

Column　ふるさと喪失慰謝料と平穏生活権侵害 📖

　原発事故で避難を余儀なくされた人々は、事故によって奪われたものの一つに「ふるさと」を挙げている。彼らは、事故前には、豊かな自然環境と文化環境に根差した地域社会の中で、良好な関係を育み、個々の人格を発達させていたが、事故により、地域社会は分断され、被ばくの不安感や将来が見えないことによる焦燥感を抱えることになった。このため、原発賠償訴訟の多くで、被害者たちは、平穏生活権侵害などを法的根拠とする「ふるさと喪失慰謝料」を請求しているのである。

第5章　家族と法

家族法を学ぶ意味

　日本では、民法第四編親族、第五編相続の部分を合わせて「家族法」と呼んでいる。親族の概念をはじめ、婚姻、離婚、親子、相続といった家族生活に関わる事柄のルール、そしてそれらに関わる紛争解決の基準を定めている。しかしよく考えると、法制度以前に、古来より人は家族生活を送り次世代の子どもをもうけてきた。また、死者に備わっていた財産は何らかの形で承継されてきた。つまり、家族生活に関わる事柄は、人間社会にとって必然のことで、本来とてもプライベートな事柄なのである。それなのになぜ、国が法を通じて家族について規定する必要があるのだろうか。この章を通じて、家族に関する法制度について知るとともに、国家が法制度として家族について定めることにどのような意味があるのかを考えてほしい。

日本家族法の系譜

　結婚式場で「○△家・◇□家結婚披露宴」などの表示があったり、お墓で「○○家之墓」などと書かれているのを見たことがあるだろうか。ここでいう「家」とは何を指すのだろう。1898年、日本で初めて施行された明治民法（民法旧規定）には、「家」制度が定められていた❶。「家」制度とは、儒教的な家父長制にならい、家族の長としての戸主に強い権限と責任を持たせ、他の家族は戸主に従うという制度であり、この戸主の地位とその家の財産は長男が相続する仕組みであった。「家」制度は、世代による差別と男尊女卑的な性差別を内包する家族制度であったといわれる。明治時代には、儒教的な道徳観にもとづき忠孝を原理とする教育制度が整えられていたが、この「家」制度は、家では戸主に従い、国家においては天皇に仕える、このような精神を育てるために有効だったといえる。

　1947年、民法は家族法部分について大幅な改正が行われ、「家」制度は廃止された。戦後成立した日本国憲法の平等権（14条）や個人の尊厳と両性の本質的平等（24条）などの規定に基づき、個人を基礎として権利義務関係が規定され、男女不平等な制度は改められた。その結果、婚姻は妻が夫の「家」に入る

形から当事者双方の合意により成立するものとなり、婚姻後の夫婦の氏について
も、「夫となる者」「妻となる者」、どちらかの氏を選択するよう改められた。
さらに相続は子の間で均分相続となり、親権についても婚姻中は父母の共同親
権となった。

親族概念

　民法では、六親等内の血族、配偶者および三親等内の姻族を親族と定めてい
る（725条）❷。親族・親等の概念を定める効果は、扶養義務の範囲の確定や、
近親婚の制限、養子縁組の要件などの場面でみられる。加えて、民法730条は、
直系血族および同居の親族は、互いに助け合わなければならないと規定してい
る。このような親族範囲の定義や、親族の助け合い義務については、家意識や
家父長制を温存するものとの批判もある。

❶明治民法下での条文の例

● 第七百三十三條　子ハ父ノ家ニ入ル／父ノ知レサル子ハ母ノ家ニ入ル／父母共ニ知レサル子ハ一
家ヲ創立ス
● 第七百四十七條　戸主ハ其家族ニ對シテ扶養ノ義務ヲ負フ
● 第七百七十二條　子カ婚姻ヲ爲スニハ其家ニ在ル父母ノ同意ヲ得ルコトヲ要ス　但男カ満三十年
女カ満二十五年ニ達シタル後ハ此限ニ在ラス（後略）
● 第七百八十八條　妻ハ婚姻ニ因リテ夫ノ家ニ入ル／入夫及ヒ婿養子ハ妻ノ家ニ入ル
● 第八百一條　夫ハ妻ノ財産ヲ管理ス／夫カ妻ノ財産ヲ管理スルコト能ハサルトキハ妻自ラ之ヲ管
理ス

❷親族の範囲（親等図）

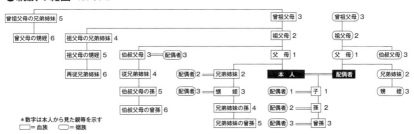

＊数字は本人から見た親等を示す
□＝血族　　□＝姻族

親等図説明　血族とは、親子や兄弟など血縁関係のある自然血族と養子縁組による法定血族に分か
れる。姻族とは、夫婦の一方からみた他方配偶者の血族との関係である。また、直系とは血統が垂
直の形で連なる親族を指し、傍系とは血統が共通の祖先によって連結する親族をいう。子、父母、
祖父母という垂直の関係が直系であり、兄弟姉妹は父母を共通の祖先とする傍系の関係である。さ
らに、親族関係の遠近を表す尺度として親等という単位がある。親等の数え方は、一つの世代を 1
単位として計算し（726条 1 項）、直系血族間では垂直に世代ごとに数える。傍系血族間では、あ
る一人から共通の祖先まで遡り、共通の祖先から該当する者のところに下がるまでの世代数を計算
する（726条 2 項）。

Key Word 2 婚姻制度

婚姻の成立

　日本の婚姻は届出主義が採用されているため、役所への婚姻届の提出・受理をもって法的な婚姻が成立するが、以下の事由があるとき、婚姻の届出は受理されない。これを婚姻障害事由という。

婚姻障害事由

⑴**婚姻適齢**：男性は18歳、女性は16歳にならなければ婚姻をすることができない（731条）。

⑵**重婚の禁止**：すでに婚姻し、配偶者のある者は、重ねて婚姻をすることができない（732条）。

⑶**再婚禁止期間**：女性は、前婚の解消または取消しの日から100日間は再婚をすることができない（733条1項）。この期間を、再婚禁止期間あるいは待婚期間という。女性のみを対象とするのは、再婚後に出生した子の父親が、前婚の夫か後婚の夫か、混乱することを避けるためとされる。

⑷**近親婚の禁止**：直系血族又は三親等内の傍系血族の間での婚姻は禁止される（734条）。734条による婚姻の禁止は優生学上の理由とされる。また、倫理的な理由から、直系姻族間の婚姻（735条）、養子もしくは養子の配偶者、又は養子の直系卑属もしくはその配偶者と養親又は養親の直系尊属との間の婚姻も禁止されている（736条）。

　婚姻は男女の自由な意思のみに基づいて成立するはずであるのに、このような制約があるのはどうしてだろう。たとえば婚姻できる年齢が男女で違うのはなぜだろう。また、再婚を禁止される期間は女性にだけ設定されている。これらは、男女平等の視点から問題ではないだろうか。近親婚についても国によって禁止される範囲が違う。このように、民法制定時には合理的だと考えられたこれらの制約のなかには、価値観の変化や国際情勢に対応し改正が検討されるべきものがある。なお、婚姻適齢は、成年年齢の引き下げ（20歳から18歳）を行う改正民法の施行に伴い、2022年4月より男女とも18歳となる。その結果、民法737条に定められていた未成年者の婚姻への親の同意や、未成年が婚姻することにより成年に達したものとみなされる成年擬制（753条）についても削除される。

婚姻の効果

　婚姻が有効に成立すると、夫婦は同じ氏を称する（夫婦同氏の原則：750条）。日本では約96％の夫婦が、夫の氏を夫婦の氏として選択している現状があり、男女の平等の視点や氏に関する自己決定権・人格権の視点から、選択的夫婦別

氏制の導入についての議論が続いている。そのほか、法律上の婚姻の効果として、同居協力扶助義務（752条）や貞操義務がある。

　また、夫婦間の財産関係について、夫婦財産契約を締結しない場合には夫婦別産制（762条）に従い、夫婦の財産は夫・妻それぞれに帰属する（つまり、夫の名義のものは「夫のもの」、妻の名義のものは「妻のもの」）。夫婦別産制の下では、妻のいわゆる「内助の功」は財産として評価されにくく、実際には離婚時や相続において評価される仕組みになっている。

Column 1　不貞の相手方への慰謝料請求　📖

　日本では、不貞行為の相手方への慰謝料請求が実務として定着しているが、国際的にはとてもめずらしい。たしかに、民法には同居協力扶助義務があり、不貞行為は民法770条1項に定める離婚原因でもある。しかし、そもそも夫婦の貞操義務に反する行為をしたのは、不貞をはたらいた配偶者自身であるし、何より婚姻をもって性的自由まで奪われるものではないだろう。裁判所は、不貞行為の相手方への慰謝料を肯定しているが、婚姻関係がすでに破綻している場合には、共同生活の平和の維持という利益がないとして、慰謝料請求を認めない判断をしている（最判1996・3・26）。

Column 2　夫婦の氏をめぐる議論　📖

　夫婦同氏の原則は、同じ氏の者で編成される戸籍制度や明治民法で定められた家制度の影響が大きい。氏は「山田家」「田中家」といった「家」の呼称であり、そこに所属する家族構成員はすべて同じ「家」の呼称を氏として名乗っていた。諸外国では、日本のように夫婦どちらかの氏を夫婦の氏として選択しなければ婚姻できない国はごく少数である。夫婦同氏か別氏かが選択できたり、結合氏や第三の氏の創成を認める国もある。

　改正案として、1990年代より選択的夫婦別氏制度の導入が検討されてきた。これは、別氏を選びたいカップルに別氏で婚姻をする道をひらく制度であり、婚姻の際に夫婦同氏か夫婦別氏かの選択ができるというものである。実際、結婚によって氏が変わることで、氏の変更に伴う手続の面倒、職業上の不都合、アイデンティティの喪失など、さまざまな問題を感じる人もいる。日本では、結婚するカップルの約96％が夫となる男性の氏を夫婦の氏として選択している。したがって、氏を変える女性の側がさまざまな不利益を感じることが多く、男女平等の視点からも問題が指摘される。国連の女性差別撤廃委員会でも、男女平等の観点から、750条など日本の民法の一部を「即時改正すべき」と勧告している。

Key Word 3 離婚の成立

離婚手続概説

「離婚は、結婚以上に大変！」これは、多くの離婚経験者が述べる言葉である。婚姻に比べ紛争性が高く、子どもがいるケースでは離婚後の子の養育に関する協議も必要となる。日本の離婚は、協議離婚が約9割を占めている。協議離婚とは夫婦が離婚に合意したうえで、役所に離婚届❶を提出することで成立する離婚である。そのほか、家事事件手続法上の調停離婚や審判離婚、民法770条に定める離婚原因がある場合に裁判所の判決によって成立する裁判離婚がある。

手続としては、夫婦が離婚に合意すれば離婚届を役所に提出するだけで離婚は成立する。一方、夫婦で離婚の協議が調わない場合には、いきなり裁判を提起するのではなく、まずは家庭裁判所で調停を行わなければならない（調停前置主義）。離婚調停は非公開であるが、2名の調停委員が同席するなかで離婚に関する合意点について話し合われる。

裁判離婚

夫婦の協議や離婚調停を通じても離婚が成立しないケースでは、法定の離婚原因にもとづく離婚請求が認められる。民法770条1項には、不貞行為、悪意の遺棄、3年以上の生死不明、回復の見込みのない強度の精神病が、離婚原因として具体的に定められている。ただ、離婚を求める理由は多様である。そのため、同条1項5号では「その他婚姻を継続し難い重大な事由」として、抽象的な離婚原因を規定している。裁判所は、配偶者による暴力（DV）、浪費癖、性生活の不一致など、さまざまな理由による離婚請求を5号に該当する事案として離婚の判断をしているが、夫婦関係の破綻に関する客観的評価の難しさも指摘されている。

日本の離婚手続の問題点

日本のように、離婚届の提出のみというシンプルな手続で離婚が成立する国は少ない。夫婦の協議のみによって離婚が決定できるため、離婚の自由が保障されているともいえる。費用もかからない。ただ、その一方で、子どもの養育費や離婚後の関わりについて取り決めなかったり、夫婦財産の清算についても話し合いが不十分であるなど、離婚後に争いを残してしまうケースもある。ま

た、DV があるなど、夫婦間の力関係が不均衡である場合には、強い立場にある者に有利な形で離婚が成立しがちである。

　さらに、離婚を求める者が、他方配偶者の合意のないまま無断で離婚届を提出する可能性もある。このような身勝手な届出を防ぐために不受理申出制度がある。あらかじめ役所に不受理申出書を提出することによって、合意していない婚姻届や離婚届の受理を阻止する制度である。

❶離婚届（法務省 HP より）

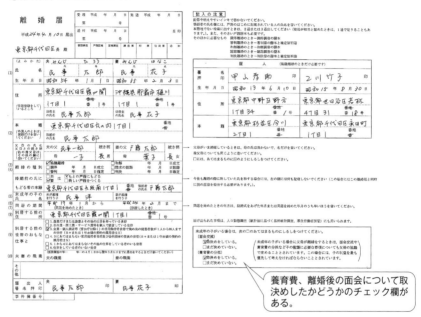

養育費、離婚後の面会について取決めしたかどうかのチェック欄がある。

Column　離婚原因としてのドメスティック・バイオレンス

　平成30年度の司法統計によると、妻側の離婚調停の申立動機は「暴力を振るう」が２番目に多く、この傾向は長く変化がない。婚姻関係事件数のうち、申立ての動機を確認すると、申立人が妻である事案の総数46,756件のうち「暴力を振るう」を動機とする申立てが、9,745件である。つまり、家裁に離婚調停を申立てる妻の約２割が、DV を申立ての動機の一つとして選択している。男女共同参画社会基本法に基づく基本計画においても、その目標の一つに「女性に対するあらゆる暴力の根絶」が掲げられている。もちろん被害者は女性ばかりではないが、離婚問題を語るにおいても、DV の存在は無視できないのである。

Key Word 4　離婚の効果

離婚が成立すると

　法律上離婚が成立すると、婚姻によって氏を改めていた者は、婚姻前の氏に戻る。ただし、離婚後3カ月以内に「離婚の際に称していた氏を称する届」を役所に提出することにより、婚姻中に使用していた氏を引き続き使用することもできる。これを婚氏続称という（767条2項）。また離婚後には再婚が可能となるが、女性は100日が経過した後でないと、再婚できない（733条）。

　離婚に際し、まずは当事者の協議により財産分与が行われるが、協議が調わない場合には家庭裁判所の審判によって財産分与の額が定められる（768条）。夫婦別産制の下では、妻が婚姻を機に仕事を辞めて家事労働に従事していたり、出産後育児に専念するなどした場合、いわゆる妻の「内助の功」は具体的な財産として現れにくい。1947年の民法改正においても、「内助の功」は離婚時の財産分与と相続において評価されるのかなどの議論がなされた。学説や判例では、夫婦の財産の清算、離婚後の扶養、損害賠償、の三つの要素を基準に財産分与の額を決定しており、家事労働や育児についてもこのなかで評価される。

　しかし、離婚しようとする相手を引き続き扶養する根拠は不明である。最近では、離婚時の財産の給付を、婚姻により稼得能力を減少させた妻への経済的な補償とする考え方も有力である。

離婚と子ども

　「子はかすがい」という言葉があるが、離婚する夫婦の約60％に未成年の子どもがいるのが現実である。日本では、民法819条により離婚後は父母の協議により一方を親権者と定めなければならない（単独親権制）。諸外国では、離婚後も父母の共同親権や共同監護の国が多くなっており、日本でも導入の議論がされている。夫婦の間で離婚後の親権者を決める協議が調わないときには、家庭裁判所が親権者を定める。子が15歳以上の場合、子の陳述が聴取されなければならず（家事事件手続法169条2項、人事訴訟法32条4項）、実際には10歳前後から子の意思が確認されている。裁判所が親権者を決定する要素としては、監護能力のほか、監護環境の継続性や子どもの年齢なども重視される。

　2011年、親権に関する民法改正が行われた。その一つが民法766条の改正である。ここで初めて、離婚後の面会と養育費について規定された。日本では、

かつては父が親権者になる割合が高かったが、1965年以降は逆転している。この現象は、戦前の「家」制度の意識から子が家を継ぐ存在だと考えられ、離婚後も子は父方に引き取られて育てられていたが、核家族化に加え男性が長時間労働に従事するようになると、父が単親で子どもを養育することは現実的に難しく、母が親権者となり子を養育する割合が増えたとみられる。現在では母が全児の親権者となる率は8割を超えるが、養育費の取り決めや実際の支払い状況は厳しく、離別母子世帯の貧困が問題視されている❶。一方で、面会を求める訴えは父からが圧倒的に多い。このように離婚後の親子関係をめぐる法的な問題には、性差がみられることがわかる❷。

❶母子世帯の所得状況

		母子世帯	父子世帯
1 世帯数（推計値）		123.1万世帯	18.7万世帯
2 ひとり親世帯になった理由		離婚79.5% 死別 8.0%	離婚75.6% 死別19.0%
3 就業状況		81.8%	85.4%
	うち正規の職員・従業員	44.2%	68.2%
	うち自営業	3.4%	18.2%
	うちパート・アルバイト等	43.8%	6.4%
4 平均年間就労収入（母または父自身の就労収入）		200万円	398万円
5 平均年間収入（母または父自身の収入）		243万円	420万円
6 平均年間収入（同居親族を含む世帯全員の収入）		348万円	573万円

❷離婚後の親子関係をめぐる現実

母子世帯の母の養育費の取り決め状況等

総　数	養育費の取り決めをしている				取り決めをしていない	不　詳
		文書あり	文書なし	不詳		
1,817 (100.0)	780 (42.9) (100.0)	572 (73.3)	205 (26.3)	3 (0.4)	985 (54.2)	52 (2.9)

母子世帯の母の養育費の受給状況

総　数	現在も養育費を受けている	受けたことがある	受けたことがない	不　詳
1,817 (100.0)	442 (24.3)	281 (15.5)	1,017 (56.0)	77 (4.2)

母子世帯の面会交流の取り決め状況等

総　数	面会交流の取り決めをしている				取り決めをしていない	不　詳
		文書あり	文書なし	不詳		
1,817 (100.0)	437 (24.1) (100.0)	423 (96.8)	6 (1.4)	8 (1.8)	1,278 (70.3)	102 (5.6)

父子世帯の面会交流の取り決め状況等

総　数	面会交流の取り決めをしている				取り決めをしていない	不　詳
		文書あり	文書なし	不詳		
308 (100.0)	84 (27.3) (100.0)	61 (72.6)	23 (27.4)	－ (－)	206 (66.9)	18 (5.8)

❶❷とも、平成28年度全国母子世帯等調査結果報告（厚生労働省）

Key Word 5　親子関係の発生

親子とは何か

　親子とは、何をもって親子と考えるべきだろうか。20年あまり父親として子を育てた男性が、DNA鑑定の結果をもとに親子関係がないことを確認するために提起した訴訟において、裁判所は興味深い検討をしている。1998年5月14日の福岡高裁の判決であるが、親とはいわゆる「生みの親」か「育ての親」かが問われている。判決文では、卵子と精子との偶然の結合という生物学上の血縁の発生と、受胎後そして出生後の親子の営みとを比較し、後者の方が人間の営みとして価値が高いのではないかと論じている。さて、現行民法は親子関係をどのように定めているのか見てみよう。

実親子関係の発生

　法律上の親子関係には、自然血縁関係に基づく実親子関係と、養育の意思に基づいて縁組の結果生じる養親子関係がある。実親子関係には母子関係と父子関係があるが、日本では、母子関係について分娩主義を採っている。これは判例によるもので、母子関係は分娩の事実により当然に生じると考えられている（最判1962・4・27）。したがって、生殖補助医療により他人の卵子を用いた子が分娩された際にも、いわゆる「産みの親」と子の間に親子関係が成立すると考えられている（最決2007・3・23）。一方、父子関係について民法は、妻が婚姻中に懐胎した子を「夫の子」と推定する嫡出推定制度を定め（772条1項）、父母の婚姻中に懐胎した子を嫡出子としている。この嫡出推定が及ぶ期間は、民法772条2項により、婚姻成立の日から200日後、または婚姻解消・取消しの日から300日以内である❶。この期間を厳密に解釈すれば、婚姻前に懐胎し、婚姻から200日以内に生まれた子については嫡出推定を受けないことになるが、戸籍実務上は「推定を受けない嫡出子」として扱っている。

　このように厳格な期間制限のある嫡出推定制度の下では、たとえば、夫婦の別居期間中に妻が夫以外の男性との間で子をもうけた場合など、血縁のつながった父が別にいる場合にも、父として推定を受けるといった問題がある。そこで、判例は、形式的には民法772条の嫡出推定を受けるが、夫が収監中であったり海外滞在中であるなど、妻が夫による子を懐胎することが外観上不可能である場合には、「推定の及ばない子」として嫡出推定は及ばないものとしてい

る（最判1969・5・29）。

親子関係の否定

　このように、嫡出推定は、ある意味ではとても強固な推定である。嫡出推定を受ける父子関係を覆すには、民法774条以下に定める嫡出否認の訴えによる。この訴えを提起できるのは夫のみで、母も血縁上の父からも訴えを提起することはできない。また、出訴期間も子の出生を知ったときから1年と短い。他方で、嫡出推定を受けない親子関係については、人事訴訟法上の親子関係不存在確認の訴えによる。この訴えは利害関係のある誰からでも提起でき、出訴期間にも制限がないなど、嫡出否認の訴えに比べ要件が緩やかである。

　親子の鑑定技術がなかった時代には、嫡出推定制度は一定の意味を持っていた。しかしながら、親子関係は「育みの実態」によって形成される側面もある。また、現代では親子鑑定により血縁関係の有無について精度の高い結果が得られる。さらに、他人の精子・卵子を使った生殖や代理母出産など、「親」として子の出生に関わる登場人物は増えている。このように複雑化する親子関係の実態を踏まえ、現在、嫡出推定制度のあり方が法制審議会で検討されている。

婚姻関係にない男女から生まれた子

　なお、子を分娩した母が婚姻していないときには、子の法的な地位は「嫡出でない子（非嫡出子）」となり、認知によって父との親子関係を発生させることになる。認知には、父が自らの意思に基づき届出を行う任意認知と、子が父に対して訴えを提起し父子関係を創設する強制認知がある。真実性を確保し身勝手な認知を防ぐため、父が胎児を認知する際には母の承諾が必要とされる（783条1項）。また成人した子を認知する際には子の承諾が必要である（同条2項）。認知によって発生する親子関係は、子が出生したときに遡って効力を生じる（784条）。

❶嫡出推定

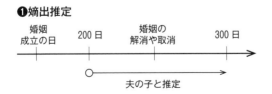

Key Word 6　相続の原則

相続とは何か

　まず、なぜ相続が必要なのだろう。相続制度がある限り、親が金持ちでさえ
あれば、子どもは多額の金銭や不動産を相続し、努力せずとも金持ちになれる。
相続は究極の不労所得でもある。相続が制度化されていることで、世代をまた
ぎ富裕層への「富の集中」を招いているとはいえないのだろうか。

　そもそも、相続という概念は、私有財産制度の確立がなくては発想されない。
財産の所有が個人に認められている限り、所有者の死後、その財産の帰属を決
めなくてはならない。つまり、人の死後、無主の財産を作らないためにも、財
産を承継するルールが必要となる。そのルールをどのように設定するかは、そ
の時々の社会で定められてきた。もちろん、相続税の制度は「富の集中」を緩
和する政策的な税の一つだが、相続制度には遺された家族に対する扶養的な側
面もあり、社会保障としての性質もある。

　一方、承継するものは個人の財産だけではない。封建社会においては、地位
や家産も相続の対象だった。明治民法では遺産相続とは別に、家督相続として
戸主の地位と家の財産を長男が承継する相続制度が定められていた。この家督
相続では、戸主の死亡の場合や隠居などにより生前相続が認められていた。そ
の際の推定家督相続人として、長男子単独相続主義が採用されており、配偶者
相続権は、被相続人に直系卑属が存在しない場合にのみ認められていた。つま
り、子どもが生まれると、配偶者に相続権はなかったのである。

相続の根拠

　私たちは、親の代から子の代への相続や配偶者への相続を当然として捉えて
いるが、相続の根拠とはいったい何だろうか。学説においてもさまざまな説が
ある。血縁関係があるから相続するのだとする血の代償説①、死者の財産の形
成への貢献や扶養的な機能と考える共同生活関係説②、法が定める相続制度は
個人の意思を推定する内容であるとする被相続人の意思の推定説③、負債も含
めて相続させる制度により、被相続人の死亡によって第三者との財産関係がリ
セットされることを防ぐとする取引の安全説④などである。しかし、どの説を
とっても、すべての相続人の相続制度の根拠を説明することは不可能である。
現在では、配偶者相続については②、子、直系尊属、兄弟姉妹への相続につい

ては①、というように、相続人の類型ごとに相続の根拠が説明される。

日本の相続法

戦後の民法改正により「家」制度が廃止された結果、相続は遺産相続に純化した。配偶者は常に相続人となり、兄弟姉妹など、同順位に複数の相続人がいる場合には、それぞれが均分相続となった。ただし、2013年12月の民法改正までは、非嫡出子には嫡出子の2分の1という相続分割合が定められていた（旧民法900条4号但書❶）。長い間、そして複数の裁判において、この非嫡出子の相続分差別に対し、憲法14条に定める法の下の平等には反しないとする判断が続いていたのである（→ *Key Word 8*）。

相続に関しては、遺言を通じ死者が指定した内容にしたがって権利義務を承継する方式と、法律が定めた相続人や相続分に応じて権利義務を承継する方式がある。日本では、被相続人の権利義務の承継に関して遺言を優先するが、遺言がない場合には後者の法定相続となる。ただし、日本では遺言を作成する慣習が定着しているとはいい難く、現在のところ、法定相続に従うことが多い。

❶改正前民法900条

> 同順位の相続人が数人あるときは、その相続分は、左の規定に従う。
> 一　子及び配偶者が相続人であるときは、子の相続分及び配偶者の相続分は、各二分の一とする。
> 二、三　（略）
> 四　子、直系尊属又は兄弟姉妹が数人あるときは、各自の相続分は、相等しいものとする。但し、嫡出でない子の相続分は、嫡出である子の相続分の二分の一とし、父母の一方のみを同じくする兄弟姉妹の相続分は、父母の双方を同じくする兄弟姉妹の相続分の二分の一とする。

Column　日本の遺言制度　📖

日本では、遺言を作成する意識が薄く、法定相続の重要性が高い。反対に欧米諸国では、遺言を作成する慣習が定着しており、法定相続制度はむしろ遺言がない場合に補完的に働くといわれる。欧米では私有財産について個人所有の意識が強く、日本では「家」制度の影響などから家産としての意識が強いからだと説明されるが、果たしてどうだろうか。ただし近年では、公正証書遺言の件数については、増加傾向にある。また、2018年の相続法改正に際して、自筆証書での遺言を法務局（遺言書保管所）に保管する制度が新設された。今後、高齢社会のなかで、自己の財産を自己の意思で処分する遺言制度の重要性は高まるように思われる。

参考　公正証書遺言件数の推移（日本公証人連合会資料等）

2000年度	2005年度	2010年度	2015年度	2016年度	2017年度	2018年度
61,255件	69,831件	81,984件	110,778件	105,350件	110,191件	110,471件

Key Word 7 相続人と相続分

相続人の範囲と相続分

　日本の民法では、法定相続において配偶者は必ず相続人となるが（890条）、血族相続人の構成により配偶者の相続分の割合が変わる仕組みである。法定相続の順序については、血族相続人として子は第一順位にあり、実子のほか養子も相続人となる。嫡出子、非嫡出子の別はなく、子が数人あるときには同順位の相続人となる。子も直系卑属もいない場合には、第二順位として被相続人の直系尊属、直系尊属もいない場合には、第三順位として被相続人の兄弟姉妹が相続人となる（889条1項）❶❷。

　なお、ここでいう配偶者は法律上の配偶者であり、内縁の夫や妻は相続分を有する配偶者としては認められない。配偶者相続分は法律婚の効果として大きな意味を持つ。

　配偶者の相続については、2018年の相続法改正において大きな変更があった。この改正は、2013年の嫡出子と非嫡出子の法定相続分を平等化する民法改正への批判に対応し、法律婚の配偶者の保護を重視するものであったが、とくに、配偶者居住権の新設は注目される（1028条1項）。これは、配偶者相続人が、亡くなった配偶者が有していた居住建物の所有権を相続しない場合でも、配偶者相続人がその居住建物に相続開始時に居住していた場合に、一定の要件を満たせば、原則として終身の間、その建物に無償で居住することができる権利である。それ以外にも、居住建物を相続しなかった場合に、6ケ月間、無償で居住していた建物に住み続けられるとする配偶者短期居住権も設定された（1037条1項）。これらの制度は、例えば、夫が先に死亡し、子が複数いるような場合でも、妻が現在の住居に居住する権利を保障するが、あくまで法律上婚姻をしている夫婦のみが対象である。

遺留分制度

　法定相続人（兄弟姉妹を除く）には、最低限度の遺産に対する取り分が保障されている。これを遺留分という（1042条以下）。相続について、被相続人の財産処分の自由が尊重されるべきだが、遺留分は近親者の生活の保障や財産形成に対する一定の貢献分への評価の意味をなし、遺言よりも優先される❸。遺留分の割合を超えた贈与や遺贈（遺言による贈与）があった場合、それを得た者に対

❶相続人の種類と順位

配偶者　常に相続人となる

血族相続人
・子およびその代襲者（第一順位）
・直系尊属（第二順位）
・兄弟姉妹およびその代襲者（第三順位） ┤先順位の血族相続がいない場合のみ相続人となる。

＊配偶者がいない場合には、血族相続人のみの相続となる。

❷相続分

第一順位	子	2分の1	配偶者	2分の1
第二順位	親	3分の1	配偶者	3分の2
第三順位	兄弟姉妹	4分の1	配偶者	4分の3

❸遺留分権利者とその割合

権利者＝配偶者、子、直系尊属

・直系尊属のみが相続人
　被相続人の財産の3分の1
・これ以外の場合
　被相続人の財産の2分の1
※これに各自の法定相続分をかけたものが各自の具体的な遺留分となる。

その他の相続法改正の内容

・自筆証書遺言の条件を緩和（一部、パソコンで作成できるように！）
・預貯金の仮払い制度を導入（故人の口座から葬儀費用などを一部引き出せるように！）
・婚姻期間20年以上の場合、配偶者への自宅の遺贈・贈与は特別受益の持戻し免除
・故人を無償で「療養看護」した親族（相続人以外）に、「特別の寄与料」の請求を認める

して、遺留分に相当する金銭の支払いを請求することを遺留分侵害額請求という。

Column　相続のための養子？　📖

　養子制度は、血縁関係にない者の間に、法的な親子関係を擬制する制度である。民法上、実方の親族との親族関係が終了しない普通養子と、一定の年齢に達しない未成年の子の福祉のため、実方の親族との親族関係を終了させる特別養子制度がある。日本では、相続や家業の跡継ぎのため、あるいは老後の世話を期待する成人の普通養子縁組が圧倒的に多く、実親による養育にめぐまれない未成年子を養子とする縁組は、ごく少ないというのが現状である。その点で海外の状況とは大きく異なっている。児童虐待の問題の深刻さを考えると、今後、要保護児童の養子縁組や里親委託について積極的に議論していく必要があるだろう。

養子縁組の構成の日米比較

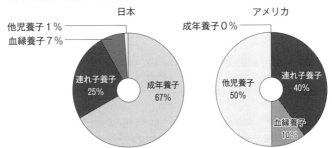

井堀利宏ほか編『新たなリスクと社会保障』（東京大学出版会、2012年）
第3章「日本はなぜ『子ども養子小国』なのか」（森口千晶）

Key Word 8　近年の家族法をめぐる最高裁の判断

最高裁における憲法判断

　近時、家族法の規定や解釈をめぐり最高裁における重要な判断が相次いでいる。とくに、民法の条文をめぐる憲法判断として、2013年には *Key Word 6* で扱った非嫡出子の相続分（旧民法900条）、さらに2015年には、*Key Word 2* で述べた再婚禁止期間（旧民法733条）、そして下記のように夫婦の氏（民法750条）について判断され、注目を集めた。

〔ケース1〕夫婦同氏の原則について違憲ではないとした事例（最判2015・12・16）
　事実婚の夫婦ら5人が、国会が民法750条の改正をしないで放置したことで精神的苦痛を受けたとして、国家賠償法1条1項に基づく損害賠償を国に求めた事案。最高裁は夫婦同氏を定めた民法750条について、「夫婦が同一の氏を称することは、上記の家族という一つの集団を構成する一員であることを、対外的に公示し、識別する機能を有している」、「家族を構成する個人が、同一の氏を称することにより家族という一つの集団を構成する一員であることを実感することに意義を見いだす考え方も理解できる」、「本件規定の定める夫婦同氏制それ自体に男女間の形式的な不平等が存在するわけではなく、夫婦がいずれの氏を称するかは、夫婦となろうとする者の間の協議による自由な選択に委ねられている」などとして、本規定が憲法13条、14条ならびに24条に反しないと判断した。

　本判決では、15人の裁判官のうち5人が反対意見を述べた（3人の女性裁判官は全員が「違憲」とした）。そして多数意見でも、「婚姻によって氏を改める者にとって、そのことによりいわゆるアイデンティティの喪失感を抱いたり、婚姻前の氏を使用する中で形成してきた個人の社会的な信用、評価、名誉感情等を維持することが困難になったりするなどの不利益を受ける場合があることは否定できない」と改氏の不利益を認め、さらに、「夫の氏を選択する夫婦が圧倒的多数を占めている現状からすれば、妻となる女性が上記の不利益を受ける場合が多い状況が生じているものと推認できる」としている。最高裁は同時に、「この種の制度の在り方は、国会で論ぜられ、判断されるべき事柄にほかならないというべきである」とも述べ、国会における議論の必要性を示唆した。

親子関係をめぐる重要判例

　親子とは何だろうか。高度な生殖補助医療の利用が増えるなかで、法はどのような関係を「親子」と捉えるのか。この難問についても、近年、最高裁は以下の2つの事件において一定の判断を示している。

〔ケース2〕性別を変更した者を父とする嫡出推定を認めた事例（最決2013・12・10）
　Xは性別適合手術を受け、性同一性障害者の性別の取扱いの特例に関する法律（以下、特例法）3条1項に基づき、男性への性別の取扱いの変更の審判を受けた後、女性Yと婚姻し

た。その後 XY 夫婦は、第三者の精子提供を受け、子Ａをもうけた。Ｘは、Ａを嫡出子とする出生届を役所に提出したが、戸籍上の性別変更は生殖腺の除去を要件としているため、Ａは民法772条による嫡出の推定を受けないとして、戸籍記載においてＡの父欄を空欄にするなどの扱いを受けた。XY 夫婦は、民法772条に基づきＡを夫婦の嫡出子として戸籍を訂正するよう求めた。

最高裁は、「男性への性別の取扱いの変更の審判を受けた者は、以後、法令の規定の適用について男性とみなされるため、民法の規定に基づき夫として婚姻することができるのみならず、婚姻中にその妻が子を懐胎したときは、同法772条の規定により、当該子は当該夫の子と推定されるというべきである」と判断し、戸籍訂正を認めた。なお、高裁では、当該夫と子との間の血縁関係が存在しないことが明らかな場合においては、民法772条を適用する前提を欠くとして、Ｘらの訴えを棄却していた（東京高決2012・12・26）。

〔ケース３〕DNA 鑑定によって嫡出推定が覆せるかが争われた事例（最判2014・7・17）
　妻が、夫とは別の男性との間にもうけた子につき、DNA 鑑定の結果をもとに夫とは親子でないことの確認を求めて提訴した事案。民法上の嫡出推定制度と DNA 鑑定の結果、どちらが法律上の親子関係を決める要素として重視されるかが問われた事件。

最高裁は以下のように判断した。「民法772条により嫡出の推定を受ける子につきその嫡出であることを否認するためには、夫からの嫡出否認の訴えによるべきものとし、かつ、同訴えにつき１年の出訴期間を定めたことは、身分関係の法的安定を保持する上から合理性を有する」。「夫と子との間に生物学上の父子関係が認められないことが科学的証拠により明らかであり、かつ、子が、現時点において夫の下で監護されておらず、妻及び生物学上の父の下で順調に成長しているという事情があっても、子の身分関係の法的安定を保持する必要が当然になくなるものではないから、上記の事情が存在するからといって、同条（民法772条）による嫡出の推定が及ばなくなるものとはいえ」ない。なお、本件では、５人中２人の裁判官の反対意見が付されている。

Column　なぜ、夫の氏を「夫婦の氏」とするカップルが多い？　📖

　民法750条によると、婚姻後の「夫婦の氏」は、夫の氏でも妻の氏でもどちらでも選択可能である。では、なぜ96％の夫婦が夫の氏を「夫婦の氏」として選択しているのだろうか。これについて、先の最高裁判決における岡部喜代子裁判官の反対意見を見てみよう。法が性中立な内容を定めていても、結果として氏の選択において性に偏りがみられることの原因について、端的に述べている。

　「夫の氏を称することは夫婦となろうとする者双方の協議によるものであるが、96％もの多数が夫の氏を称することは、女性の社会的経済的な立場の弱さ、家庭生活における立場の弱さ、種々の事実上の圧力など様々な要因のもたらすところであるといえるのであって、夫の氏を称することが妻の意思に基づくものであるとしても、その意思決定の過程に現実の不平等と力関係が作用しているのである。」

Key Word 9　変わる家族とこれからの家族法

家族法におけるジェンダーの視点

　日本は、女性差別撤廃条約を1985年に批准している。この条約の履行を監督する仕組みとして、女性差別撤廃委員会が、条約の履行状況に関する各国の政府レポートを審議し、所見や勧告を出す。日本はこれまで8回の報告書を出しているが、そのうち複数回にわたり、家族法の規定を是正するよう勧告されている。具体的には、女性差別の一環であるとして、再婚禁止期間、非嫡出子の相続分差別、婚姻適齢の男女差、夫婦同氏の制度について改正するよう、指摘されてきたのである。しかしながら日本政府は、これらの勧告に対する対応を怠ってきた。1990年代には、家族法改正について法務省法制審議会における検討が進められ、法律案要綱が出されるに至ったが、一部で強い反対が見られ、包括的な家族法改正は実現しなかった。その内容は、選択的夫婦別氏制度の導入などで、これまで女性差別撤廃委員会が是正するよう指摘してきた内容であった。その後、2013年には、非嫡出子の相続分差別に対する違憲判決を受ける形で民法900条が改正されるなど、立法府である国会主導でなく、裁判所の判断をもとに民法の家族法部分が改正されることが続いている。

変わる家族とこれからの家族法

　日本の家族は、戦後70年で大きく変化した。1990年代以降、生涯未婚率（50歳時の未婚割合）は大きく上昇している❶。日本では非嫡出子の割合が少ないため、生涯未婚率の上昇に伴い、出生率も低下したままである（2018年次合計特殊出生率は1.42）。事実、日本の家族構成は、単独世帯や夫婦のみ世帯が半数以上を占めるようになっており、夫婦と未成年の子から成る世帯は減少傾向にある。婚姻行動自体にも変化がある。人口動態統計（2019年次）によると、「国際結婚」といわれる夫婦の一方が外国人である婚姻は、日本の婚姻件数の3.7％を占めている。また、夫婦とも再婚、またはどちらか一方が再婚である婚姻は約20％に及ぶ。このように家族に対する価値観や家族のあり方自体が変わりゆくなかで、家族法はどのような選択をする人に対しても差別のない、開かれたものでなくてはならないだろう。

同性カップルの婚姻

　諸外国に目を向けると、昨今、婚姻は男女だけのものではなくなっている。

パートナーシップなどと呼ばれる婚姻とは別の形態で同性カップルの保護をはかる国から同性婚を容認する国まで、同性カップルに対しさまざまな権利保障の形が存在する。日本では、日本国憲法において婚姻は「両性の」合意のみに基づいて成立することが明記されており（24条1項）、同性婚を容認していく立法上のハードルは低くないが、同性カップルの権利擁護に向けた具体的な動きも出ている。2015年、東京都渋谷区では条例により同性カップルにパートナーシップ証明書の発行を始めた。また、世田谷区でも、同性カップルの宣誓に基づいて受領書を発行している。現在では、30以上の自治体において、同性カップルを婚姻に準じた関係として承認する仕組みが存在する。そのほか企業においても、同性婚を社内規定で容認し福利厚生の対象としたり、同性カップルに対する保険商品が誕生するなどのニュースが話題となっている。

❶50歳時の未婚・有配偶割合の推移

(%)

年次	男				女			
	未婚	有配偶	死別	離別	未婚	有配偶	死別	離別
1970	1.70	95.38	1.47	1.45	3.33	78.79	13.84	4.04
1980	2.60	94.17	1.28	1.95	4.45	84.71	6.97	3.87
1990	5.57	89.91	1.14	3.38	4.33	85.65	4.93	5.09
2000	12.57	81.78	0.96	4.69	5.82	83.67	3.29	7.21
2005	15.96	77.84	0.82	5.38	7.25	81.68	2.84	8.22
2010	20.14	73.17	0.67	6.03	10.61	77.70	2.37	9.32
2015	23.37	69.80	0.57	6.26	14.06	73.88	1.88	10.18

国立社会保障・人口問題研究所　人口統計資料集2019
総務省統計局『国勢調査報告』により算出。45 〜 49歳と50 〜 54歳における率の平均値。このうち、50歳時の未婚割合は生涯未婚率とも呼ばれる。

Column　同性婚、世界では？　📖

近年、諸外国においては、同性婚をめぐり大きく前進する動きがみられる。アメリカでは連邦最高裁において、婚姻を男女の間に限定する連邦の「婚姻防衛法（DOMA 法）」に対し、合衆国憲法に違反するとの判断が下された。さらに、2015年6月には、アメリカ連邦最高裁判所は、法の下の平等を保障する合衆国憲法14条などを根拠に、同性婚を憲法上の権利として認めるとする判決を出した。これにより、同性婚を認めていない州でも、同性婚が合法化されることになった。その他の国でも2019年5月の段階で27の国において同性婚の合法化が確認されている（NPO 法人EMA 日本のデータによる）。アジア圏でも、2019年5月に、台湾において同性婚が認められた。一方で、世界全体に目を向けると、宗教的な影響などにより、同性間の関係に対し刑事罰を課す国が20以上あることも忘れてはならない。

第6章　刑法

Key Word 1　刑法を学ぶ意味

「床屋刑事法談義」

「床屋政談」という言葉がある。床屋で髪を切る間に店主と客が噂話でもするかのように、政治の話題について語り合うことである。たいていは、新聞やテレビのニュースなどで見聞きしたことを題材に、ただおしゃべりを楽しんでいるだけである。この章で学ぶ刑事法も、政治関連のことと並んで、よく話題になる。ネタは決まって、「凶悪犯罪事件」や「少年犯罪」などである。そこでは、ニュースなどで見聞きした事件について、「悪い奴がいるもんだ」とか、「近頃の子どもは酷いことするねえ」などといった感想が語られる。このような「床屋刑事法談義」では、たいてい、ただ聞き手が「自分たちが子どもの頃はそんなひどい奴はいなかったな」とか、「やっぱり罰を厳しくしないとね」などと相槌を打って終わる（なお、「床屋談義」というのは、普段の会話を象徴しているだけであり、別にネットの書き込みやSNSでもいい）。ともあれ、「犯罪」は、多くの一般の人にとって、日常会話の話題となるという意味で身近である。

「床屋刑事法談義」の功罪

「床屋刑事法談義」は、日常生活における潤滑油のようなものであり、それだけに発言に責任が伴わず、ともすれば極端なことを言いっぱなしで終わってしまうことが多い。読者のみなさんも、凶悪犯罪事件のことが話題になった際、家族や友人が、「まだるっこしい裁判なんかしないで、さっさと犯人を死刑にしてしまえ！」などと言うのを聞いたり、あるいは自分で言ってしまった経験があるのではないだろうか（ネットの書き込みでよく目にするのは周知のとおりである）。しかし、そうした人に限って、刑事裁判は何のために行われ、それはどのようなものであり、死刑判決を受けて確定した者がどのような気持ちになり、実際の死刑執行の様子はどのようなものであるかを知らないものである。要するに、そのような人は、自分では何も知らないにもかかわらず、罪を犯した者を、（酷い場合には、まだ罪を犯したとの事実が確定しない時点で）「裁判なんかしないで、殺してしまえ！」と言っているのである。

これが、床屋談義ではなく、学校の友人との付き合いや仕事関係での会話で

あればどうだろうか。事実関係やルールや手続について何も知らないにもかかわらず、友人や仕事の同僚や取引相手を一方的に断罪するようなことをいえば、人間関係にひびが入り、信用は失われるであろう。だから、不注意による場合は別として、普通はそのようなことはしない。しかし、「床屋刑事法談義」では、自分に責任が降りかからないから、いくらでも過激なことが言えるのである。さらに厄介なことに、最近の床屋談義は、先に触れたように、ネット上で行われることが多いので、偏った情報が拡散、炎上し、手が付けられないことにもなる。

　しかしながら、「犯罪」や「刑罰」は、私たちとまったく関係ないことなのであろうか。そう思っている人は、裁判が主権者である国民の名において言い渡されているという、冷徹な事実に気づいていない。たとえば、凶悪犯罪者に対する死刑判決は、裁判官が私たち国民に代わって言い渡しているにすぎない。裁判員裁判では、死刑事件における裁判員の心理的負担が問題となることがあるが、それは本来私たち一人ひとりが担うべき、「刑罰を言い渡すこと」に対する負担が、目に見える形で現れているだけなのである。裁判員制度には賛否があるが、少なくとも国民は刑罰という法の制度と無関係であってはならないことを明らかにした点に、大きな意義があると考えられる。

「床屋刑事法談義」で終わらせないために

　それでは、「床屋刑事法談義」で終わらないようにするためには、どうすればよいのか。まずは、刑事法について正確に理解することである。何であれ、物事を知らずに極端なことを言うことほど、無責任なことはない。これからどこで、どのような形で刑事法に関係を持つのかは、読者のみなさん次第であるが、いずれにせよ、的確な知識と理解を持つことが肝要である。本章および次章の解説は、そのための一つの材料を提供する。

Column　適正手続の保障　📖

　ここで、刑事法の重要な基本原則に触れておきたい。それは、憲法31条に規定されている適正手続の保障である。「裁判なしで犯人を死刑にしろ！」という「意見」は、明らかにこれに反している。この原則は、法律に基づいて適正に処罰することを（国家に対して）求めるから、犯罪となる行為や特定の犯罪に対して科される刑罰は明文の法律で定めなければならないという罪刑法定主義は、まさにこの原則の内容そのものである。

Key Word 2　刑法の意義

刑法に定められていること

　刑法は、犯罪と刑罰にかかわる法である。刑法には、殺人、強盗、放火といった犯罪を行った者に対し、所定の刑罰を科すことを定める。たとえば、刑法199条では、殺人を犯した者に対して、死刑、無期もしくは5年以上の懲役という刑罰を科すことが規定されている。

　しかし、刑法が定めるのは、これだけではない。たとえば、あなたが夜道を歩いていると、何者かが突然「金を出せ」といって刃物を突き付けてきたので、あなたはとっさに相手の顔面を殴り付け、それにより相手の奥歯が折れたとしよう。このとき、あなたは傷害という犯罪を行ったことになる（刑法204条）。しかし、裁判所があなたを傷害罪で処罰するといったら、あなたはおそらく怒るだろう。あなたは、相手にけがを負わせてしまったのは、相手が刃物で脅迫して金銭を要求したからであって、正当防衛だと主張するはずである。そのために、刑法には、正当防衛の行為を罰しない旨の規定がある（刑法36条）。

　ところで、窃盗犯人を犯行現場まで自動車で送り届けたにすぎない者は、自らは窃盗（刑法235条）を犯していないが、罪に問われないのか。そのような他人の犯罪を手助けする者（幇助犯）を処罰する規定も、刑法にはある（刑法62条）。そのほか、犯罪を実行したけれども、未遂に終わった場合にはどうなるのかとか（未遂罪（刑法43条））、1回の行為が同時に複数の犯罪にあたる場合（たとえば、1回の発砲で2人を同時に死なせた場合）はどうなるのかとか（観念的競合（刑法54条））、外国で行われた犯罪に日本の刑法は適用されるのか（国外犯処罰（刑法2条～4条の2））など、刑法で規定されることはたくさんある。そして、これらの事柄は、基本的にどんな犯罪でも問題となることがある。

刑法総則・刑法各則、特別刑法

　日本の刑法では、原則としてすべての犯罪で問題となる事柄は、「総則」（刑法第1編）として、殺人罪や窃盗罪などの個別の犯罪の規定よりも先にまとめて規定する方法をとっている。これに対し、殺人、強盗、放火といった個別の犯罪については、「各則」（刑法第2編「罪」）に規定される。つまり、日本の刑法は、大きくは総則と各則に分かれる。これに対応して、法学部や法科大学院の刑法の講義は、通常、「刑法総論」と「刑法各論」に分けて行われる。

　犯罪と刑罰に関する規定は、「刑法」だけにあるわけではない。たとえば、会社法960条以下の規定には、「懲役」や「罰金」といった刑を科す罰則がある（因みに、「刑罰をかす」という場合には、「課」ではなく、「科」を使う）。また、労働基準法32条と119条1号によると、使用者が労働者を法律で定める時間を超えて働かせた場合、使用者は30万円以下の罰金に処される。会社法や労働基準法は通常は刑法の仲間とは思われていないが、その中の罰則規定には、刑法総則が適用されることから（刑法8条）、広い意味で刑法の規定といえる（特別刑法）。

刑事手続法と刑罰執行法

　刑法の規定だけでは、犯罪者を処罰することはできない。罪を犯したと疑われる者に対し、捜査や裁判を通じて、その者が本当に疑われた犯罪を行ったのかを調べ、罪を犯したと認められる場合、どのような刑に処するかを決めるための手続が必要である。そのような手続について定めた法律や規則などを刑事手続法といい、刑事訴訟法がその基本となる（第7章で詳しく解説する）。これに対し、刑法などの法律は、刑事実体法と呼ばれることがある。また、裁判で有罪が言い渡された場合に、刑を執行し、受刑者を処遇したり、刑の執行を終えた者に対し更生や保護をするための措置をとったりするための法律（広義の刑罰執行法）なども必要である。これらの法律は、最も広い意味で犯罪と刑罰にかかわる法規範であり、刑事法と呼ばれる。その中でも、刑法は最も基本的な法律である❶。

❶刑事法の体系

> ○刑事実体法
> 　国家が刑罰権を発動するための要件と刑罰の内容について定めた法規
> 　　一般刑法（形式的意味における刑法）⇒「刑法」（総則・各則）
> 　　特別刑法（実質的意味における刑法）⇒広範な法分野に存在する
> ○刑事手続法
> 　刑罰を科すための手続について定めた法規
> 　〔例〕刑事訴訟法、刑事訴訟規則、犯罪捜査のための通信傍受に関する法律、
> 　　　　裁判所法、裁判員法、少年法、少年審判規則 etc
> ○刑罰執行法（広義）
> 　刑罰の執行や刑罰執行後の保護観察などの更生保護について定める
> 　〔例〕刑事収容施設・被収容者処遇法、更生保護法、少年院法 etc

Key Word 3 「犯罪」と「刑罰」の意義

犯罪とは

「犯罪」について、あなたはどのようなイメージを持っているだろうか。おそらく、「悪いこと」とか、「モラルに反すること」といった答えが返ってくるにちがいない。その答えは間違っていない。窃盗、放火、殺人などの犯罪は、悪いことであり、モラルに反することである。しかし、それでは「犯罪」の定義として十分でない。たとえば、人をだますことは悪いことだが、人をだませばいつでも犯罪になるのか。実際にはその気がないのに、「1千万円出してくれれば、子どもを大学に合格させてやる」と嘘をいってお金を受け取れば、詐欺罪（刑法246条）になる。けれども、たとえば、「明日駅で待ち合せよう」と友人に嘘をいって待ちぼうけを食わせる場合、友人は怒るかもしれないが、それによって、わざと友人の仕事を妨害したといった事情がない限り（そのような場合、偽計業務妨害罪（刑法233条）となるかもしれない）、普通は罪にならない。それゆえ、「犯罪＝悪いこと」といった定義では不十分である。

それでは、「犯罪＝社会のルールに反する行動」という定義はどうか？　たしかに、犯罪は社会のルール（社会規範）に違反する行いではある。しかし、社会のルールに反する行いが、すべて犯罪となるわけではない。たとえば、不倫は、われわれの社会のルールに反しているが、不倫をしただけでは罪とならない（もっとも、離婚事由にはなる（民法770条1項1号））。ただし、戦前には姦通罪（刑法（旧）183条）といって、結婚している女性が他の男性と性的関係を持つことは犯罪であった。しかし、夫が同じことをしても処罰の対象とされないという点で、日本国憲法の平等原則（14条）に反することから、戦後廃止された。

いかに社会のルールに反する行為であっても、それを処罰する旨の法律の規定がなければ、刑法における「犯罪」ではない。つまり、ある行為を犯罪というためには、それが刑法などの法律の規定に違反するものである必要がある。これは、罪刑法定主義という刑法の基本原則によるものである。

刑罰とは

刑罰は、犯罪に対する法的制裁であり、死刑、懲役、禁錮、罰金、拘留、科料という主刑と、没収という付加刑がある（刑法9条）。主刑は、それだけで言

い渡すことができる刑罰であり、付加刑は主刑の言渡しがあったときに、あわせて言い渡せる刑罰である（つまり、付加刑だけを言い渡すことはできない）。

　刑罰は、人から自由や財産をはく奪し、場合によっては生命さえ奪う過酷な制裁である。罪を犯した者に対するものとはいえ、正当な目的がなければそのような制裁を課すことは許されない。刑罰にはそれを正当化するだけの目的が必要である。刑罰の目的として、犯罪の予防を掲げるのが多数説である。刑罰には、「犯罪者に厳しい制裁を科す」と予告することで、罰を恐れる人々を犯罪から遠ざけたり（一般予防という）、罪を犯した者が再び同じ過ちをしないように教育したり（特別予防という）する目的があるとされる。しかし、それらは、刑罰の正当な目的と位置づけるには、理論的に問題がある。一般予防は、犯罪の予防のために人々を威嚇するもので、「犬に杖を振り上げるようなものである」と批判された（哲学者ヘーゲルはこのように述べていた）。また、特別予防にも、犯罪者の教育などに必要であれば、どれだけ重い刑罰でも正当化されてしまうという問題がある。これらの予防を根拠とする刑罰論は、刑罰の必要性を主な根拠としており、刑罰の本来の根拠である「犯罪」との理論的な対応関係を欠くため、刑罰の正当化根拠として十分でない。そのため、最近では、犯罪によって生じた社会の葛藤状況（コンフリクト）の解消を、刑罰の目的とする見解が唱えられている。この見解によると、犯罪が社会にもたらした葛藤状況に対し、刑罰を科すことで事件に一区切りをつける。刑罰は、このような形での葛藤の解消として適切である限りで、理論的に正当化される。

Column　死刑制度の廃止の議論　📖

　日本の刑罰の最も大きな問題の一つに、死刑の存廃がある。このようにいうと、内閣府の死刑制度に関する世論調査では、死刑をやむを得ないとするなどの肯定的意見が8割を超えており（報道によると、2019年の調査では81%。現在の質問形式となった1994年には73.8%であったが、その後上昇を続け、2009年には85.6%に達していた）、多くの国民が死刑制度を受け入れているとされる状況で、どうして廃止を議論するのかと思われるかもしれない。だが、最近でも冤罪事件が問題となっているが、無実の者を処刑してしまうと取り返しがつかないことは、容易に理解されよう。また、先進国では死刑の廃止が潮流であるところ、死刑廃止国は、死刑を存置している日本に対し、犯罪者の引き渡しに応じるのかという問題もある。死刑制度を日本国内の問題としてだけみるのは、視野が狭すぎる。そして、より根本的な問題として、犯罪者の生命を社会の葛藤解消の手段として用いてよいかということがある。

Key Word 4　犯罪の積極的な成立要件

犯罪の成立要件には2種類ある

　Key Word 2で、刑法は、刑法総則と刑法各則に分かれると述べた。このことは、犯罪の成立要件は、原則的にすべての犯罪において問題となるものと、殺人や強盗といった個々の犯罪において問題となるものに分かれることを意味する。たとえば、X、Y、Zの3名が、A宅に盗みに入るという事例で考えよう。この事例で、XがA宅の玄関の鍵をこじ開けて3名が侵入し、Yが用意していたロープでAを縛り上げ、Zが室内を物色して現金の入った金庫を発見し、3名でその金庫を持って立ち去ろうとしたが、家人Bがあらかじめ警備会社に連絡していたので、3名は駆け付けた警備員たちに取り押さえられたとしよう。

　こうした具体的な事例(事件)について考える際、まず、行為者の行ったことは、どのような犯罪に該当するかに着目する必要がある。X、Y、Zは、3人で共同してA宅に侵入し、Aを縛り上げるという暴行を加えて、Aの所有する現金の入った金庫を奪おうとしている。このうち、A宅に無断で立ち入ったことは住居侵入罪(刑法130条)にあたる。また、Aに暴行を加えて金庫を奪おうとした点については、強盗罪(刑法236条1項)に該当しそうである。そこでは、住居侵入や強盗という個別の犯罪の成立が問題となる。

　これに対し、これらの犯罪行為を3名で共同して実行した点(共同正犯(刑法60条))や、3名は警備員に取り押さえられたため、Aの物を奪うという犯罪を果たすことができなかった点(未遂(刑法43条))は、住居侵入や強盗以外の犯罪でもありうることである。たとえば、複数の者が集団で被害者に暴行を加えてけがを負わせたとか(共同正犯)、殺人の意思で被害者に向けて拳銃を発射したが弾が命中しなかった(未遂)といった場合である。共同正犯や未遂は、基本的にすべての犯罪に関係しうる。犯罪の成立要件には、住居侵入や強盗といった個々の犯罪におけるものと、共同正犯や未遂のように、原則的にすべての犯罪に関係するものとがあるのである。

犯罪の積極的成立要件——構成要件該当性

　刑法で犯罪だと認められるためには、まず、犯罪の実行と評価できるような行為(専門的には、実行行為という)がなければならない。この評価は、刑法各則やその他の刑罰法規の規定に基づいて行われる(これは、罪刑法定主義による)。

　たとえば、先に挙げた例では、人の住居に侵入する行為（刑法130条）、人に暴行を加えて財物を奪う行為（刑法236条。ちなみに、人をロープで縛るのも立派な暴行である）がこれにあたる。さらに、犯罪が完結した、すなわち既遂に至ったと認められるためには、所定の結果が発生しなければならない。たとえば、殺人が既遂となるためには、「人の死」という結果が発生しなければならない。これに対し、殺人の意思で被害者に向けて拳銃を発射したが、弾が当たらなかったときは、殺人未遂罪である（刑法199条、203条）。また、上の強盗の例では、結局、Aの物を奪うことができなかったので、刑法236条所定の「強取」の結果には至っておらず、強盗未遂罪（刑法236条、243条）となる。未遂罪の場合、裁判官の裁量で刑が減軽されることがある（刑法43条本文）。

　さらに、結果発生は実行行為が原因でなければならない。すなわち、実行行為と結果発生との間に因果関係がなければならない。因果関係がない場合、未遂を処罰する旨の規定のある犯罪では、未遂罪となる。たとえば、殺人の意思で被害者に向けて拳銃を発射したという事例で、弾が被害者の腕にあたってかすり傷を負ったが、病院に行く途中で交通事故に遭って死亡したという場合、被害者の死亡は、交通事故が原因であり、発砲によるものとは認められない。この場合、実行行為と結果発生の間に因果関係がないので、殺人未遂罪となる。

　客観的には犯罪にあたる行為を行ったとしても、わざと、すなわち故意にやったのでなければ、原則として処罰されない。刑法38条1項は、「罪を犯す意思がない行為は、罰しない。」と規定し、このような故意犯処罰の原則を明確にしている。したがって、先ほど挙げた拳銃の発砲の事例でも、不注意による誤射で、弾が誰にも当たらなかったのであれば、発射した者は、少なくとも刑法の規定による責任は負わない。これに対し、運悪く弾が人に当たってけがを負わせたり、死亡させたりした場合には、業務上過失致死傷罪（刑法211条）となるであろう。刑法38条1項ただし書を見れば分かるように、過失は法律に規定がある場合のみ処罰される。なお、過失による犯罪（過失犯）は、自動車事故の場合に重要な意味を持つ（自動車運転による死傷事件については別に法律がある）。故意と過失は、犯罪の主観的な成立要件である。

　以上のような要件に該当することを、刑法で規定された犯罪を構成する要件に当てはまるという意味で、構成要件該当性と呼んでいる。罪刑法定主義からは、構成要件に該当しなければ、どれだけ悪質な行為でも処罰されない。

Key Word 5　犯罪の成立を阻却する事由、犯罪の成立を拡張する事情

違法性阻却事由

　当然のことながら、刑法には違法な行為が規定されているので、構成要件に該当することは、その行為が原則として違法であることを示す。しかしながら、*Key Word 2*でみたように、正当防衛で相手にけがを負わせる場合、行為そのものは傷害罪（刑法204条）の構成要件に該当するが、正当防衛にあたるため刑法36条により罰せられない。正当防衛は、急迫不正の侵害に対抗する行為であり、もし、その行為が違法であるとすれば、不正な侵害を法が容認してしまうことになるので、適法な行為とされるのである。正当防衛は、実質的な違法性がなくなるという理由となるという意味で、違法性阻却事由と呼ばれる。

　ところで、*Key Word 4*では、強盗犯人を警備員が取り押さえるという事例が出てきたが、実はこの事例の警備員の行為も、人の身柄を取り押さえるという点で、形式的には逮捕罪（刑法220条）の構成要件に該当する。しかし、強盗犯人の身柄を取り押さえた警備員が罪になるというのは、誰も納得しないであろうし、それでは警備員のなり手がいなくなってしまう。この場合、もちろん警備員の行為は適法であり、犯罪にはならないが、問題はその理由付けである。まず、刑事訴訟法213条は、現行犯人は、誰でも令状なしに逮捕できると規定している。つまり、強盗の現行犯人を逮捕した警備員の行為は、刑事訴訟法という法律に基づくものである（現行犯の要件は、刑事訴訟法212条で規定されている）。そして、刑法35条は、法令による行為は罰しないとしているので、犯罪とはならないのである。この刑法35条も、上で挙げた犯罪の被疑者の逮捕のような、他の法令で許された行為や、新聞記者の取材活動のような、正当な業務による行為を罰しないとするもので、違法性阻却事由について規定している。その他、緊急避難（刑法37条）も違法性阻却事由であるとするのが、多数説である。違法性阻却事由がない場合、その行為は違法であり、処罰の対象となりうる。

責任阻却事由

　これに対し、構成要件に該当する違法な行為を行ったことについて、それは「仕方がないもの」であり、行為者を非難できない場合も存在する。たとえば、ダーツに興じていたXが、矢を投げようとした瞬間に、いきなり友人Yが前に飛び出してきたため、矢がYの顔に当たって大けがをするという場合、矢を投

げる際、Ｘがいかに周囲に気を配っていたとしても、Ｙの飛び出しを予測することができなかったとするならば、Ｙの傷害について、Ｘには責任がない。この場合、Ｘには過失がないからである。さらに、矢を投げたのが8歳の子どもであったという場合、たとえ故意に人にめがけて投げたとしても、相手にけがを負わせたことについて、刑事責任は問われない（刑法41条）。8歳の子どもでは、自己の行為の意味を理解し、それに見合った刑事責任を負わせるには、幼すぎるからである。また、よく知られているように、行為者が心神喪失の状態にある場合も、責任を負わない（刑法39条）。これらの場合、責任が阻却される理由（責任阻却事由）があることから、犯罪は成立しない❶。

犯罪の成立を拡張する事情──未遂と共犯

*Key Word 4*の事例でみたように、複数人で分担して犯罪を実行した場合、共同正犯とされ、自己が行ったこと以外の部分についてもすべて正犯としての刑事責任を負う。共同正犯以外にも、人に犯罪を行うようそそのかす場合（教唆犯（刑法61条））、あるいは他人が犯罪を行う際、それを手助けする場合（幇助犯（刑法62条））も、共犯である。また、収賄罪（刑法197条以下）のように、公務員など特定の身分を持つ者が行う場合でないと成立しない犯罪（身分犯）に、そのような身分を持たない者が加担する場合も、その身分犯の共犯として処罰される（刑法65条1項）。

　未遂についても、*Key Word 4*で説明した。未遂には、行為者は既遂にしようと思っていたのに、（行為者にとっては運悪く）犯罪を遂げられなかった場合（障害未遂という）と、実行後に行為者が自分の意思でやめる場合（中止未遂）とがある。後者の場合、自分の意思でやめたということで、刑は必ず減軽されるか、場合により免除される。未遂も共犯も、基本的な犯罪である単独による既遂犯から、処罰の対象を拡張する事情である❷。

❶犯罪の基本的な成立要件の検討順序

構成要件に該当するか　⇒　違法性阻却事由の有無　⇒　責任阻却事由の有無

❷犯罪を拡張する事情

未遂　障害未遂⇒刑は任意的減軽　　中止未遂⇒刑は必要的減免
共犯　共同正犯⇒すべて正犯　教唆⇒正犯の刑で処断　幇助⇒刑は必要的減軽

Key Word 6 生命・身体と刑法

法益保護原則

　刑法は、個人や社会の一定の生活上の利益を保護している。刑法により保護される生活上の利益のことを法益といい、原則として、法益を侵害する行為だけが違法なものとして処罰されるというのが、刑法の一般的な考え方である（したがって、*Key Word 3*で説明した犯罪の定義の中には、「法益を侵害すること」というのが含まれる）。刑法で保護される法益には、生命、身体、自由、財産といった個人に帰属するものばかりでなく、公共の安全、通貨等に対する信用、公共の風俗といった社会に帰属するものや、国家の存立、司法作用、公務に対する信用といった国家に帰属するものもある（*Key Word 9*）。

人の生命・身体の保護

　生命は、すべての価値の根源であり、私たちにとって最も大事な法益である。そのため刑法は、人間の生命を、胎児の段階も含め、手厚く保護している。胎児の生命の侵害は堕胎の罪（刑法212条～216条）で、故意による人の生命の侵害は殺人の罪（刑法199条～203条）で保護される。身体も、極めて重要な利益であり、傷害の罪の規定によって保護される。これらは重要な法益であるから、過失による侵害も処罰の対象としている（刑法209条～211条）。また、老人、幼児、身体障がい者など人の扶助を必要とする者を遺棄したり、生存に必要な保護をしなかった場合は、遺棄の罪（刑法217条、218条）で処罰されるが、それは、人の生命ないしは身体に危険をもたらすからである。

人の始期と終期

　刑法による生命・身体の保護において、まず問題となるのは、胎児はどの時点で「人」となるのかということである（人の始期）。これに関して、刑法には明文の規定はなく、民法3条1項が私権の享有の開始を「出生」とするのを手掛かりに、出生を基準と考える。しかし、いつの時点で出生となるかは、学説の争いがある。通説は、外部からの攻撃が可能であることを理由に、母体から一部でも露出すれば、「人」と認める（一部露出説）。この見解に対し、ひとは母体と分離してはじめて、独立した人格として保護に値するとの見地から、子どもの身体の全部が露出するのを必要とする見解も有力である（全部露出説）。この見解では、一部が露出した段階で子どもが殺害された場合、堕胎罪となる。

　刑法は、人と胎児を区別していることは明らかであるが、胎児には人と同様の保護がまったく認められないのか。これは、特に胎児傷害で問題となる❶。

　さらに、人はいつ人でなくなるのかという「人の終期」も問題である。それはもちろん、死の時点である。人の死は通常、心臓死であり、脈拍の喪失、瞳孔の散大、呼吸の不可逆的停止という3つの徴候で判定されることから、三徴候説と呼ばれる。これに対し、臓器移植法は、脳死した人の身体を含めて「死体」とし、一定の要件の下で移植目的での臓器の摘出を認める（同法6条1項）。また、人の終期とかかわって、安楽死および尊厳死の問題が取りざたされる❷。

❶胎児傷害

　胎児傷害は、妊娠中に母親が摂取した有害物質や薬剤などの影響で、子どもが身体的奇形などの障がいをもって生まれてくる場合をいう。この場合、胎児の段階で直接被害を受けるため、人の身体を傷害した（刑法204条）とか、業務上の過失により人を死なせた（刑法211条）とはストレートにいえない。この問題が日本で争われたのは、胎児性水俣病事件である。この事件で、最高裁は、胎児は妊娠の期間中は「人」である母体の一部であり、これに病変を生じさせ、出生により病変を負った状態で「人」となるのであるから、人に対する罪である業務上過失致死傷罪の適用が認められるとした（最決1988・2・29）。しかし、母体と子どもは明らかに異なる人格であり、両者の人格の相違を等閑にするのは、「人」という文言の解釈として、適切といえない。被害者の救済は、民事的、行政的手段によるべきである。

❷安楽死・尊厳死

　安楽死は、末期状態で痛み等に苦しむ患者を、苦痛から解放させ死なせることである。それは通常、鎮痛剤の副作用で患者の死が早まったり（間接的安楽死）、積極的な延命治療を控えることによる（消極的安楽死）ので、比較的問題は少ない。問題は、苦痛から解放する目的で患者を殺害する場合である（積極的安楽死）。殺害が患者からの要請で行われたとしても、嘱託殺人罪（刑法202条）の構成要件に該当する。判例は、医師による積極的安楽死の違法性が阻却される場合があるとするが（横浜地判1995・3・28）、それには患者の意思表示が必要とされる。これは、患者の自己決定権に基づくが、末期の場合、患者の意識がないことも多く、そうした患者は安楽死の行為の時点でそれを受け入れる意思表示ができない（患者の事前の意思表示や家族の要請は、行為時点での患者の意思に必ずしも合致するわけでない）。現行法で安楽死を適法と認めることには、困難が伴う。末期状態の患者の尊厳を守るために延命治療を中止する尊厳死についても同じである。もちろん、人の生命はその人自身に属するもので、「人の尊厳」などの美名の下に、他人の生死の在り方を勝手に決めることは許されない（医師の独断による治療中止に殺人罪の成立を認めた判例として、最決2009・12・7）。

Key Word 7 自由と刑法

自由と刑法の関わりの二面性──法益としての自由の保護と自由保障機能

　刑法が人の自由を保護ないしは保障するという場合、実はそこには２つの側面がある。一つは、*Key Word 6*でも述べた法益としての自由の保護であり、後で解説する。もう一つは、刑罰の濫用からの市民の自由の保障である。これは、刑法は処罰の対象となる行為をあらかじめ明示し、明文の規定に違反しない限りは処罰しない制度を確立することで、人々の行動の自由を保障するというものである。行為時に適法であった行為を、後から制定した法律をさかのぼって適用することにより処罰してはならないという遡及処罰の禁止の原則（憲法39条）も、行動の自由の保障のためにある。すなわち、刑法の規定全体が、「市民のためのマグナ・カルタ」として、人々の行動の自由に資する❶。こうした考え方は、近代市民社会において生成・発展してきたものであるが、刑事立法が適正に行われ、刑法の規定が文言の意味内容に即して適切に解釈・運用されているという前提ではじめて成り立つ（適正手続の保障（憲法31条））。いかに先進的で立派な刑法があっても、それが文言の意味内容を踏まえずに解釈・運用されるならば、自由保障には役立たない。

法益としての自由の保護

　刑法は、処罰の対象となる行為をあらかじめ明文で規定することにより、人々の行動の自由を保障する一方で、人の自由を侵害し、ないしは危険をもたらす行為を処罰することによって、法益としての自由を保護している。人は、生活の本拠をどこに置くか、どこに移動するか、誰とどのような形で性的パートナーシップを持つか、何をどのように意思決定するかなど、さまざまな自由を享有しており、刑法に規定されるいくつかの犯罪類型は、これらの自由を保護するためにある。たとえば、逮捕・監禁の罪（刑法220条以下）は、人の移動の自由を保護している。また、脅迫の罪（刑法222条以下）は、人の意思決定を阻害する行為を処罰の対象とすることで、意思決定の自由を保護している。略取・誘拐および人身売買の罪（刑法224条以下）は、人をその生活の本拠から引き離す行為を処罰の対象とすることで、人が他者から不当な支配を受け、ないしは略取誘拐などされず安心して生活する自由を保護する。さらに、強制わいせつ罪（刑法176条）や強制性交等罪（刑法177条）などは、暴行・脅迫を手段と

した性的行為の強要を処罰することで、人の性的自己決定を保護している❷。最後に、住居侵入の罪（刑法130条以下）は、住居などに誰を立ち入らせるかに関する自由（住居権と呼ばれる）を保護する❸。住居等の平穏を保護するものとする見解もあるが、これも結局、住居等の領域の自由な利用に関係している。

❶罪刑法定主義

罪刑法定主義は、「犯罪となる行為および犯罪を行った者に対して科される刑罰は、行為の前にあらかじめ明文の法律で定めておかねばならない」とする刑法の基本原則である。この原則には、本文で述べた自由の保障だけでなく、犯罪と刑罰について「法律」という形で議会で定めることを求める点で、刑法が民主主義に依拠することを保障する役割がある。

❷性犯罪にかかわる刑法の改正

2017年に性犯罪にかかわる刑法の規定が大幅に改正された。性犯罪は親告罪でなくなり、強姦罪（177条）は「強制性交等罪」と名を変えて法定刑が5年以上の有期懲役に引き上げられ、暴行・脅迫等による男性から女性への性交の強制だけでなく、口腔や肛門への男性器の挿入の強制も対象となった（準強制性交等罪（178条2項）も同様）。これにより、女性も強制性交等の罪に問われうる。さらに、18歳未満の者を現に監護する者が、その影響力に乗じて被監護者にわいせつな行為や性交等をしたときには、暴行・脅迫がなくても強制わいせつ罪（176条）や強制性交等罪と同様に処罰される（179条）。本改正は、従来の強姦罪の射程範囲が狭いことや親告罪のために処罰を諦めざるを得ない場合もあったことなどを踏まえ、性犯罪からの刑法的な保護をより手厚くしたものといえる。もっとも、性犯罪規定には、不同意の性交等の処罰を求める強い意見が存在するなど、検討すべき課題はまだある。

❸ポスティングと住居侵入罪

家庭の郵便受けには、日々さまざまな物が投函される。そこには、郵便物だけでなく、日常的にチラシやビラなどが投函されたりもする。その意味で、ビラやチラシの投函は、日常的でごくありふれた行為である。特に、政治的主張を記したビラの配布をむやみに処罰することは、憲法21条が保障する表現の自由を侵害する。それにもかかわらず、政治的な内容のビラなどを投函するために、集合住宅の共用部分に立ち入る行為について、住居侵入罪の成立を認めた最高裁の裁判例がある（最判2008・4・11、最判2009・11・30）。この問題は、本文で述べた刑罰の濫用からの自由の保障と、法益としての自由保護の兼ね合いが難しいことを物語る。しかし、特に集合住宅でのポスティングの場合、ビラ配布を容認する者の自由も法益として考えるべきであり、立入りが管理権者の意思に反するというだけで住居侵入罪だとするのは、いささか乱暴である。

Key Word 8 財産と刑法

財産に対する罪の処罰の在り方

　財産は、人の生活の基盤となるものである。清貧を旨とする者もいるが、何も持たずに私たちが生きていけないことだけは確かである。いつの時代でも、財産の保護は刑法の主要な任務の一つであった。ただ、社会が安定し、皆が豊かになるにつれて、刑法による財産の保護の重みは、相対的に下がっていくものである。日本の江戸時代には、10両盗めば死罪であったし、近代以前のほかの社会でも、盗みの罪には死刑を含む重罰が科された。これに対し、現在の刑法では、窃盗罪（235条）の法定刑は、10年以下の懲役または50万円以下の罰金である（罰金刑の部分は2006年の刑法改正で新たに付け加わったものである）。哲学者ヘーゲルは、社会が安定するにつれ軽い刑罰で十分対応されるという趣旨のことを述べたが、財産に対する罪について、この傾向は、よく見られるといってよい。ただし、強盗の罪だけは、事情を異にしており、強盗罪（刑法236条）は、5年以上の有期懲役であり、強盗致傷罪（刑法240条前段）は無期または6年以上の懲役、強盗致死罪（刑法240条後段。殺人の故意がある場合も含まれる）は死刑または無期懲役と、法定刑がおしなべて重い。

財産犯罪の保護の対象

　現代社会において、私たちは、さまざまな形で「財産」を保有しているが、このうち、刑法の財産犯罪（刑法235条から264条）で保護されるのは、主として「財物」と「財産上の利益」である。このうち、「財物」は、財産的価値を有する物であり、民法85条を手掛かりとすると、それは有体物である。なお、電気については、窃盗・強盗や詐欺などの罪に関し、例外的に「財物」とみなされる（刑法245条、251条）。横領の罪（刑法252条以下）では電気は保護の対象にならない。財物に関しては、所有権などの「本権」を保護するというのが、通説といえる。これに対し、財物の所持という事実状態を保護するという見解があり、一部の判例もこれに従うが、それだと、財産犯罪は、「現在、その人が占有ないしは所持している状態を乱すもの」と理解され、財産に関する権利というより、現にある状態の保護に傾く。それは、財産犯罪を個人の財産の保護から、財産に関する秩序の保護へと変質させてしまう。これに対し、深刻な社会問題である特殊詐欺は、被害者の財産を直接侵害するもので、純然たる個人法益に

対する犯罪である。もっとも、たとえば「だまされたふり作戦」が行われたことを知らずに、首謀者から求められて、被害者のところへ金銭やキャッシュカードなどを受け取りに行く者（受け子）を、どのような理由づけで詐欺未遂罪（刑法246条、250条）の共同正犯とするかなど、刑法解釈上の問題はある。

　「財産上の利益」は、強盗罪（刑法236条2項）、詐欺罪（刑法246条2項）、恐喝罪（刑法249条2項）が保護の対象とするもので、債権の譲渡や役務（サービス）の提供などが典型例であるが、債務の免除なども含まれる。たとえば、「秘密をばらすぞ」などと脅迫して、借金を棒引きにさせることは、恐喝により財産上不法な利益を得たものとして、刑法249条2項により処罰されうる。これに対し、最近の判例は、財産上の利益に対応する被害者の財産損害を抽象的に捉える傾向があり、ここにも財産犯罪の変質の問題がみられる❶。

　刑法の財産犯罪の対象とならないものも、特別法で保護を受けることがある。たとえば、企業が保有するノウハウなどの営業上の秘密は、不正競争防止法の営業秘密取得罪など（同法21条、22条）で保護され、また、コンピュータなどに保存されたデータは、不正アクセス禁止法などによる保護を受ける。

❶暴力団員であることを隠してゴルフをすると詐欺罪？

　最近は、暴力団など反社会的勢力の構成員や関係者を、社会のさまざまな場面で締め出そうという流れが顕著である。就職、住まいの賃貸借、銀行との取引、はたまた学生のインターンシップに至るまで、さまざまなところで、「反社会的勢力」と関係していないことを確約させられる。近時はゴルフ場でも、暴力団追放の旗印の下、プレーに際し、「私は、暴力団等とは一切関係ありません」といった誓約書に署名が求められることがある。それでは、暴力団関係者が、そのことを隠してゴルフ場でプレーすると罪になるのであろうか。最高裁は、暴力団員やその交友関係者による利用を禁止していたゴルフ場で、暴力団員が事実を申告せずにプレーしたことについて、従業員を欺いて、本来は利用できないゴルフ場の利用という財産上不法な利益を得たものとして、詐欺罪（刑法246条2項）の成立を認めた（最決2014・3・28）。たしかに、この事件の被告人が暴力団員だという事実を知ったなら、従業員はゴルフ場の利用を認めなかったかもしれない。その意味で、被告人はゴルフ場の従業員を、重要な事実について欺いているともいえる。しかし、被告人は正規の料金を支払ってプレーしており、ゴルフ場に直接的な財産的損害を与えていない。それにもかかわらず、詐欺罪の成立を認めるのは、詐欺罪を財産に対する罪から、社会秩序維持のための何か別の犯罪へと変質させているようにみえてしまう。

Key Word 9 　国家・社会の利益と刑法

公共の平穏、公共の風俗の断片的な保護

Key Word 6～8では、主に個人の利益と刑法の関係についてみたが、刑法には、特定個人の利益に還元できない公共の利益の保護に関係する犯罪もある。もっとも、刑法は公共の利益をおしなべて保護するのではなく、社会的に重要なものに限って断片的に保護している。たとえば、騒乱罪（刑法106条）は、公共の静謐を保護するものだが、静かな環境を一般的に保護するわけではない。騒乱罪となるのは、多数人で暴行・脅迫（ここでの暴行の意味は広く、物に対する場合も含む）を行い、一地方の静謐を乱した場合に限られる。それゆえ、2、3名の若者が騒いだだけでは騒乱罪にはならない。また、わいせつ罪は、公共の風俗を保護するものだが、たとえば、個人の家屋内で2、3名の友人に裸を見せる行為は、公然とわいせつな行為をした（刑法174条）ことにはならないし、わいせつなDVDを1人の友人に無償で貸し与えるだけの行為は、わいせつな電磁的記録の媒体を頒布した（刑法175条）ことにはならないであろう。それだけでは、公共の風俗が害されたとはいえないからである。また、わいせつ物の頒布は、受け取る側がいなければ成り立たない犯罪であるが（必要的関与という）、もらったり買ったりするだけの行為は処罰されない。

公共の安全の厳格な保護、公共の信用の保護

これに対し、多数人の生命や身体など、公共の安全にかかわる行為については、刑法は厳格な対応をしている。たとえば、放火は、一歩間違うと多数の者の生命を奪いかねない行為であるため、特に建造物への放火については、人の生命や身体への具体的危険がなくても、対象物を焼損するに至った段階で処罰される（抽象的危険犯という）。殊に現住建造物への放火（刑法108条）は、法定刑も極めて重い（死刑または無期もしくは5年以上の懲役であり、殺人罪（刑法199条）と同じ）。また、往来の妨害や列車の転覆についても、重い刑が定められている（刑法124条～129条）。放火の罪や往来妨害の罪などは、公共危険犯と呼ばれる。刑法が公共の安全を重く見ていることは、過失による場合も含めて、幅広い行為が処罰の対象となっていることにも表れている。

もう一つ重要な公共の利益として、文書等の公共の信用がある。公共の信用の保護のために、刑法は、通貨偽造の罪（148条以下）、文書偽造の罪（154条以

下）、有価証券偽造の罪（162条以下）、印章偽造の罪（164条以下）のいわゆる偽造罪を定める。さらに近時は、クレジットカードなどの偽造に対応するため、カード情報を不正に取得する行為などを処罰化するための刑法改正が行われている（163条の 2 以下の支払用カード電磁的記録に関する罪がこれにあたる）。このほか、コンピュータウイルスを作成する行為なども、規定の配列上、偽造罪の一種に位置づけられる（不正指令電磁的記録に関する罪（168条の 2 以下））。

国家の利益の保護

　さらに刑法は、国家の利益に対する罪に関する規定も設けている。ただし、ここでいう「国家」とは、現行日本国憲法の規定に基づく個人の尊重を旨とするものである。それゆえ、国家の利益は当然に個人の利益に資するものでなければならない。けっして、国家の利益それ自体を保護するというのではない。

　国家の利益として、国家の存立そのものが考えられるが、これに対応する内乱の罪（刑法77条以下）、外患の罪（刑法81条以下）は、現在ほとんど適用されない。これに対し、公務の執行に関する罪、とりわけ公務執行妨害罪（刑法95条）は、警官の職務執行の妨害などに頻繁に適用される。公務執行妨害罪は、暴行・脅迫によることが前提であるが、近時は、これによらない警察業務の妨害などに、業務妨害罪を適用する傾向がある。たとえば、虚偽の犯罪の実行をネットに書き込むなどして、そのために警察に特別な対応をさせるような場合に、偽計業務妨害罪（刑法233条）の成立を認めた裁判例がある。しかし、業務妨害罪の対象は、沿革からみて民間業務に限定されており、警察業務などの公務にこれを適用するのは、解釈論上問題があるとする見解もある。

　さらに、国家の重要な利益に、司法作用の確保がある。これに資するものとして、逃走の罪（刑法97条）、犯人蔵匿・証拠隠滅の罪（刑法103条以下）、偽証の罪（刑法169条以下）、虚偽告訴の罪（刑法172条以下）がある。このうち、虚偽告訴罪は、故意に虚偽の告訴をされた人も被害者といえるが、基本的には国家の司法作用を誤らせるべき行為であり、国家の利益にかかわる。

　最後に、汚職の罪があるが、これは、職権濫用の罪（刑法193条以下）と賄賂の罪（刑法197条以下）に分かれる。贈賄罪（刑法198条）以外は、公務員ないし特別公務員の身分を有する者のみが犯すことのできる身分犯であり（それゆえ、一般の会社に勤める者が取引先から金品を受け取っても、収賄罪（刑法197条）にはならない）、公務の適正・公正に対する国民の信頼を保護するとする見解が有力である。

第7章　刑事手続と法

Key Word 1　何のために刑事手続と法を学ぶか

警察官による街頭での呼び止め

あなたは、警察官が街頭で人を呼び止めている光景を見たり、自分自身が呼び止められたりしたことがあるかもしれない。あれはどういう種類の活動か。

警察官は、挙動が不審などの事情から、何らかの犯罪を行い、もしくは行おうとしていると疑うに足りる相当な理由がある者や、犯罪について知っていると認められる者に対し、質問することができる（警察官職務執行法2条1項）。この職務質問は、本人の意に反して強制されるものではないから（同条3項）、イヤなら拒んでいい。だが拒んでも、警察官は追跡したり、背後から腕に手をかけたりすることもある。最高裁によれば、このような警察官の行為も適法である、つまり任意であり強制ではないという。これは、日常用語としての任意・強制の意味とは、かなり異なるようだ。ともあれ職務質問は、犯罪の予防や鎮圧を目的とする。この段階では、警察官は（具体的な）犯罪について未だ嫌疑を抱いていないことが前提である。

他方、警察官は、犯罪があるとの嫌疑を抱いたとき、捜査できる（刑事訴訟法189条2項）。すなわち被疑者の身体を確保し、証拠を収集・保全することができる。被疑者とは、起訴されていないが、犯罪の嫌疑を受け、捜査対象とされた者で、日常用語の容疑者のことである。同じ街頭での呼び止めでも、喧嘩相手がけがをして、現場から立ち去ろうとしたところ、これを目撃した警察官に呼び止められた場合、傷害罪の被疑者として扱われていることも考えられる。

逮捕や捜索・押収といった強制捜査を行うには、裁判官による事前の司法審査に基づく令状が必要である（憲法33条、35条）。他方、現行犯逮捕は令状主義の例外だが（33条）、逮捕の必要性は不可欠である。逃亡の危険も罪証隠滅の危険もないのに、犯罪を目撃したというだけで、逮捕することはできない。

刑事手続とは

このような犯罪の嫌疑に基づく捜査にはじまって、起訴・審判および裁判の執行に関する手続のことを刑事手続という。もっとも犯罪の嫌疑の有無という警察官などの捜査機関が抱く主観は、外部からは分かりにくい。警察官は職務

質問をしながら、犯罪の嫌疑を次第に抱いてゆくこともある。だから職務質問は捜査ではないが、捜査のきっかけとして注目し、不当・違法ではないか、チェックしてゆかなければならない。

国家権力と市民との緊張関係

犯罪や刑事事件というと、ニュースなどで「他人事」として関心を持つことはあっても、自分がその関係者や当事者になるというのは、なかなか想像できないし、できれば無関係でいたいというのが本音かもしれない。もっとも、冒頭で述べた、警察官による街頭での呼び止めを想起すれば、国家権力（公権力）と市民との緊張関係を、身近な問題として考えることができる。

国家権力もさまざまな種類があるところ、犯罪行為をなした者に対する制裁権、すなわち刑罰権は、刑務所収容や死刑を想起すれば、非常に厳しい内容の権力であることが分かるであろう。もっとも、刑罰権の行使まで至らなくても、警察官のような捜査機関によって、逮捕されたり、自宅や身の回りの物を捜索・押収されたり、電話やメールを傍受（盗聴）されるだけでも、身体・行動の自由、プライバシー、通信の秘密など、人の自由は大きく制約される。

刑事手続と法を勉強する意味

それでも、まさか自分が国家権力に対抗する場面など考えられない人もいよう。しかしあなたが何ら萎縮することなく、今、この文章を読んだり、友達と携帯で連絡を取り合ったり、家族との団らんを過ごしたりできるように、人びとが国家権力による制約を被らずさまざまな自由を楽しむことができるのは、不合理に逮捕、捜索・押収、処罰などされないという法に基づく保障による。

つまり、そのようなプライベートな生活も含む社会生活を左右しかねないのが、刑事手続である。だから、刑事手続とそのあり方を規律する法を勉強することは、自分自身や日本の将来を考える上で、きっと役に立つはずである。

パソコン遠隔操作事件では、未成年の大学生がウソの自白をさせられた。無実の者が刑事手続に突然巻き込まれる、冤罪の問題にも関心をもってほしい。これについては、図書館に行けば、ドキュメンタリーなど多くの書物が見つかるだろう。周防正行監督の映画「それでもボクはやってない」はフィクションであるが、多くの取材に裏付けられている。冤罪事件に関する書物や映像を手がかりに、刑事手続を活き活きと勉強してみるのも、一つの手である。どうして冤罪が生じるのか、冤罪に巻き込まれた人や家族の人生はどうなるのか。

Key Word 2　刑事手続と憲法

憲法の刑事手続関係条項の意味：人身の自由

　刑事手続を規律する主な法典は、日本国憲法と刑事訴訟法である。憲法は、31条から40条の10箇条を、刑事手続に関係する条項とした❶。

　これらの条項は、自由権のひとつ、人身の自由に関するものである。人身の自由については18条（奴隷的拘束および苦役からの自由）もあるが、特に31条以下で詳細に定められている。その理由は、さまざまな国家権力のなかでも刑罰権こそ最も苛酷であり、「人は刑罰権から自由である」ことが、まずは重要だからである。すなわち法律の定める適正な手続が保障されなければ、人は処罰されない（31条）。

　ただ31条以下は、刑罰権からの自由を定めるにとどまらない。捜査機関から犯罪の嫌疑をかけられている被疑者や、あるいはその後で起訴され、検察官によって犯罪を行ったと主張され、裁判を求められている被告人が、刑事手続の進行中に侵害されうる自由についても、保障を定めている。

　たとえば逮捕・勾留（ただし逮捕の対象は被疑者のみ）は、裁判を行うため、その当事者（被疑者・被告人）の逃亡や罪証隠滅を防止することを目的とする。ゆえに逮捕・勾留は、有罪が確定した者に科される、懲役・禁錮・拘留といった刑罰（自由刑）とは異なる。もっとも逮捕・勾留は、人を拘束して人身の自由を直接的に奪う。被疑者・被告人は、有罪と決まっていない（無罪と推定される）から、刑罰を科されないのはもちろん、一般市民とできるだけ同じ扱いを保障しなければならない。

　この無罪推定の法理からすれば、①逮捕や勾留といった、人を拘束すること自体極力避けなければならないし、②拘束されてしまった被疑者・被告人に対しては、社会から隔絶されることによって発生する不利益、たとえば警察による取調べが強制的なものになったり、家族や社会と断絶したりすることがないようにしなければならない。また③およそ被疑者・被告人には、犯罪の嫌疑を晴らしたり、不当な扱いを止めさせたりすることのできる防禦権が保障されなければならない。そこで憲法は、令状主義や弁護人の援助を受ける権利など手厚い保障を用意している。たとえ刑罰が言い渡されなくても、逮捕などの捜査がむやみに行われるだけで、市民の自由は危機にさらされる（☞ Key Word 1）。

刑事手続関係条項の特徴

　憲法は、人身の自由が不当に侵害されないため、最低限保障される権利を、具体的に定めている。たとえば、38条1項は黙秘権を保障する。それにもかかわらず、警察官が被疑者に供述を強要した、すなわち黙秘権を侵害したとすれば、この警察官の行為は決して許されない。たとえ事件が重大で、自白が得られなければ有力な証拠がなく（ひいては犯人を逃してしまうかもしれない）、警察官が熱心のあまり供述を強要したとしても、許されないことに変わりはない。なぜなら、いかなる事情があろうと、黙秘権が保障されなければ、人身の自由が不当に侵害されているというのが、憲法の意味するところだからである。

「人身の自由なくして、思想の自由なし」

　このことわざは、人身の自由が、あらゆる人びとにとって、あらゆる人権のなかでも最も根本的なものとして保障されなければならないことを意味する。日本国憲法が、10箇条にもわたって、人身の自由が不当に侵害されないため、適正手続の保障と公正な裁判を受ける権利をはじめ、最低限保障すべき権利を具体的に定めたのは、太平洋戦争が始まる直前の時代、そして戦争中の日本において、何か月も何年も監禁状態に置く、拷問を行う、ひいては極刑に処するといった方法で、人びとの思想が統制されていた事態に対する反省に基づく。

❶刑事手続に関する憲法のルール

①適正手続の保障〔「有罪が証明されるまでは、無罪の者として扱われる」という無罪推定の法理や、「犯罪事実の存在について疑いが残る場合には、被告人は無罪とされなければならない」という「疑わしきは被告人の利益に」の原則も、ここに含まれる〕（31条）

②公正な裁判を受ける権利（32条）

③令状主義〔逮捕や捜索・押収などの強制処分は、裁判所・裁判官の発する令状を要するという原則〕（33条・35条）

④身体拘束（抑留・拘禁）に対する保障〔弁護人の援助を受ける権利、公開の法廷で拘禁の理由を示すことなどの保障〕（34条）

⑤弁護人の援助を受ける権利（34条・37条3項）

⑥拷問・残虐な刑罰の禁止（36条）

⑦公平・迅速・公開の裁判を受ける権利（37条1項）

⑧証人審問権・喚問権（37条2項）

⑨黙秘権（38条1項）

⑩自白法則〔任意にされたものでない疑いのある自白について、証拠とすることを禁じるルール〕（38条2項）

⑪補強法則〔不利益な唯一の証拠である自白によって有罪とされ、刑罰を科せられることを禁じるルール〕（38条3項）

⑫二重の危険の禁止〔裁判の蒸し返しを禁じるルール〕（39条）

⑬刑事補償を請求する権利（40条）

Key Word 3　刑事訴訟の基本構造と刑事訴訟法の解釈

刑事訴訟の基本構造と刑事訴訟法

　刑事事件を扱う裁判の手続が、刑事訴訟（刑事裁判）である。裁判所は、検察官による訴え（公訴）がなければ審理できない（不告不理の原則）。

　刑事訴訟では、検察官が「被告人が犯罪を行った」と主張して立証を試みる一方、被告人は「私は犯罪にまったく関わっていない」、「たしかに関わったが、他人の手助けをしただけだ」、「違法な取調べがなされた」といった防御をなす。このようにして、当事者（検察官と被告人）が互いに攻撃・防御をなすことにより訴訟を進行させる主導権を持つ一方、裁判所は公平・中立な第三者的審判者に徹するという構造を、当事者主義（当事者追行主義）という。

　ただし当事者といっても、一方は国家機関（検察官）で、他方は一市民（被告人）であり、その力の格差は明白である。また被告人は、その有罪が証明されない限り無罪と推定される（無罪推定の法理）。そこで被告人や被疑者の権利を十分に保障することによって当事者主義を実質化させることを、実質的当事者主義という。憲法31条〜40条は、被疑者・被告人の権利を詳細に定める（☞ Key Word 2）。被疑者・被告人が権利を行使しうるには、保護者である弁護人の役割が重要である（☞ Key Word 4）。

　刑事訴訟は、公訴提起前の捜査手続などを含み、刑事手続とも呼ばれる（☞ Key Word 1）。刑事手続のあり方を具体的に定める法律が、刑事訴訟法である。

刑事訴訟法とその成り立ち

　日本国憲法は、終戦の翌年である1946年に公布され、翌47年に施行された。他方、刑事訴訟法は、1948年に成立し、翌49年に施行された。憲法が、適正手続など最低限保障されなければならない権利を詳細に定めることによって、人身の自由を最大限確保しようとしたのに対し（☞ Key Word 2）、刑事訴訟法は、旧来の治安至上主義と憲法や国際人権法の希求する人権尊重主義との妥協の産物としてつくられた。

刑事訴訟法の解釈の特徴

　刑事訴訟法が妥協の産物であるとしても、最高法規である憲法に適合していなければならない（憲法98条1項）。実質的にみても人身の自由は極めて重要である（☞ Key Word 2「人身の自由なくして、思想の自由なし」）。だから刑事訴訟法

の解釈は、憲法が保障する権利をないがしろにしないよう、自覚をもって行わなければならない。その典型例は次のとおりである。

逮捕や勾留された被疑者に取調べ受忍義務はあるか

刑事訴訟法198条１項は、捜査官は「犯罪の捜査をするについて必要があるときは、被疑者の出頭を求め、これを取り調べることができる。但し、被疑者は、逮捕又は勾留されている場合を除いては、出頭を拒み、又は出頭後、何時でも退去することができる」と定める。但し書きを反対解釈すると、逮捕や勾留されている被疑者には取調べについて出頭拒否権・退去権がない、すなわち取調べ受忍義務があるようにみえる。実際、日本の捜査機関は、取調べ受忍義務があることを前提として、取調べをしている。ゆえに被疑者は、「もう話したくない」と思っても、延々と取り調べられ、精神的にも身体的にもへたばって、屈服させられてしまう。しかしこれでは供述を強要されているに等しく、憲法38条１項の黙秘権の保障に反する（☞ *Key Word 5*）。

そうであるから、198条１項の但し書きについては、反対解釈ではなく、黙秘権の保障と矛盾しない解釈を必要とする。すなわち、この但し書きは、逮捕・勾留されている被疑者が、取調室への出頭拒否や取調室からの退去ができるからといって、逮捕や勾留の効力自体が無くなるわけではないことを定めた、念のための規定であると解釈すればいい。つまり、逮捕・勾留されている被疑者は、取調べ受忍義務がないからといって、逮捕や勾留の効力もなくなって帰宅できるわけではないが、拘禁場所から取調室に出頭する義務はなく、また取調室から拘禁場所に帰ることも自由である。そもそも逮捕や勾留は取調べのためではなく、逃亡や罪証隠滅を防止するためのものであるから、被疑者が拘禁場所に居さえすれば、逮捕・勾留の目的も達成される（逮捕について刑事訴訟規則143条の３、勾留について刑事訴訟法60条１項・207条１項）。このようにして、解釈上、取調べ受忍義務を否定することはできる。

取調べ受忍義務問題の背景にあるもの：取調べ中心主義と公判中心主義の対立

取調べ受忍義務の肯定説は、取調べで供述（自白）を得ることにより真実が解明され、ひいては治安を回復できるという取調べ中心主義の考え方に基づく。これに対して否定説は、黙秘権の重視はもちろん、物証と公開の法廷での刑事裁判（公判）での証人尋問を中心とする証拠調べによって事実を解明すべきだという公判中心主義の考え方に基づく。

Key Word 4　捜査と被疑者弁護

捜査の意義

　警察官や検察官といった捜査機関が、犯罪の嫌疑がある場合に、被疑者の身体を確保し、証拠を収集・保全することを、捜査という（☞ *Key Word 1*）。捜査は基本的にインフォーマルな手続で、公判のように公開されているわけでもないから、取調べでの自白の強要など、人権侵害が発生しやすい。取調べ受忍義務の否定や公判中心主義、あるいは取調べの可視化が唱えられる理由は、ここにある（☞ *Key Word 5*、*column* 取調べの可視化と弁護人立会い）。

代用刑事施設制度（代用監獄制度）

　しかし日本の刑事手続は、実際のところ、取調べによって得られた自白に依存してきた。このような取調べ中心主義を支える主なものとして、取調べ受忍義務に加え、代用刑事施設制度（代用監獄制度）がある。

　勾留された被疑者は、本来、勾留などを執行するための専用の刑事施設で拘禁されなければならない。具体的には、拘置所という法務省が管轄する施設であり、拘置支所も含め、全国各地にある。この本来の拘禁場所である刑事施設（例：福岡拘置所）で拘禁する代わりに、代用刑事施設としての留置施設（例：博多警察署の留置場）で拘禁することを許す制度が、代用刑事施設制度である。留置施設は、都道府県警察に設置され、警察がその業務を運営している。

　実際、逮捕や勾留された被疑者のほとんどが、警察の運営する留置施設に拘禁されている。このような警察での拘禁については、次のような問題がある。すなわち、被疑者が取調べに協力的か（自白するか）否かにより、警察が待遇を変え、被疑者に精神的圧迫を与えることのできる仕組みになっていることである（黙秘や否認している者に対する見せしめ的待遇など）。これは、黙秘権などの人権侵害や冤罪の温床であるとして、国内外で批判されてきた。

被疑者弁護の重要性

　被疑者・被告人の権利が実効的に行使されるには、保護者としての弁護人の活動が重要である。憲法上、被告人の弁護人依頼権はもちろん（37条3項）、被疑者も逮捕・勾留されているときは弁護人依頼権が保障されている（34条）。それは、弁護人が選任されるというだけでなく、「資格を有する」すなわち能力のある弁護人の有効な援助を受ける権利の保障を意味する。刑事訴訟法は被

疑者一般にもそのような弁護権を認めている（30条以下）。

　このように被疑者の弁護すなわち捜査段階の弁護が重要であることは憲法・法の認めるところであるものの、現実の被疑者が有効な援助を受けるには課題も多い。以下、被疑者国選弁護制度と接見交通権について、考えてみたい。

　被疑者国選弁護制度は、憲法37条 3 項の文言が「被告人」に限定するようにみえることから、長い間欠如していた（被疑者は、自身もしくはその近親者などが弁護人を選任し弁護を依頼する私選弁護のみ）。だが捜査段階こそ最も権利侵害が危ぶまれる時期であり、制度の欠如は致命的である。すなわち知り合いの弁護士がいなかったり、弁護を依頼するお金がなかったりして、自力で弁護人を頼むことができない被疑者は、弁護人によるアドバイスや精神的な支えなどまったく得られない。そのような状態で、被疑者が自身の権利を実効的に行使するのは困難である。そこで被疑者国選弁護制度の立法化が要求されてきた。また制度の欠如を早急に補うため、弁護士が 1 回無料で身体拘束された人に面会に行く当番弁護士制度が各地弁護士会のボランティアにより順次スタートした（1990年以降）。被疑者国選弁護制度は2004年刑事訴訟法改正でようやく導入されたが（37条の 2・37条の 4）、対象事件が限定され、また勾留中の被疑者に限られてきた。2016年刑事訴訟法改正で、対象事件の限定はなくなったが、なお勾留中の被疑者に限定されている。

　被疑者・被告人が弁護人やそれ以外の者と面会、書類もしくは物の授受を行うことができる権利を接見交通権という。逮捕・勾留されている被疑者と弁護人との接見交通権は、捜査段階の弁護権の要である。これは、憲法34条で保障された弁護権の具体的内容として理解されよう。弁護人との接見は、被疑者にとって、外界との窓口として精神的な支えになり、黙秘権をはじめとする権利行使の支えとなり、さらに、弁護人との打ち合わせ、反証の準備などを可能にする。

　刑事訴訟法39条 1 項によれば、被疑者・被告人は、弁護人といつでも会うことができる。しかし同条 3 項は、捜査機関が「捜査のため必要があるときは」接見の「日時、場所及び時間を指定することができる」という制度を設けた。たとえば捜査機関は、取調べなどの捜査のため、弁護人との即時の接見を認めないということが実際にある。接見交通権が憲法34条で保障された弁護権であるとすれば、 3 項の合憲性は疑わしいが、最高裁はその合憲性を肯定した。

Key Word 5　黙秘権の意義

黙秘権の行使がバッシングされる理由

　被疑者・被告人の供述を拒否する権利を黙秘権という（憲法38条1項、刑事訴訟法198条2項、291条4項、311条1項）。

　黙秘権の行使はバッシングを受けがちである。それは、「人は釈明すべきだ」というモラルに反するようにみえるからかもしれない。しかし（仮にそのようなモラルがあるとしても）モラルは、法と異なり、外から強制されるものではない。法とモラルとを混同してはならない。

　また黙秘権の行使は、供述という証拠を得られないことであるから、「真実」の解明を妨げるようにみえるかもしれない。しかも、ここにいう「真実」とは、社会的にも有害・危険とみなされる犯罪に関わるから、その解明は一層強く求められがちである。ゆえに、黙秘して自白しない者は不当に罪をまぬがれるものと批判され、無実ならば積極的に弁明すべきだといわれる。

黙秘権の根拠

　それにもかかわらず、黙秘権が保障されなければならない、その実質的な根拠とは何か。黙秘権が保障されないと、被疑者・被告人は供述を強要されうる客体へとおとしめられ、内心を踏みにじられ、人間の尊厳が侵害されてしまう。人身の自由が不当に侵害されていないというため最低限保障されなければならないのが憲法31条以下の権利であるところ（☞ *Key Word 2*）、とりわけ黙秘権は人間の尊厳に関わるから、その不可侵性が改めて確認される必要がある。加えて、被疑者・被告人は、無罪を推定されている。つまり、その有罪を証明する責任は国家にある以上、被疑者・被告人が自白や弁明する義務もない。

　黙秘権は、たとえ「真実」の解明が妨げられようと、護らなければならない。

「真実」の正体

　そもそも、黙秘権の行使が「真実」の解明を妨げるという発想自体、妥当か。被疑者・被告人が有罪か否かは、刑事手続で収集・利用することのできる証拠に基づいて判断しなければならないし、判断せざるを得ない。このような判断の結果、無罪になったのに、「黙秘しなければ『真実』は明らかになった（有罪になった）はずだ」と漠然と思うのは、真実ではなく、憶測にすぎない。

捜査・取調べの現実と黙秘権の重要性

また、こと被疑者には、黙秘権を行使しないと極めて危うくなる現実がある。

まず、捜査機関がどのような証拠を集めているかということは、捜査上の秘密を理由に、被疑者には知らされない。また取調べに弁護人の立会いもなく、被疑者は孤立無援で取調官に向き合う。そのような状況での的確に反論・弁明することは困難であり、黙秘権を行使するという選択には合理的な理由がある。

それだけでなく、被疑者の反論や弁明が捜査機関に知られれば、つぶされたり、隠されたりする危険もある。たとえば被疑者が黙秘せず、アリバイを主張した場合はどうか。免田事件（死刑事件・再審で無罪確定）では、捜査機関はアリバイを裏付ける人物を誘導したり圧力をかけたりして、アリバイの供述をくつがえさせた。松山事件（死刑事件・再審で無罪確定）や布川事件（無期懲役刑事件・再審で無罪確定）では、取調官は「家族の者は、事件当時、被疑者と一緒ではなかったと言っている（つまりアリバイは裏付けられない）」とウソをついて、被疑者を混乱させ、虚偽の自白に追い込んでいった。

Column　取調べの可視化と弁護人立会い　📖

日本の捜査機関は、取調べにより真相を解明し良好な治安を支えてきたという自負を持つ。ゆえに代用刑事施設制度の廃止や取調べ受忍義務の否定には強く抵抗してきた。このようにして取調べの抜本的な改革が進まない状況の下、なお取調べ手続の改善を目指す「第三の道」が、取調べの可視化（録音・録画制度）である。取調べの可視化は取調べ自体を否定したり、抑制したりするものではないから、取調べ中心主義の改革ひいては公判中心主義の実質化に直接つながるわけではない。

なるほど可視化されれば、誰が見ても酷い取調べは防止されよう。だが捜査機関の違法・不当な圧力や被疑者が被る精神的・身体的ダメージがすべて映像や音声として記録化され、簡単に見抜けるわけではない。警察での拘禁や取調べでの弁護人の不在などが被疑者に与えるダメージに思い至らないまま、被疑者が自白している場面の録音・録画を漫然と視聴することは、かえって判断を誤る危険がある。

2016年刑事訴訟法等の改正による録音・録画制度導入（☞ *Key Word* 9）後、取調べへの弁護人立会い権を確立する必要性が主張されている。立会い権が弁護人の有効な援助を受ける権利（☞ *Key Word* 4）の一環ならば、弁護人には、違法・不当な取調べに抗議し、黙秘権の行使等、被疑者にアドバイスをすることが求められる。また立会い権が行使された場合、立会いなしの取調べは許されないことになる。取調べのあり方が大きく変わるのは必至である。

Key Word 6　公訴・公判手続・証拠法

公訴（起訴）

　公訴は、国家機関である検察官が提起する（国家訴追主義・検察官起訴独占主義、刑事訴訟法247条）。公訴の提起にあたっては、被告人の氏名・公訴事実（検察官が主張する犯罪事実）・罪名を記載した起訴状を提出するだけで、裁判官に予断を生じさせる書類・物を添付・引用してはならない（起訴状一本主義、同256条）。公平な裁判所（憲法37条1項）を確保するためである。

　検察官は、起訴する条件が十分でも、本人の性格・年齢・境遇、犯罪の軽重・情状、犯罪後の情況を考え、不起訴にできる（起訴猶予、刑事訴訟法248条）。しかし検察官の判断が市民や被害者の意識から離れて、恣意的・政治的になることもある。そこで、不当な不起訴、不当な起訴は抑制する必要がある。

　不当な不起訴に対しては、①告訴人（捜査機関に犯罪事実を申告しその訴追を求める人）や被害者などへの通知（刑事訴訟法260条、261条、犯罪捜査規範10条の3）、②付審判請求手続（準起訴手続）、③検察審査会による審査がある。②は、検察官が公務員の職権濫用罪について不起訴処分にしたとき、告訴人または告発人の請求に基づき、裁判所が審判に付す手続である（刑事訴訟法262条以下）。これは、捜査機関による人権侵害事件に対する起訴率の低さへの対策であるが、実際の運用は活発でない。③は、衆議院議員の選挙権者の中からくじで選ばれた11名の検察審査員が、不起訴処分の当否を審査するものである（検察審査会法参照）。これは、民意の反映によって、検察官の独善を修正するものである。

　不当な起訴に対しては、これを抑制する法制度はまったくない。しかし起訴猶予によって手続から解放された者と、本来ならば起訴猶予されるべきなのに起訴され有罪判決が言い渡された者との落差に照らすと、不当な起訴を抑制する必要性は高い。実際に、水俣病患者が補償交渉の際、チッソ社員に傷害を負わせたとして起訴された。だが患者側にも多数の負傷者が出たのに、チッソ社員は起訴されなかった。これは、偏り、不公平のある起訴ではないか。また「自衛隊のイラク派兵反対」というビラを自衛隊宿舎の新聞受けに投函する目的で、敷地内に立ち入った市民が住居侵入罪で起訴された。だがピザ屋などの商業チラシを投函するため、同様に敷地内に立ち入った者が起訴されることはない。これは、憲法21条1項の保障する政治的表現活動に対する弾圧ではないか。

　そこで検察官による不当起訴を無効にするための考え方や基準が検討されてきた。最高裁は、公訴が無効になる場合はあるというが、「たとえば公訴の提起自体が職務犯罪を構成するような極限的な場合に限られる」との厳格な基準をとったので、不当起訴と判断されるケースはほとんどない。そのため、基準の緩和や、検察審査会による起訴処分の審査権の必要性が指摘されている。

公判手続（第一審公判手続）と証拠法

　公訴の提起から判決が確定するまでの手続が公判手続である。犯罪事実の存否の確認は公判で行われるとする公判中心主義は近代刑事訴訟の大原則で、この原則を実質化させるものとして、①公開主義、②口頭主義、③直接主義がある。①は審判を公開の法廷で行う原則、②は審判を口頭によって提供された訴訟資料に基づいて行う原則（例：法廷での証人の証言）、③は裁判所が直接取り調べた証拠にのみ基づいて裁判しうる原則である。いずれも、書面などを用いて密室で処理するのは恣意的な裁判の危険があるという歴史的教訓に基づく。

　公判の中心は事実の認定で、これを律する法規制が証拠法である。その重要部分を見ておこう。まず証明を要する事実は、証拠に基づき認定されなければならない（証拠裁判主義、刑事訴訟法317条）。また、どんな情報でも証拠になるわけではなく、適格性（証拠能力）と適式な証拠調べが必要である（厳格な証明、同条）。事実の認定は、最終的には、審判者である裁判所の仕事である。近代以降、証拠の価値判断を事実認定者（陪審や裁判官など）の心証にゆだね、法律上の制限を加えないとする自由心証主義（同318条）が採用されてきた。これは、自白を有罪認定の法律上の要件とする法定証拠主義と自白を獲得するための拷問制度とを克服する歴史的な意義があった。もっとも近年では、心証が不透明となり恣意的な有罪認定が行われないよう、判決書で心証形成のプロセスを分析的・客観的に表すことの重要性などが説かれている。

　裁判所は、犯罪事実の存在に疑いが残るなら、被告人を無罪としなければならない（「疑わしきは被告人の利益に」）。罪のない者を誤って処罰するという最大の不正義を避けるためである。ただ証明の基準が低ければその実効性も低い。そこで合理的疑いを超える証明という極めて高度な証明基準も適用される。これは、理性（reason）ある一般人が抱く疑いを意味する英米法のリーズナブル・ダウト（reasonable doubt）に由来する。つまり普通の人が「被告人は犯人だという検察官の主張には疑いが残る」と思えば、それが合理的疑いである。

Key Word 7　誤判救済手続

誤判救済の意義

　裁判がいったん言い渡されたとしても、誤っている場合にはこれを正さなければならない。たしかに、後で誤りを正すより、前もって誤りを防止しうる手続こそ理想であるから、その理想はたえず追求してゆく必要がある。しかし刑事手続の中で現に起こりうる誤りを、同じ刑事手続の中で是正し救済する手続を用意することもまた、誤りの防止の追求に優るとも劣らず、重要である。

　とりわけ無実の者が誤って有罪とされ処罰されることのないように、また違法な手続による人権侵害が放置されることのないように、救済手続が用意され、誤りを被った人が実効的に救済されることは、公正な裁判・適正な手続の保障として憲法が要求するものと解される（32条・31条）。

上訴（確定前救済手続）

　未だ確定していない裁判の誤りを正すよう、上級裁判所に求める不服申立てが、上訴（刑事訴訟法351条以下）である。有罪・無罪の判決に対する上訴に、控訴と上告がある。控訴は第１審判決を不服として高等裁判所に申し立てるもので、上告は判決を不服として最高裁判所に申し立てるものである。

　たしかに、刑事訴訟法は被告人による上訴のみならず、被告人に不利益な上訴をする権限を検察官に認める。しかし、検察官上訴については、（憲法の要請でない）法律上の権限にすぎないばかりか、被告人に再度の手続的苦痛を与える点で二重の危険の禁止（憲法39条）に反するとの批判も強い。

非常上告と再審（確定後救済手続）

　裁判が確定したとき、原則、これを到達点としなければ、刑事訴訟は制度として成り立たない。しかし確定した裁判といっても、実は誤っていて不正義の状態であるということはありうる。確定前の救済手続としての上訴のほかに、確定後の救済手続が用意される理由は、ここにある。

　判決が確定した後、その法令違反を是正する救済手続が、非常上告（刑事訴訟法454条以下）である。また確定した有罪判決に対し、その言い渡しを受けた者の利益のために行われる救済手続が、再審（同435条以下）である。

再審の理念

　現行の憲法・刑事訴訟法が制定される前、刑事手続の目的は真実の追求にあ

ると考えられてきた。この実体的真実主義の下、再審の理念も真実の追求であるとされた。すなわち、真実の追求を目指す刑事手続の到着点である確定判決は、「真実とみなされる」から確定する。もっとも、確定判決が真実ではなかった、つまり誤りである可能性もまったくゼロとはいえない。そこで、確定判決の誤りを正す再審制度を用意し、元被告人に有利か不利かを問わず、真実の追求に万全を期すことにした。ただし確定判決は「真実とみなされる」から、そう簡単にくつがえすべきでもない。ゆえに再審の要件は厳格になる。

　しかし、憲法39条が訴追された被告人の手続的苦痛に注目する二重の危険の禁止を採用したことや、判決が確定するのは「真実とみなされる」からではなく訴訟制度を維持するためという制度的理由にすぎないと考えられることによって、再審の理念は無辜（罪のない者）の救済へと180度転換した。すなわち不利益再審は二重の危険の禁止に反するので廃止され、利益再審だけが設けられることになった（刑事訴訟法435条）。

　そうすると、再審では、刑罰権あるいは訴訟制度の維持という国家的利益と無罪などを主張する元被告人の利益との間に、一定の緊張関係が生ずることになる。もっとも、再審による無辜の救済は公正な裁判・適正な手続の保障として憲法の要求するところであるから、後者の利益を優先させるべきであろう。また再審による誤判・人権侵害の是正こそ、本当の意味で、訴訟制度の維持につながる。なぜなら誤判・人権侵害を放置したままでは、訴訟制度に対する人びとの信頼はゆらぎ、制度としての正当性も崩壊しかねないからである。

Column　最高裁白鳥決定・財田川決定と誤判救済のあり方 📖

　最高裁は、「明らかな証拠を……発見したとき」（刑事訴訟法435条6号）という再審理由について、確定判決の事実認定についての合理的な疑いの有無の判断であり、「疑わしきは被告人の利益に」の鉄則が適用されることなどを確認する、画期的な判断を示した（白鳥決定〔1975年5月20日〕・財田川決定〔1976年10月12日〕）。その趣旨は、近時の再審無罪事件でいえば、足利事件、東電 OL 事件、氷見事件のように、DNA鑑定や真犯人の発覚といった決定的な新証拠が発見された場合だけでなく、布川事件のように、決定的な新証拠がなくても、確定判決を支える旧証拠が弱い場合にこそ、救済されるべきだというものであろう。旧証拠の強弱は、旧証拠を評価し直すことにより判明する。その際、証拠が作られるプロセスに注目する必要がある。布川事件の場合、ウソの自白に追い込む取調べのやり方が批判された。

Key Word 8　社会的弱者と刑事手続

少年と刑事手続

　少年法は、罪を犯し、刑罰法令に触れ、あるいは将来そのおそれのある未成年（少年）に対し、成人と異なる扱いをするための特別法である。少年事件では、非行事実の認定も大事だが、成長発達の途上にある少年の抱える困難や問題が非行とどのように結び付いており、どのように対応するべきかという要保護性の検討が重要である。家庭裁判所調査官の社会調査や少年鑑別所の資質鑑別から成る少年調査記録（社会記録）は、要保護性の確認のためにある。

　すべての少年事件は家庭裁判所に送致される（全件送致主義）。少年に対し、刑事手続で刑事処分を言い渡すには、家庭裁判所による検察官送致（逆送）の決定を要する。刑事裁判所は家庭裁判所に事件を戻すこともできる（家庭裁判所移送）。国際人権法で確認されてきた成長発達権を保障するためには、少年事件を刑事手続で扱うこと、また少年に刑罰を科すことは例外でなければならない。そして少年に対する刑事手続でも特別な扱いがなされるべきである。

　しかし2000年以降の度重なる少年法改正は、少年と刑事手続ひいては刑罰との関係を強めた。逆送の対象年齢の引き下げ（満16歳以上→満14歳以上）や「原則逆送」の創設（少年法20条）は、その一例である。また後述の被害者参加制度や裁判員制度の導入は、刑事手続での少年の特別な扱いを難しくしている。

犯罪被害者と刑事手続

　同じく2000年以降、被害者やその遺族（以下、被害者等という）の刑事手続への関与を拡充するための法改正が相次いだ。とりわけ2007年の改正は、一定の要件を満たした場合に被害者等が被害者参加人として刑事裁判に参加しうる制度を創設した（刑事訴訟法316条の33以下）。人を死亡させた罪で、死刑にも当たる罪の公訴時効を廃止するなどの、2010年の改正（250条）も含め、それらは、被害者遺族団体による要求を相当かなえるものであった。

　被害者等が処罰欲求や報復感情を持つのは当然かもしれない。だが被害者等の欲求・感情をそのままかなえてよいなら、リンチや仇討ちも許され、殺伐とした社会になる。ゆえに近代国家はリンチ等を禁じ、刑事手続・刑事裁判を設けた。たしかに、刑事手続で行使される国家権力が被害者の意識から過度に離れることのないよう、告訴権や不当な不起訴に対する抑制手段が設けられてい

る（☞ *Key Word 6*）。だがそのような抑制手段にとどまらず、被告人の権利と対抗関係に立つ「被害者の権利」は認められない。ゆえに、たとえば被害者等は検察官とは別個に上訴権を持つべきだとの主張も、法改正として実現しなかった。

　また刑事手続においては、事件があったか否か、被告人は有罪（犯人）か否かは訴訟が終わって初めて明らかになるのであり、被告人はそれまで罪のない人として扱われる一方、被害や被害者についても仮のものと考えるほかない（訴訟の仮説的性格・無罪推定の法理）。ゆえに「被害者は事件の当事者である」、「加害者（犯罪者）の人権ばかりが尊重される」といった標語はミスリードであり、被害者参加制度の法的な位置付けはなお曖昧である。そして実際問題として、刑事裁判で被害者等が処罰感情を吐露することにより、被告人の防御権行使を萎縮させ、審理・裁判に不当な影響を与えることが懸念されている。

高齢者・障がい者と刑事手続

　近年、高齢者や障がい者が、万引などの軽い犯罪を繰り返し、刑事手続に登場する問題が注目されている。福祉の支援を受けていれば罪を犯さなかったのではないかと思われる人に対し、刑務所への収容では根本的解決にならず、むしろ悪循環になる。そこで刑確定後の出口支援（社会復帰支援）のみならず、被疑者・被告人段階での入口支援に関心が向けられている。もっとも被疑者・被告人として刑事手続に関与させられること自体、福祉の支援を受けるにはハードルとなる。逮捕・勾留といった身体拘束が行われていればなおさらである。支援を十分受けるには、むしろ刑事手続（司法）から離脱した方がよいのではないか、また任意で提供されるべき福祉の支援が、強制力を持つ司法が介在することで変容しないか、といった問題点が指摘されている。

社会的弱者と刑事手続との関係強化は何を意味するか

　非行や再非行の背景として、少年が生きづらくなったり失敗したりしても、これを支える福祉や社会的受け皿が十分でないことが指摘されている。そうであるならば、少年が刑事手続で烙印を押されることは、少年自身の成長発達権を害するばかりか、再非行のリスクも高めるのではないか。また被害者には民法上の損害賠償請求権があるのはもちろん、その精神的ケアや経済的支援については福祉的措置ないし社会的支援を講じるのが本筋であろう。高齢者・障がい者も含め、社会的弱者を支える福祉や社会的受け皿の脆弱さが、ゆがんだかたちで、彼／彼女らと刑事手続との関係を強めているのではないか。

Key Word 9 刑事手続・刑事司法のゆくえ

刑事手続の理想と現実

憲法31条以下は、令状主義、黙秘権、弁護人の援助を受ける権利の保障などによって捜査を抑制し、むしろ公判を中心とする、人権尊重主義の刑事手続を指し示す（☞ *Key Word 2*）。しかし妥協の産物である刑事訴訟法（☞ *Key Word 3*）の下、実際には、取調べ受忍義務や代用刑事施設（代用監獄）が活用され、捜査、とりわけ取調べを中心とする、治安至上主義に大きく傾いた刑事手続が営まれてきた。

たしかに、憲法31条以下に忠実な刑事手続の実現を目指す動きもあった。たとえば冤罪救済をはじめ人身の自由を護るための裁判闘争（現在も続く）、弁護人不在の開廷を許す弁護人抜き法案や代用監獄の恒久化を図る拘禁二法案に対する反対運動（1970～90年代）、当番弁護士制度を契機とする刑事弁護の活性化（90年代以降）ひいては被疑者国選弁護制度の創設（2006年施行）である。

1980年代には、免田、財田川、島田、松山という４つの死刑事件が再審無罪になるという衝撃的な事態も生じた。犯罪とまったく関わりのない人たちが、死刑の恐怖にさらされていたのである。これらの事件の主な誤判原因は、取調べで作成されたウソの自白調書を裁判所が信用できると認めた点にあった。つまり再審は、特殊な事案を救済する手続として機能したのではなく、取調べへの依存（取調べ中心主義）という、日本の刑事手続の構造的問題を映し出していた。だが、この反省に基づく立法的改革はなされなかった。

近年の刑事立法の展開

1990年代中期以降、治安至上主義に拍車をかける刑事立法が次々と成立してゆく。はじまりは、捜査の手段として、電話やメールといった通信の傍受すなわち盗聴を合法化した、通信傍受法である（99年成立）。2016年改正は盗聴の範囲を拡大した。盗聴では犯罪と無関係な通信も警察にのぞかれてしまう。憲法35条の令状主義の要請を満たさず、違憲であるとの批判も強い。

そもそも、2016年刑事訴訟法等改正の直接的なきっかけは、強引な取調べや検事による証拠物の改ざんが問題となった厚生労働省元局長無罪事件（村木事件）であり、冤罪を生まない刑事手続を目指すとされ、その中心課題は取調べの録音・録画制度の導入であった。しかし2016年改正は、盗聴拡大をはじめ、

無実の者を引っ張り込む危険のある司法取引などを導入する一方、録音・録画制度については対象事件の限定や例外事由を設けている。まして代用刑事施設制度の廃止や取調べ受忍義務否定の明文化は、検討すらされなかった。

　犯罪被害者関連の立法が多いのも近年の特徴である。2007年改正や2010年改正（☞ *Key Word 8*）のほか、2000年成立のいわゆる犯罪被害者保護二法、2004年成立の検察審査会法一部改正（検察審査会の再度の起訴議決に拘束力を付与）があり、2016年改正も被害者・証人保護を拡充する。検討すべきは、これらの立法が被疑者・被告人の権利と衝突したり、捜査権限の拡大・強化を後押ししたりしていないかということである。たとえば公訴時効の廃止（2010年改正）は、捜査対象者（被疑者・被告人）に有利な証拠の喪失を招き（時の経過による証拠の消滅や廃棄の危険など）、また捜査機関は随意に捜査を続けられるので、対象者はいつまでも訴追の危険にさらされるといった問題がある。

　2004年成立・2009年施行の裁判員制度は、「国民の中から選任された裁判員」（市民）が裁判官とともに刑事裁判に関与することで「司法に対する国民の理解の増進とその信頼の向上に資する」ために導入された（裁判員法1条）。これは、陪審制度と異なり、市民関与による被告人の権利保障の強化をうたっていない。他方、事実認定・量刑への裁判員関与は、事実上、刑事手続を改革する契機になるとの期待も寄せられてきた。もっとも、従来の量刑相場より重罰が言い渡される事案が出てきていることや、公判中心主義のための捜査や証拠法の立法的改革は何ら実現していないことなども、考え合わせなければならない。

どう考えるべきか

　「犯罪組織」の脅威から「市民」を守るためには盗聴が必要だ。「加害者」ばかりでなく「被害者」の権利を守るべきだ。このように社会を分断化してとらえれば、治安至上主義的な刑事立法の必要性が主張されることになろう。

　しかし、被疑者・被告人も私たちと同じ市民であり（無罪推定）、また刑が確定した者も市民社会へと復帰する主体であり、同じ仲間として受け入れるというのが、民主主義と人権保障とが結びついた近代刑事司法の英知である。

　「市民」と「敵」といった区別は曖昧であり、恣意的にもなりうる。適正手続や令状主義など、人身の自由を守るため最低限保障すべき権利の保障を緩めてしまうことは、それ自体、私たちの自由と安全を直接的・強権的に脅かすことになる。人権保障の普遍化という歴史的発展を、逆戻りさせてはならない。

第8章　経済活動と法

Key Word 1　会社法(1)

現代社会における会社と会社法

　日本には、株式会社が約250万社存在する。なかでも巨大な株式会社の行動は、私たちに大きな影響を与える。ある会社が欠陥商品を製造すれば、消費者が大けがをすることもある。会社が違法行為により倒産すれば、多数の従業員が解雇され、その家族も生活苦に陥ったり、取引先が連鎖倒産することもある。粉飾決算により投資家が被害を被ることもありうる。そこで、現代社会において重要な地位を占めている会社（株式会社、合名会社、合資会社、合同会社）の違法行為を防止すべく、会社法は、会社組織の統治システムや会社の役員らの責任等を定めているが、会社の違法行為はなかなか減少しない。

会社＝法人：会社も自然人と同様、政治的行為ができる？

　会社は、まるで人であるかのようにその名をもって契約を締結し、従業員を雇い、借金をしたりと、権利義務の主体となっている。それができるのは、法律上、会社を我々（自然人）と類似した取扱いをすると決めて、会社に法律上の人格たる「法人格」を与えたためである。では、会社は、我々と同じような行動をとることが、どこまで認められているのかについてさらに見てみよう。

　1960年、八幡製鉄（現・日本製鉄）の代表取締役Yは、会社を代表して自由民主党に350万円の寄付をした。同社の株主Xは、本件政治献金は、会社の目的外の行為であり憲法違反であるなどとして、Yに対して株主代表訴訟を提訴した❶❷。当時、同社の定款（会社の組織・運営上の基本的規則）の事業目的は「鉄鋼の製造および販売ならびにこれに附帯する事業」となっていた。

　最高裁（1970・6・24）は、会社は「自然人と等しく、国家、地方公共団体、地域社会…の構成単位たる社会的実在なのであるから…社会的作用を負担せざるを得ない」。それは、会社にとっても「無益無用のことではなく、企業体としての円滑な発展を図るうえに相当の価値と効果を認めることもできる」。したがって、「間接ではあっても、目的遂行のうえに必要なものであるとするを妨げない」。「会社が納税者たる立場において、国や地方公共団体の施策に対し、意見の表明その他の行動に出たとしても、これを禁圧すべき理由はない」。「会

社は自然人たる国民と同様…政治的行為をなす自由を有する」。「政治資金の寄付もまさにその自由の一環」であるとして、Xの訴えを退けた。

　最高裁は、本件の争点たる政治献金のみならず、会社は自然人たる国民と同様の政治的行為をなす自由を有すると判示した。この点に関し、あまりに行き過ぎとの意見もある。なお、会社の円滑な発展を図るために果たすことができる社会的役割とはいかなる範囲だろうか。賄賂と企業献金の違いは何だろうか。

❶会社の役員ら（会社の経営者である取締役など）の責任

　今日、大きな株式会社では、株主（株式会社への出資者）は、株主総会にて、取締役らの選解任等、基本的な事項のみを決定し、実際の経営は取締役らに委ねている。取締役や、その他役員（監査役・会計監査人・執行役など）と会社の関係は、委任（民法643条）の規定が適用され、取締役であれば経営のプロとして会社経営を担うことになるため責任は重い。役員自身の違法行為や、他の役員や従業員の違法行為を見逃した結果として、会社に損害が生じた場合、会社は役員らにその損害の賠償を請求できる。たとえば、足利銀行の違法配当を巡る旧経営陣の責任が問われた訴訟（2007年）では、旧経営陣 7 名が当面の生活費100万円を除く全資産（自宅も売却）を足利銀行に差し出すことで和解している。さらに、足利銀行の粉飾に加担するなどした旧監査役（取締役の職務執行を監査する役員） 4 名が計1200万円を、会計監査人（計算書類を監査する者。監査法人等が務める）が 2 億 5 千万円を足利銀行に支払っている。

　なお、社外取締役も上記の責任を負う。社外取締役とは、他社の経営者など、当該会社の取締役や従業員ではない（なかった）者や、取締役等の親族ではない者に自社の取締役に就任してもらう制度である。既に2015年から、東証は上場企業に対し、経営から独立している社外取締役を 2 人以上選ぶことを求めていたが、2019年の会社法改正により、上場企業等の社外取締役設置が義務化された。第三者の視点で経営をチェックしてもらうことを目的としているが、オリンパスの粉飾決算事件（2011年）、東芝の不正会計事件（2015年）のように、社外取締役がいても違法行為が見逃された事例は少なくない。

❷株主代表訴訟・多重代表訴訟

　会社が、役員らの責任追及（上記❶参照）をしない場合には、株主が、違法行為を行った役員らに対して、会社が被った損害を会社に支払うように請求できる（株主代表訴訟）。また、近年、セブン＆アイ・ホールディングスなどのように、親会社（最終完全親会社）が傘下に完全子会社（親会社による株式保有率100%）を抱える形で企業グループを形成している事例が多いことから、親会社が子会社の役員の責任追及を怠る場合に備えて、最終完全親会社の株主が子会社の役員らの責任追及をすることもできるようになった（多重代表訴訟）。

Key Word 2　会社法(2)

株式会社はなぜ多額の資本を調達できるのか──株式と株主有限責任

　株式会社は、出資者の地位が均一的に細分化された「株」（大きなピザの一切れずつをイメージしてほしい）を発行し、それを購入（＝出資）してもらうことで資金を調達できる。さらに、株を株式市場に上場すれば、多数の投資家に株を購入してもらうことで、多額の資金を集めることができる。株主は、他者に株式を売却することで投資を回収するのが原則であり（会社法127条「株式譲渡自由の原則」参照）、株式会社はこれら出資金を株主に返還する義務がない。

　また、株主の責任は有限責任（❶も参照）であるため、投資先の会社が巨額の負債を抱えて倒産しても、その株に投資した金銭が回収不可能となるのみである。このように、株式会社への出資はリスクが出資額内に限定されており、事前にリスクが把握できるため、有限責任制度は株式投資への誘因となる。

株主（株式会社における出資者）による権利行使の活発化

　有限責任とはいえ、株主は出資というリスクを負っていることから、配当金等を請求できる権利（自益権）と、下記の議決権や議題提案権など、会社の経営に関与する権利（共益権）とが株主に与えられている。

　株式会社は、最低年に1回、株主総会を開催しなければならない。株主総会では、役員（取締役、監査役等）の選解任などについて、多数決で承認の是非を問う。株主は、その際、原則として1株1議決権を有する。単位株制度（たとえば100株で1単元とする）が導入されている会社では、1単位1議決権となる。

　少数株主（6か月前から、議決権の1％以上または300個以上の議決権を有している株主）は、事前に会社に議題を提案し、株主総会の議題としてもらうことができる。また、株主は、株主総会にて、直接提案を出したり質問したりもできる。全役員の報酬開示や、電力会社に対する原発廃止など、問題提起を意図した提案も少なくない。近年、議題提案件数は増加傾向にあり、かつては質疑応答もなく30分ほどで終了していた株主総会も長時間化している。

株式の買占めによる会社支配と買収防衛

　会社の取締役ら＝経営陣は株主総会で選ばれる。その際、1株（または1単元）1議決権であるから、株を買い占め多数の議決権を獲得すれば、自分が希望する人物を取締役として選出できる。なかでも、相手会社の同意なくその会

社の株を買占め、支配権を獲得しようする企業買収を敵対的買収という。

　2007年のスティール・パートナーズ（Ｓ）対ブルドックソース（Ｂ）事件は、Ｓ（敵対的買収者）がＴＯＢ（株式公開買付）によって、Ｂの全株取得を目指すと公告した。そこで、Ｂが全株主に新株予約権❷を発行して、①Ｓ以外の株主には新株予約権１個につき１株を交付するが、②Ｓについては新株予約権を買取ることによりＳの持株比率を引き下げる、という買収防衛策を発動しようとした。これに対し、Ｓが新株予約権の発行差止の仮処分命令の申立てを行った。

　最高裁は、会社の企業価値が毀損され、会社の利益ひいては株主の共同の利益が害されることになる場合には、Ｓを差別的に取り扱っても、相当性を欠くものでない限り株主平等原則には反しないとし、そのような利益が害されるか否かは、株主により判断されるべきだとした。そして、本防衛策は議決権総数の約83.4％の賛成を得ているとして、Ｓの申立てを認めなかった。このように、最高裁は買収防衛策発動の合法性について株主の意向を重視している。

❶無限責任

　会社法上、「合名会社」という会社を作ることもできる。合名会社の出資者は、無限責任を負う。この場合、出資者は、会社の債権者から、債務返済が終わるまで無限に返済を迫られる可能性がある。その場合、出資者は、個人資産（預金・動産・不動産など）を費やしてでも、返済をしなければならない。

❷新株予約権

　新株予約権とは、株式会社に対して行使することにより、その会社の株式の交付を受けることができる権利のことである。新株予約権を行使する際には、新株予約権保有者が会社に金銭（交付される株式の対価）を払い込むため、会社にとっては資金調達の一手法でもある。役員や従業員に、報酬の一部として交付（ストック・オプション制度）する企業も増えている。

Column　社債とリスク──利率が示すもの　📖

　社債とは、国債の会社版で、株式と異なり、会社による借金の一類型である。たとえば、「１個100万円、年利1.3％、償還期間５年」といった条件で会社は社債を発行し、投資家などに購入してもらうことで資金を調達する。借金であるから、会社は、社債権者に対して利息の支払いと元本の返還（＝償還）をしなければならない。ちなみに、利率はその金融商品のリスクの高さを示す。社債の場合、発行会社が債務超過となれば償還されない危険性があるがゆえに、通常、一般的な銀行預金（元本保証あり＝低リスク）よりも社債の利率は高い。

Key Word 3　独占禁止法(1)

市場経済と独占禁止法 （1947年制定）

　今日、私たちは、大概の必需品を市場にて購入している。このような市場経済の下では、事業者が自主的に判断して自由に活動し、他の事業者と競争することが重要である。それにより、消費者は、より安くて優れた商品が提供されるという、競争の恩恵を受けることができる。独禁法は、このようなメカニズムが正しく機能するように、「公正かつ自由な競争」を促進することを目指しており、違反行為に対しては、公正取引委員会がさまざまな措置を採る。

規制対象①私的独占：競争事業者を「支配・排除」することの規制

　私的独占とは、不当な手段で競争事業者を「排除」したり、新規参入を妨害したり、株式所有等の方法で他の事業者を「支配」することを通じて、市場競争を制限する行為である。たとえば、北海道新聞社が、ライバルとなりうる函館新聞社の新規参入を妨害するため、①「函館新聞」等、函館新聞社が使用すると目される9つの新聞題字の商標登録出願、②時事通信社に対する函館新聞社からのニュース配信要請に応じないことの要請、③函館新聞社の広告集稿活動を困難にさせる目的での大幅な割引広告料金等の設定、④テレビ北海道に対する、函館新聞社からのTVCM放映の申込みに応じないことの要請といった行為を実施したことが、私的独占の「排除」に当たるとされている（2000年）。

規制対象②不当な取引制限：カルテル・入札談合の規制

　商品価格や数量等は、本来、各事業者が独自に決定すべきものである。ところが、事業者らが示し合わせて商品価格等を取り決め、競争を回避することがある。通常「カルテル」と称される行為であるが、不当な取引制限に該当する。

　「入札談合」も同様である。国や地方自治体は、公共工事（道路舗装や橋の建設等）や物品の公共調達（文房具や戦闘機の燃料等）に関して、競争入札により受注事業者を決定することが多い。これは、複数の受注希望事業者に、受注金額等を記載した文書を提出させて、発注者にとって最も有利な条件を示した事業者と契約をする方法である。この場合に、入札参加事業者が事前に示し合わせて、自分たちで受注事業者等を決めてしまう行為が「入札談合」である。

　2015年春に開通した北陸新幹線の融雪設備工事を巡る談合事件では、違法行為者11社のうち7社に対して総額10億3,499万円の課徴金（違法行為による利得の

剥奪や違法行為の防止を目的とした行政上の措置）が課され、8社8名に対しては、刑事罰も科されている。さらに、国交省等は違反行為者を数か月の指名停止処分（入札への参加禁止）とした。加えて、3社に対しては落札額をつり上げたことによる損害として、発注者が違約金（約9億5千万円）を請求したところ、対する3社は、発注者にも責任があり（発注者の幹部も業者に予定価格を漏らしたとして、官製談合防止法違反罪で有罪となった）請求は無効だとして争い、敗訴している。なお、11社のうち1社は、本件談合に関して、公取委に対して1番目に自主申告をしたため、課徴金を免除され（課徴金減免制度）、刑事告発も免れた。このように、入札談合に対する制裁は厳しいが、入札談合はなくならない。

　近年、国際カルテルの摘発も相次ぐ。たとえば、2011年、矢崎総業（矢崎グループは44か国で自動車部品等を製造しており、自動車のワイヤーハーネスのシェアは世界トップクラス）は、矢崎ほか8社で自動車部品のカルテルを世界各地で行っていたとして、①96億円の課徴金納付命令を公取委から受け、②米国でも競争法（連邦反トラスト法）違反であるとして4億7千万ドルの罰金を科されたのに加え、幹部6名が最高2年の禁固刑を受け収監された（日本では、独禁法違反で刑事罰が科されても、実刑だった事例はない）。③欧州委員会からも1億2,500万ユーロの制裁金の納付を命じられた。④カナダでも罰金を科され、中国の競争当局からも2億4,108万人民元の行政処罰金を課されている。

Column　不当な取引制限の被害者による損害賠償請求訴訟　📖

　カルテルや入札談合が行われると、それら違法行為がなかった場合に比べて、カルテル等の対象物の価格が上昇する（または値下がりしない）場合が多いだろう。そこで、カルテル等の被害者は違反事業者に損害賠償を請求しうる。

　入札談合であれば、直接の被害者は発注者（国・自治体等）であるが、発注費用は税金であるから、最終的な被害者は住民である。各地のゴミ焼却炉の建設を巡る談合（2006年）などでは、各地で、違反事業者に対して発注者への賠償金の支払いを求める住民訴訟が提起され、多数の勝訴判決が出されている。

　価格カルテルの損害賠償請求訴訟の代表例が灯油訴訟である。1973年に始まった石油ショックの最中に、石油元売り業者らが、石油製品の一斉値上げについて合意した行為が不当な取引制限に該当するとされた（石油カルテル事件）。そこで、石油元売り業者らに対して、消費者らが東京と鶴岡（山形）で損害賠償請求訴訟を提起した。灯油の元売り段階でのカルテルによる値上げ分が元売→卸→小売と転嫁され、灯油の小売価格が上昇したことの立証が難しく、最終的には原告敗訴で終了している。

Key Word 4 独占禁止法(2)

規制対象③企業結合規制：トヨタと日産は合併できるか（してよいか）？

　企業結合とは、会社の株式取得、合併、役員兼任などを指す。一定規模以上の企業結合の場合には、事前に公取委に届出て審査を受ける。そして、公取委が、この企業結合によって市場競争を制限しうるような、シェアの高い企業が誕生することとなると予測した場合、その企業結合は禁止される。

　2012年10月1日、新日本製鐵と住友金属工業が経営統合して、世界2位（当時）の鉄鋼メーカー「新日鐵住金（現・日本製鉄）」が誕生した。それに先立ち、両社は公取委の企業結合審査において以下の指摘をされた。無方向性電磁鋼板は、エアコン、冷蔵庫、洗濯機等のモーターに使われているが、統合後のシェアが約55％で1位となることから、統合会社が単独で価格等をある程度自由に左右できる状態が出現するおそれがある（競争制限の懸念あり）との指摘である。そこで、住友金属が、合併後5年間は当該製品につき、利益を上乗せせずに住友商事に供給すること、および、当該製品に関する国内向けの取引関係を住友商事に譲渡するなどの「問題解消措置」を公取委に申し出ることで、当該経営統合は公取委に承認された。いわば、住友商事を競争者に仕立て上げることで、競争制限が生じるおそれを低減させるという措置である。なお、両社は海外展開していることから、約10の国・地域で同様の審査を受け、承認を得た。

　これまでのところ、審査の結果、禁止された企業結合はない。競争制限の懸念がある場合でも、上記のように「問題解消措置」を公取委が受け入れ、企業結合が実現するのが通常である。この傾向は諸外国でも同様であることから、世界中で、株式会社が巨大化する傾向にある（あとはその巨大な経済力が濫用された場合（私的独占など）に独禁法（競争法）で規制できるのみである）。

規制対象④不公正な取引方法：取引はフェアに

　不公正な取引方法は公正な競争を阻害するおそれのあるさまざまな行為（およそ17類型）を禁じている。競争は、自由かつフェアに行われる必要があるからである。たとえば、①家庭用電気製品の製造業者が、安売りをしている小売業者に対して自社製品を販売しないようにした行為は「単独の取引拒絶」に該当するとされた（2001年・松下電器産業事件）。②アイスクリームのメーカーが、小売業者による商品の値引き販売を妨害した行為は「再販売価格の拘束」に該

当するとされている（1997年・ハーゲンダッツジャパン事件）。③テレビゲームソフトの卸売業者が、小売業者に対して、大人気ソフトと販売不振のソフトを一緒に購入させた行為は、「抱き合わせ」に該当するとされた（1992年・藤田屋事件）。④大規模ディスカウント・ストアが納入業者に対して、手伝い店員の派遣（費用は納入業者払い）やリベートの支払いを要請していた行為は、「優越的地位の濫用」に該当するとされている（2005年・ドン・キホーテ事件）。⑤ヘレンド社製高級磁器製食器等の総代理店（ヘレンド社から日本での同社製品の一手販売権を付与されている）が、並行輸入（本物が総代理店以外のルートで輸入されてくること。並行輸入品は安売りされる）を妨害した行為は、「競争者に対する取引妨害」であるとされている（1996年・星商事事件）。

Column 1　PB（プライベート・ブランド）商品と下請法（1956年制定）📖

　2012年、日本生活協同組合連合会が、PB商品の製造を委託していた業者に対して支払うべき下請代金を減額するなどしており、「下請代金支払遅延等防止法（下請法）」に反しているとして、総額38億円強の金額を下請事業者らに返還するよう公取委が勧告を出した。下請法は、独禁法の補完法である。親事業者による下請事業者に対する優越的地位の濫用に該当しうる行為を、迅速かつ簡易に規制することを目的としており、親事業者が下請事業者に対して、受領拒否、支払遅延、代金減額、買いたたきなどの行為を行うことを禁じている。近時、PB商品を販売しているコンビニやスーパーが下請法違反で勧告を受ける事例が急増している（2016年ファミリーマート、2017年山崎製パン、セブン-イレブン）。

Column 2　WTO、FTA、そしてTPP（環太平洋戦略的経済連携協定）📖

　WTO（世界貿易機関。1995年設立）は、自由貿易の促進を目的とした国際機関である。しかし、メンバーの増大に伴い、先進国と途上国や新興国との対立などで交渉がたびたび決裂し、WTOを通じての貿易自由化が停滞した。そのため、1990年代末頃から、2国間FTA（自由貿易協定）が急増した。日本も18か国とEPA（経済連携協定）・FTAを締結済みであるが、自由化の対象外品目が多く、効果は大きくなかったとも評されている。このような状況の中、米国が、アジア太平洋地域における覇権の確立、米国の輸出利益増大と雇用促進、21世紀型地域貿易協定のモデルの確立などを狙って、TPPへの交渉参加を表明したことから、日本も交渉に加わり、2015年10月に12か国間で大筋合意が成立した。TPPは幅広い範囲のルールや規格の統一、貿易の自由化を目指す協定である。しかし、その後、米国が離脱したため、2018年にTPP11として米国抜きで発効した。

Key Word 5　知的財産権(1)　概説

なぜ知的財産権を保護するのか

　知的財産とは、人間の創造的活動により生み出されるものや、事業活動に用いられる表示、事業活動に有用な情報などのことを指す。これら知的財産は、さまざまな法律によって権利として保護されている❶。「保護」とは、知的財産権者以外の人が、当該知的財産権を無断で利用したり、不正利用したりできないようにしているという趣旨である。したがって、そのような利用者に対しては、その行為を差止めたり、損害賠償を請求したりすることができる。

　なぜ、保護するのだろうか。たとえば、著作物の場合であれば、著作物に対する創作意欲・活動を高め、それによって文化の発展に資することを保護目的の一つとしている。特許の場合も、特許権者に、一定期間その特許を独占的に利用することを認めることで、その研究開発や製品化に至るまでに要した投資を回収する機会を与え、研究意欲を高めることが保護目的の一つといえる。

知的財産権の保護のバランス

　しかし、知的財産権の「保護」に当たっては、自由利用・公開・社会の便益といった考慮要因とのバランスを図る必要がある（☞ Column1、2）。私たちは「巨人の肩に乗る小人」であり、先人の知恵の積み重ねを利用して、創造的活動を行ってきたのである。したがって、たとえば、特許であれば、出願から20年がたった時には、その特許は、産業発展のため、人類全体の財産とされる。

　昨今、世界の貧困層が薬を入手できないという「医薬品アクセス問題」が注視されている。国連が掲げる「持続可能な開発目標（Sustainable Development Goals：SDGs）」においても、全ての人々が安全で効果的かつ質が高く安価な必須医薬品とワクチンへのアクセスが可能となるように、世界的規模で取り組むべき問題として認識されている。特許を取得できるレベルの薬を開発できる製薬会社は先進国に偏っている上に、高額な開発費用を回収できるような特許実施料や薬の販売価格を設定している。これに対して、インドのように、医薬品特許に関して特許法上の強制実施権を発動し、当該医薬品の特許権者の事前承諾なしに、インドの製薬会社が当該特許を利用できるようにした国もある。この場合、特許権者が得られる特許実施料は相当に低くなる。特許権の保護と医薬品へのアクセスを巡る問題は、この先さらに先鋭化する可能性がある。

❶知的財産権の種類と法（特許庁ホームページを元に作成）

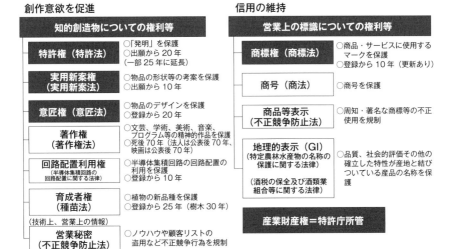

創作意欲を促進		信用の維持	
知的創造物についての権利等		**営業上の標識についての権利等**	
特許権（特許法）	○「発明」を保護 ○出願から20年 （一部25年に延長）	**商標権（商標法）**	○商品・サービスに使用するマークを保護 ○登録から10年（更新あり）
実用新案権（実用新案法）	○物品の形状等の考案を保護 ○出願から10年	**商号（商法）**	○商号を保護
意匠権（意匠法）	○物品のデザインを保護 ○登録から20年	**商品等表示（不正競争防止法）**	○周知・著名な商標等の不正使用を規制
著作権（著作権法）	○文芸、学術、美術、音楽、プログラム等の精神的作品を保護 ○死後70年（法人は公表後70年、映画は公表後70年）	**地理的表示（GI）**（特定農林水産物の名称の保護に関する法律） （酒税の保全及び酒類業組合等に関する法律）	○品質、社会的評価その他の確立した特性が産地と結びついている産品の名称を保護
回路配置利用権（半導体集積回路の回路配置に関する法律）	○半導体集積回路の回路配置の利用を保護 ○登録から10年	**産業財産権＝特許庁所管**	
育成者権（種苗法）	○植物の新品種を保護 ○登録から25年（樹木30年）		
（技術上、営業上の情報） **営業秘密（不正競争防止法）**	○ノウハウや顧客リストの盗用など不正競争行為を規制		

Column 1 「独占を認める知的財産法」と「自由競争を促進する独禁法」📖

　独禁法21条は「この法律の規定は、著作権法、特許法、実用新案法、意匠法又は商標法による権利の行使と認められる行為にはこれを適用しない」と定めている。しかし、知的財産権者が自己の知的財産を利用するいかなる行為も独禁法違反とならないわけではない。鍵となるのは「権利の行使と認められる行為」か否かである。たとえば、パチンコ機特許プール事件（公取委勧告1997・8・6）では、パチンコ機の製造にかかる特許につき、特許権者らが新規参入者に対するライセンス（使用許諾）を共同で拒絶した行為が、私的独占（新規参入者の排除）に該当するとされた。各権利者単独でのライセンス拒絶と異なり、複数の特許権者が共同してライセンスを拒絶した行為は知的財産法が認める権利の行使とはいえないとされたと考えられる。

Column 2 著作権保護期間延長問題📖

　日本の著作権保護期間は、かつて著作者の死後50年であったが、TPP（環太平洋戦略的経済連携協定）において、その期間を70年とすることになり、著作権法が改正された。保護期間延長により創作意欲が高まるとする意見がある一方、保護期間延長の恩恵を受ける作品は1～2％程度に過ぎず、かつ一部作家に偏っており、大半は死蔵されていること、著作物を自由に利用できるようになるまでの期間が延びることで、かえって文化の発展が阻害されかねないとの反対意見も強い。しかも、70年間に子孫が増えれば権利関係が複雑化する上に、権利者の所在不明という問題も生じ、権利処理が難化すると危惧されている。

Key Word 6　知的財産権⑵　著作権について

著作権の重要性の高まり

　知的財産権の中でも、最も身近なものが著作権だろう。近年、インターネット上での情報発信の機会＝自分の著作物を他人に公表する機会が増加したことで、他者の著作権や肖像権❶を侵害する危険性だけでなく、自分の著作権が侵害「される」場面も増えている。また、多くの著作物がデジタル化されるようになったが、デジタル化された著作物は、入手・編集・加工・複製が容易であるため、著作権を侵害してしまう危険性が高まっている。このように、著作権についての知識が日常的に求められるようになってきた。

著作権侵害行為とは

　たとえば、市販のCD・DVD・ブルーレイディスクなどに記録された音楽や映画を私的使用❷の範囲を超えて複製すると著作権侵害となる。ほかにも、他人が書いた文章、他人が描いた絵、他人が写した写真、他人が作った音楽・映像を無断でWebページなどに乗せると著作権侵害になる。加えて、2012年の著作権法改正によって、違法にアップロードされた著作物と知りつつ、著作権者に無断で音楽や映像をダウンロードする行為は犯罪とされることになった。

　学生であれば、学祭などでコンサートを開催することもあるだろう。この場合、営利目的ではなく、出演者に報酬を与えず、聴衆などから料金を取らないのであれば権利者（作詞・作曲者等）の許諾は不要だが、これら要件を満たさない場合には、JASRAC（日本音楽著作権協会）などに問い合わせる必要がある。

著作権侵害にならない引用の方法

　自分のレポート、報告書、論文などを執筆する際に、他者の著作物を引用するということは珍しくない。著作権法32条では、「公表された著作物は、引用して利用することができる。…その引用は、公正な慣行に合致するもので…引用の目的上正当な範囲内で行なわれるものでなければならない」とされている。判例によると、盗用・盗作と指摘されないためには、①カギ括弧などにより自分が書いた分と引用文とが明確に区別されていること、②引用元が明示されていること、③報道、批評、研究目的など、引用する必然性（正当な理由）があること、④質的量的に、自分の文書が「主」で、引用文が「従」であること、という条件を満たす必要がある。他者の著作物を引用する際には、必要な範囲

のみを拝借し、著作権者に敬意を払って丁寧に引用元を示すよう心がけよう。

　その際には、法律編集者懇話会編『法律文献等の出典の表示方法（2014年度版）』（ネット上で閲覧可能）が参考になる。

❶肖像権

　他者の氏名、住所、電話番号、メールアドレス等の個人情報を無断で取得・公表した場合には、プライバシー侵害となる（☞ Column 2）。また、他者の肖像を無断取得・公表すると肖像権侵害となる。肖像、著作物等に限らず、「他人のもの」を無断で取得・利用しない習慣を身につけることが必要である。

❷私的使用

　著作権法30条では、著作物は、個人的に又は家庭内その他これに準ずる限られた範囲内において使用すること（私的使用）を目的とするときは、その使用する者が複製することができるとされている。ただし、コピーガードが施されている DVD などに関しては、私的使用のためであっても、そのプロテクトを解除してコピーする行為は違法となる。

Column 1　偽ブランド品　📖

　偽ブランド品などの知的財産侵害物品は、税関による差止の対象となる。近年、輸入差止件数は 3 万件前後で推移しており、輸入差止点数は50万点〜90万点ほどとなっている。そのうち95％以上を偽ブランド品などの商標権侵害物品が、約 1 ％を偽キャラクターグッズなどの著作権侵害物品が占める傾向にある。加えて、この数年、偽造医薬品など、健康・安全が脅かされる危険性がある物品の差止件数が大幅に増加している。また、偽物は、本物の製造業者の利益を害するだけでなく、偽物の売上が犯罪組織やテロ組織などの資金源となっているとの指摘もある。

Column 2　ビッグ・データとプライバシー　📖

　今日、私たちの行動に関するデータ（ビッグ・データ）が企業などにより収集・分析・利用されている。スマホからの位置情報、クレジットカード利用による購買履歴、交通系電子マネーによる移動履歴、ネット検索による嗜好傾向・生活の変化（妊娠した、引越しの予定があるなど）、ネットに接続している自動車（カーナビ）・冷蔵庫・エアコン・AI スピーカーからのデータ収集と挙げればきりがない。しかも、データ収集に対する拒否権はないに等しい。2015年には個人情報保護法が改正され、特定の個人を識別できない「匿名化」された情報であれば、本人の同意なしに売買できるようになった。しかし、複数のデータを組み合わせれば個人を特定できる可能性は高い上に、履歴データから人物像を描く「プロファイリング」の精度も向上しており、プライバシー侵害への懸念が高まっている。

Key Word 7　消費者法(1)　消費者法の必要性と消費者トラブル

消費者法の必要性

民法などの近代市民法は、人は生まれながらに自由・平等であり、取引は当事者の自由意思に基づいて行われるという前提に立っている。しかし、その分野の専門家たる事業者と、素人である消費者の間には情報力・交渉力格差などが存在することから、その前提を貫徹するとさまざまな問題が生じる。たとえば、消費者が、中古車販売業者から、事故車ではないと説明されて購入した中古車が、実は事故車だったとする。この場合、詐欺（民法96条）に該当するように見えるが、民法96条は、欺す故意とそれによって契約させようという故意の二つの故意を被害者が立証することを要する。だが、相手の心の中にあるこれらの故意を立証するのは難しい。そこで、消費者契約法の４条１項１号（不実告知）は、重要事項について事実と異なる説明がされた場合には契約を取消すことができるとしている。ここでは、故意が立証要件とされていないため、契約の取消しが相当容易になる。これが消費者法の存在意義といえる。

消費者トラブル①契約を取消したい！《クーリング・オフ》

契約は、申込みの意思表示（例：このパン下さい）と承諾の意思表示（ありがとうございます。100円です）が合致すれば成立するのであり、契約書は後日の紛争に備えて作成している（法律で作成が義務付けられている場合もある）。

Ａは、結婚相手紹介サービス業者と契約を締結したが、２週間ほど後にクーリング・オフする旨の意思表示をした。特定商取引法（特商法）❶は、本件のような消費者トラブルを生じやすい取引類型に関し、不公正な勧誘行為を禁止するとともに、クーリング・オフ制度❷を設けている。これにより、申込みまたは契約後一定の期間、消費者は無条件で解約できる。本件ではその期間を過ぎているが、仮に、本件契約書にクーリング・オフなどに関する法定の記載項目に不備があった場合には、再度、業者が不備のない契約書をＡに交付し、再度クーリング・オフ期間が経過するまで、クーリング・オフできる。

消費者トラブル②契約を取消したい！《未成年者取消権》

Ｂ（未成年）は、雑誌の広告を見て、両親に無断でパチンコ攻略法を31万円で購入した。このように未成年者が法定代理人の同意を得ずに契約をした場合は、民法５条２項（未成年者取消権）に基づき取り消すことができる。ゆえに、

悪徳商法の被害件数も20歳になった途端に急増していた。2018年、民法が改正され成年年齢が18歳に引き下げられたことで（2022年施行）、18・19歳の被害増加が危惧されている。なお、本件取引は特商法上の通信販売に該当するが、通販にはクーリング・オフの規定はない（返品制度のみ）。

消費者トラブル③こんな契約ひどすぎます！《消費者契約法❸》

　消費者契約法は、消費者契約全般に関し、消費者に、不当勧誘行為により締結した契約の取消権と、不当な契約条項の無効を主張できる権利とを与えている。たとえば、私立大学の入学契約の「前納した授業料等はいかなる理由があろうとも返還しない」との規定は9条1項に該当する（＝無効）と最高裁にて判示された（2006・11・27）。そのため同様の入学契約を用いていた大学は、3月末までの辞退者には授業料を返還するなどの対応をとるようになっている。

❶特定商取引法の規制対象（日数はクーリング・オフ可能期間）

訪問販売	訪問販売、キャッチセールス等。8日間。
通信販売	新聞、雑誌、ネット等で広告し、郵便、電話等で申込を受ける販売。返品に関する記載がなければ、商品到着後8日間は送料消費者負担で返品可能。
電話勧誘販売	電話で勧誘し、申込を受ける販売。8日間。
連鎖販売取引	いわゆる「マルチ商法」。20日間。
特定継続的役務提供（中途解約可能）	長期・継続的な役務の提供を受け、高額な対価を支払う取引。エステ、語学教室、家庭教師、学習塾、結婚相手紹介業、パソコン教室が対象。8日間。
業務提供誘引販売取引	仕事を提供すると誘引し、仕事に必要であるとして、商品等を買わせる取引。20日間。
訪問購入	購入業者が自宅に訪問し、貴金属などを相場より安い金額で強引に買い取ったりする行為。8日間。

❷はがきでのクーリング・オフ

　理由を書く必要はない。証拠としてコピーを採り、郵便局窓口から簡易書留で、契約相手に出す。

契約解除通知書

契約年月日　○年○月○日
商品名　　　○○○○○○
契約金額　　○○○○○○
販売会社名　○○○○○○

上記の契約を解除します。
○年○月○日
住所・氏名

❸消費者契約法の規制対象（4条、8〜10条）とその事例（消費者庁リーフレット参照）

下記の不当勧誘により締結させられた契約は取消せる	下記の契約条項は無効になる
●不実告知：うそを言われた	●事業者は損害賠償責任等を負わないとする条項、事業者自身が責任の有無を決定する条項
●断定的判断の提供：必ず値上がりすると言われた	
●不利益事実の不告知：不利になることを言われなかった	●消費者はどんな理由でもキャンセル等ができないとする条項、キャンセルの可否を事業者が決定する条項
●不退去・退去妨害：帰ってくれない・帰してくれない	
●不安をあおる告知をして勧誘：就職セミナー商法等	●成年後見制度の利用を開始すると契約（例：アパートの賃貸借契約）が解除されてしまう条項
●好意を不当に利用して勧誘：デート商法等	
●判断力の低下を不当に利用した契約締結	●不当に高額な違約金、14.6％超の遅延違約金
●霊感等による知見を用いた告知：霊感商法等	
●契約締結前に代金の請求や損失の補償等を請求される	●消費者の利益を一方的に害する条項
●過量契約：通常の量を著しく超える物の購入勧誘	

Key Word 8 消費者法(2) 消費者団体訴訟

消費者一人ひとりは小さくとも…消費者団体の重要性

一人ひとりの消費者は小さな存在であるが、消費者が結集し、消費者団体として行動すれば、大きな力となる。なかでも、近年、国が認めた消費者団体は、下記のように、消費者個人に代わって、消費者問題解決のために、さまざまな役割を果たすようになりつつある。

消費者団体訴訟制度——事業者の不当行為の差止を求める

消費者団体訴訟制度とは、総理大臣が認定した「適格消費者団体」（2020年1月現在21団体）が、不当な勧誘、不当な契約条項の使用、誤った内容の表示といった事業者の不当な行為（消費者契約法、特商法、景表法❶、食品表示法に反する行為）を差止めることができる制度である。そのような行為により被害を受けた消費者は、事後に救済されたり、同じ被害には合わないよう注意できるかもしれない。しかし、そのような行為が継続すると、他の消費者が被害にあう可能性がある。そこで、この制度が導入された。

ある適格消費者団体は、フィットネスクラブ（A）が、その施設内での盗難・傷害などに関しAに重大な過失がある場合を除き、Aは一切の賠償責任を負わないとする条項はAの損害賠償責任を不当に免除しているとして（消費者契約法違反）、この条項の削除をAに申し入れ、和解している。また、医薬品ではない健康食品の薬効を表示する新聞折り込み広告の配布は、不実告知（消費者契約法違反）および優良誤認表示（地裁は景表法違反を認定）に当たるか否かが争われた消費者団体訴訟において、高裁は、消費者契約法上の差止は広告の配布が勧誘に該当する必要があるところ、不特定多数の消費者への働きかけは勧誘に含まれないとしたが、最高裁（2017・1・24）はこの判示を覆した。

集団的消費者被害回復に係る訴訟制度——消費者の損害賠償訴訟をお手伝い

2013年、集団的消費者被害回復に係る訴訟制度が新しく創設された（2016・10・1施行）。これは、国の認定を受けた「特定適格消費者団体」が、消費者契約の多数の被害者の被害回復のため、被害者に代わって提訴する制度である。かねてから、上記の差止制度だけでは不当な利益が違反事業者の元に残る可能性があること、消費者個人が損害賠償訴訟を提起し勝訴にまで至るのは難しいことが指摘されてきた。この新制度は、《第1段階》特定適格消費者団体が、

事業者を訴え、被害を受けたとされる被害者らに対してお金を支払う義務があるか（たとえば、多数の消費者らが語学学校を解約したにもかかわらず、事業者が不当にも返金していないか否か）、裁判所で審理してもらう。《第2段階》第1段階で、事業者に責任があるとされた（消費者団体側が勝訴した）場合、団体が被害者に通知をする。各被害者にいくらの金銭を支払うかについては、裁判所が確定する、という方法で消費者の被害回復を図ることになっている。

❶景表法（不当景品類及び不当表示防止法）：あらゆる不当表示が規制対象

　景表法は、商品やサービスの品質、内容、価格などに関するあらゆる不当表示と、過大な景品・懸賞付き販売を禁止している。たとえば、レストランが安価な和牛を松阪牛と偽って提供する行為や、ルーマニア製のズボンをイタリア製と表示して販売する行為、あるセーターを常に5,000円で販売しているにもかかわらず、「通常価格8,000円」と記載して、安売りしているかのように見せる行為などが不当表示の例である。なお、従来の措置（不当表示の差止）では、不当利得が事業者の手元に残る可能性があるため、2014年に課徴金制度が導入された。通常、違反事業者は売上額の3％を課徴金として国庫に納めることになるが、消費者の被害回復を促進する観点から、違反事業者が、消費者に自主的に返金した場合には、返金相当額を課徴金額から減額する、または返金相当額が課徴金額を上回るときは課徴金の納付を命じないというユニークな制度である（適用第1号は三菱自動車燃費不正事件）。

Column　消費者の権利と消費者の責任──持続可能な社会・経済を目指して　📖

　消費者が取引において利益を享受するには、一定の条件が整っている必要があることから、「消費者の権利」という概念が発達してきた。まず、1962年に、ケネディ米国大統領により、①安全である権利、②知らされる権利、③選ぶ権利、④意見を聞いてもらう権利が唱えられた。その後、消費者の権利を守るためには、消費者が知識を得る必要があるとして、⑤消費者教育の権利が追加される。さらに、国際消費者機構（CI）により、⑥救済を受ける権利、⑦健全な環境への権利、⑧最低限の需要を満たす権利が追加されている。⑦、⑧は劣悪な環境に置かれている消費者、最低限の必需品さえ入手できない消費者を想定している。日本の消費者基本法（2004年）も、これら8つの権利を踏襲している。

　しかし、今日、消費者は、時として無駄に資源を消費したり、自動車を運転することで排気ガスを排出したりと、消費者自身が問題を発生させていることもある。そこで、国際消費者機構は、①批判的意識を持つ責任、②主張し行動する責任、③弱者への影響に配慮する責任、④環境に配慮する責任、⑤団結・連帯する責任という、消費者の責任も提唱している。

Key Word 9　消費者法(3)　クレジット払いは借金と同じ

クレジット払いは一種の借金

　近年、オンラインショッピングの支払いや、スマホ等の通信料金・新聞代はクレジットカード払いが一般的になってきた。電気・ガス・水道等の公共料金の支払いや、電子マネー・QRコード決済のチャージにクレジットカードを使っている人もいるだろう。クレジットカードを利用すれば、利用限度額までは現金がなくとも買い物等ができるし、分割払いにもできる。また、翌月一括払いであれば、通常、手数料もかからない。消費者がクレジットカードで支払いをすると、その代金はクレジット会社が立替えて払ってくれる。消費者は、後日、その代金をクレジット会社に返済することになる。すなわち、クレジットカードでの支払いは「借金」しているのと同じことなのである❶。

悪質業者とクレジット契約

　クレジットカードと異なり、商品を購入するたびに与信契約（その人の収入などを調べ、信用＝支払い能力があると判断されれば、クレジット会社がお金を立替えてくれる契約。クレジット契約）をする取引形式を、「個別信用購入あっせん」（個別クレジット）という。以前から、悪質業者が、現金での購入が難しい高額な商品などを、個別クレジットを利用して分割払いで購入させる事例が多発していた。そのため、2008年に割賦販売法を改正し、加盟店の顧客勧誘方法を調査する義務を個別クレジット会社に課したり、不実告知などを理由とする取消権を消費者に付与するなど、規制を強化した。そうしたところ、クレジットカード払いに多い「翌月一括払い」が、割賦販売法の適用範囲外であることが悪用され、近年、翌月一括払いに関するトラブル（不正請求など）が急増している。

支払い停止の抗弁権・既払い金返還請求

　クレジット契約は、三者間契約である。そのため、お店と消費者との売買契約が取り消されたとしても、消費者とクレジット会社とのクレジット契約が自動的に消滅するわけではない。そうなると、最悪の場合、お店が悪質業者で、商品の交付がなくとも、消費者は分割払いの未払い分をクレジット会社に支払わなければならないし、支払済みの既払い金を取り戻せないという事態になる。こうした問題に対応するため、割賦販売法には、消費者と販売業者間の契約に関して、何らかの対抗事由（たとえば不用品を大量に買わされる＝過量販売に当たる

などの事由）がある場合の、①支払い停止の抗弁権（消費者が、クレジット会社に対してもその対抗事由を主張し、未払い金の支払い停止を主張することができる）と、②既払い金の返還請求に関する規定が盛り込まれている。

❶クレジット契約の仕組み

Column 1　リボルビング払いも借金ですから（金利）手数料がかかります 📖

「リボルビング払い（リボ払い）」とは分割払いの一種で、利用金額や利用件数にかかわらず、「毎月一定額の元金＋（金利）手数料」を支払う方法である。手数料は年率15〜18％と高いことが多い。たとえば、30万円の買い物をし、手数料率15％、月々の（元金の）支払額は1万円というリボ払いを選択した場合は、30回払いとなり総額357,581円（内手数料57,581円）を支払うことになる。月々5,000円の元金支払いを選ぶと、60回払いとなり総額413,843円（内手数料113,843円）となる。リボ払いは一種の借金であり、完済するまでの期間が長いほど長く借金をしていることになるため、多くの手数料を払うことになる。

リボ払いを利用すると、返済が長期化する場合が多く、そうなると多額の金利を支払うことになる。ところが、毎月の支払額は低く抑えることができるため、借金をしているという認識が薄れ、利用残額や手数料の総額について注意を払わないようになる危険性がある。そうなると、毎月の支払額が低いため、ついつい買い物しすぎて借金（リボ払いの残額）が減らず、高い手数料を延々と支払い続けることになる。複数のクレジットカードのリボ払いを併用した結果、多重債務（複数の貸金業者などから借金をして、その返済が困難な状況）に陥る消費者も少なくない。

なお、借金の金利は、利息制限法で上限金利が決められている（10万円未満の場合は年20％、10万円以上100万円未満なら年18％、100万円以上の場合は年15％）。

Column 2　消費者トラブルにあったら相談・報告 📖

各自治体の「消費生活センター」や「国民生活センター」では、さまざまな消費者問題について、相談窓口を設けている。相談するほどではなくとも、国民生活センターの「消費者トラブルメール箱」や消費者庁、適格消費者団体のサイトなどで、トラブルを報告しよう。それら報告を基に調査・分析が行われ、行政処分や、適格消費者団体による差止などへとつながっていく可能性がある。

第9章　行政と法

Key Word 1　行政と私たちとの関わり

行政のイメージ

　行政と聞いて、あなたは何をイメージするだろう。市役所や県庁等の役所か、国の省庁やそこで働く官僚か。あるいは教育、福祉、警察等の行政の具体的な活動か。これらのイメージにあるように、行政にはそれを担う組織とそこで働く職員がいて、これらによって行われる活動がある。では、あなたが行政に対して抱く印象はどんなものだろう。そもそも行政について、私たちの生活に必要不可欠なもの、という認識はあるか。また、行政を信頼しているか、それとも不信の方が大きいか。だとすると、なぜ、そういう印象を持つのだろうか。

行政と私たちをつなぐ民主主義

　行政は、立法・司法と並ぶ国家作用の1つであり、日本国憲法のもと、立法府の定めた法によって活動根拠が与えられ、かつ、法によって統制されるべき存在である。いうまでもなく法は、主権者たる国民の代表者が立法府において制定するものであるから、法と行政がこのように関連し合っているということは、行政と国民とが民主主義でつながっていることを意味している。

　行政と私たちをつなぐ民主主義システムの中心は、選挙である。選挙を通して反映された民意が、法となって表され、この法が行政に活動の根拠を与え、行政はこれに従い行動するよう拘束される。しかし、行政と私たちをつなぐ民主主義システムは、選挙だけではない。近年各地でしばしば行われる住民投票のように、実際の行政過程には多様な住民参加の仕組みが採り入れられており、これらもまた、行政と私たちをつなぐもう1つの回路である。そこでは、国民だけでなく住民をも広く含んだ民主主義が想定されることが一般的である。

行政と法について学ぶ意味

　日本の行政と法について学ぶことは、日本の行政について、法的な視点からあるべき姿を追求することである。それは、行政がすべての人に人権を保障し、主権者の手によってしっかりとコントロールされ、主権者の意思を反映した行政になり得ているかを見極めることである。

　日本の行政に何か問題があるとすれば、大まかに見てそれは、次の2つの場

合である。第1は、行政の根拠法自体に問題がある場合であり、第2は、法に基づきなされた行政活動のあり方に問題がある場合である。前者では、悪法を良法に改めるための立法論の検討がなされ、後者では、行政活動の根拠法の解釈・運用を見直すことによる解決が目指される。たとえば、経済的事情で大学への進学を断念する若者や、学業継続のために借金に頼るほかない学生の増加は、日本の教育や社会保障行政分野での新たな立法の必要性を提起している。また、困窮を訴える住民が訪れたにもかかわらず直ちに生活保護申請をさせずに窓口での相談のみで済ませるような対応は、生活保護法に基づく行政のあり方に修正を迫る例である。このように、行政と法について学ぶことは、現実の行政が抱える問題について、立法論と解釈論の両面から、その解決を図ろうと考えることであり、その際に基本となる法原理を学ぶことである。

行政をとらえる視点

　行政と法について学ぶ際、行政を、①行政を担う組織（＝行政組織）、②行政組織が行う活動（＝行政活動）、③行政活動が人々の権利利益に与える影響、の3点からとらえる視点が欠かせない。まずは、現実の行政がどのように行われているかを知ることが必要である。その上で、もしも行政が法に違反して行われたら（または行われようとしていたら）、どのような方法を用いてそれを是正・防止し、不利益を受けた人々を救済すべきかを考えなければならない。そのための手段の中心には、私たちが国や地方自治体との間で争う裁判がある。

　すでに述べたとおり行政は、民主主義を媒介として私たちとつながっている。だから、行政のあるべき姿は法により形づくられ、実際の行政がしてしまう違法な活動やそれが私たちにもたらす不利益は、司法により是正・救済されなければならない。冒頭で行政への印象を尋ねたが、もしもあなたに行政への不信感があるとしたら、それは、日本の行政が、私たち国民・住民や議会や裁判所による十分なコントロールに服していない現状を反映しているのかもしれない。

「行政法」という名の法律は存在しない

　行政と法を扱う法学分野は、「行政法学」である。ただし、憲法学が「日本国憲法」、民法学が「民法」、刑法学が「刑法」を対象とするのとは違い、日本には「行政法」という名の法律は存在しない。行政法は、行政の組織・活動や、誤った行政活動により不利益を受けた人々の救済方法に関する法の総称であり、実際、行政法を構成する法制度の数・種類は膨大である。

Key Word 2 　行政の役割と存在理由

行政の役割——行政の多様な活動領域

　行政の役割を見ると、行政が実に身近な存在であるかが分かる。まず、私たちは、日本で生まれたら所定の役所に「出生届」をし、居住する市区町村で「住民登録」をしてその住民になる。こうして人が役所に存在を認識されると、「死亡届」が出されるまで、生涯にわたり保育・医療・介護等の社会保障や教育等の行政サービスを受ける可能性が開かれる。また行政は、私たちにサービスを提供する一方、私たちを取り巻く環境を整える役割も担っている。環境保全のためのさまざまな事業活動に対する規制や、都市計画法や建築基準法等に基づく地域空間整備のほか、私たちの生命・健康や公衆衛生のために食品や医薬品に対する規制も担っている。警察が行う、生活の安全確保の役割もある。行政の役割は多岐にわたり、ここでそのすべてを示すのは難しいが、その現状は、国の行政組織の種類❶を見れば、ある程度イメージできるだろう。

行政の存在理由——人権保障

　しかし、このように守備範囲の広い行政が、もともと存在したわけではない。過去から順に見ると、行政の役割は拡大・縮小を遂げるなど、決して一様ではなく❷、徐々に変化してきたといえる。

　今を生きる私たちは、現在の行政のあり方が適切か、今後どのような姿に向かうのか、向かうべきかを考えて行かなければならない。その際に忘れてならないのは、Key Word 1で述べた、私たちと行政とをつなぐ民主主義の観点であり、私たちの民意が行政のあり方を形づくるということである。

　あるべき行政を考える際には、行政の存在理由から考えることが鍵になる。そもそも行政は、何のために存在し活動するのだろうか。この問いに対する端的な答えは、私たち国民・住民の人権保障である。行政は憲法に基づき行われる国家作用であるから、憲法が掲げる一番の理念である人権保障の実現にこそ、行政の存在理由が見出される。したがって、たとえば、人権のうちでも、生存権等の社会権を人々に保障するには行政の積極的活動が求められるが、思想・表現等の自由権を保障するには行政は極力活動を控えるべきことが求められる。近年、民営化による行政のスリム化政策が進む一方、多様な民間事業者への規制の拡大・強化（＝行政の役割の再度の拡大）の現象が見られる（例、保育・介護

等の福祉サービスへの民間参入)。ここには、財政の論理によって行政の役割を民間に委ねてもなお、人権保障のためにその役割を丸投げのまま放置するわけにはいかない行政の姿がある。このような現在の国家の姿を「保証国家」と呼ぶ見方があるが、問題は、規制のみで行政の役割を果たしたといえるか、つまり、人権保障が確実になされるか、である。

❶国の行政組織 (国家行政組織法３条２項に基づき、内閣の統轄下に置かれる行政機関)※

省	省の外局 (委員会)	省の外局 (庁)
総務省	公害等調整委員会	消防庁
法務省	公安審査委員会	出入国在留管理庁、公安調査庁
外務省		
財務省		国税庁
文部科学省		スポーツ庁、文化庁
厚生労働省	中央労働委員会	
農林水産省		林野庁、水産庁
経済産業省		資源エネルギー庁、特許庁、中小企業庁
国土交通省	運輸安全委員会	観光庁、気象庁、海上保安庁
環境省	原子力規制委員会	
防衛省		防衛装備庁

※これら11省のほか、内閣総理大臣が長を担う組織として、内閣府と復興庁がある。
　復興庁は、東日本大震災からの復興のための2020年度末までの期限付きの組織である。

❷行政の役割の変遷

時代区分	各時代の国家を特徴づけるキーワード	各時代の国家における行政の役割
19C. 中ごろ	夜警国家・消極国家私的自治の原則・自由放任主義	税務行政、警察 (秩序維持) 行政
19C. 末〜20C. 中ごろ	積極国家・行政国家	行政の守備範囲の拡大 (労働者保護、社会保障、公害防止等)。非権力的な行政活動 (サービス提供) の増大
20C. 末 (特に、第４四半世紀)〜21C. 初め	新自由主義・小さな政府	行政の守備範囲の縮小 (例、国鉄の民営化)。守備範囲を維持した分野では、規制緩和を推進。
現在	保証国家	公務への民間参入の進展 (行政の役割の縮小) と、これら民間部門への規制権限の拡大・強化。

Key Word 3　行政との間で形成される法律関係

行政と不特定多数者の利益（公益）

　ここで、行政と法を学ぶ際に直面する1つの論点を提示しよう。違法な行政活動の是正やこれにより不利益を受けた者の救済を考えるとき、誰が争う適格を持つかという問題がある。たとえば、課税対象となる所得がないのに税務署から誤った課税処分の通知がされ税金を支払うよう求められたとしたら、この者は課税処分が違法だと主張してその是正を求めうるのは当然である。では、ある地域でゴミ処分場の設置が計画されたとき、その近隣住民らが環境悪化を心配して設置許可をしないよう裁判を起こせるだろうか。同様のことは、近隣にマンション建設や原子力発電所の設置が計画された場合などにも生じうる。これらは、課税処分、ゴミ処分場設置許可、マンションの建築確認、原発の設置許可という行政活動をめぐり行政・私人間で生じうる法的紛争の例である。はじめに挙げた課税処分の例ならば、処分の直接の名宛人となる私人に訴訟を提起する資格が認められるのは当然といえるが、ゴミ処分場や原発などのように許可の名宛人ではない近隣住民の場合にはどう考えたらよいのだろうか。

　このように行政活動には、当該活動とその名宛人である私人との二当事者間の法律問題としてシンプルにとらえれば足りるものがある一方、ひとたびその活動が行われると、その名宛人だけでなく、不特定多数者の利益にまで影響を及ぼす性質のものがある。このように、行政を法的にとらえる際には、行政が、その活動の直接の名宛人のほか、広く一定範囲の地域社会や、場合によってはこの国に生きるすべての人々に広く全般的な影響を与える活動を行う場合があることを忘れてはならない。これは、個人の権利利益の実現とともに、公益を実現する存在でもあるという、行政の特質に関わっている。

行政について生じる法律関係

　行政活動にはさまざまな種類があるが、これらの活動を発端として、行政を一方当事者とする多様な法律関係が形成される。法律関係とは、その当事者が、どのような権利を持ち義務を負っているかという、権利義務関係のことである。たとえば、失業して生活に困窮する住民Aが、その居住するB市に対し、生活保護の申請をし、後日B市が希望どおりの生活保護を決定したとする。このときAはB市に対し、生活保護受給権を持つ一方、B市はAに対し、生活保護支

給義務を負う。このような法律関係がAとB市との間に生ずるのは、生活保護法という法律上、申請を経て困窮状態を認められれば生活保護受給権が保障される旨が定められているからである。

　あるいは、マンション建設の例であれば、建築基準法という法律に基づいて、マンション建設を計画するE会社がF市に対し申請を行うと、当該マンションが建築基準を満たしているならば、F市は建築確認と呼ばれる行政活動を行う義務を負う。また、原子力発電所の例でいえば、電力会社Gが原子力発電所の設置許可申請をした場合、原子炉等規制法（正式名称は「核原料物質、核燃料物質及び原子炉の規制に関する法律」）に基づき、国は、許可基準を満たしているとの判断に至れば設置許可を行うことができる。

　課税処分や生活保護は、その名宛人である私人と行政との二当事者間で法律関係を形成する。他方、ゴミ処分場設置、マンション建設、原発設置の例のように、その認否を行う行政活動が近隣住民などの第三者の利益にも影響を及ぼす場合には、少なくとも三者間での法律関係が形成される。一般に、前者の関係を「二面関係」、後者の関係を「三面関係」という❶。二面関係の行政には、相手方の権利保護を第一に行動すべきことが要請されるが、三面関係の場合にはやや事情が異なる。三面関係における行政には、利害が対立し合う複数の私人の間に立って、双方の調整役としての役割も期待されることになる。

　さらに、三面関係においては、次のような法律関係も生じることがある。工場が法令で定められた基準を超えて有害物質を排出している際になされる改善命令（例、大気汚染防止法14条1項）のように、行政は、環境保全などの不特定多数者の利益実現のために、特定の事業活動を規制する義務も負う。このような法律関係のもとでは、環境汚染を生じさせている工場への規制権限の行使は、環境被害に苦しむ近隣住民の存在を考慮して、適切な内容、かつ、適切なタイミングで行われなければならない。

❶二面関係と三面関係

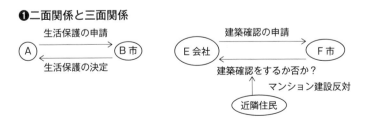

Key Word 4　法治主義——行政と法をつなぐ原理

行政と立法の深い関係

　すでに本章では、行政と私たちが民主主義でつながっていることを述べてきたが、行政における民主主義実現のための重要な原理がある。それは、「行政は法に従って行われなければならない」という、法治主義の原理である。ここにいう「法」とは、立法府（国会と地方議会）によって定められた法であり、その中核を成すのは国会制定法としての法律である。

　法治主義は、法による行政の根拠づけを求め、行政が法により統制ないしはコントロールされるべきことを求める。法治主義は、憲法が掲げる民主主義原理を行政レベルで求めるものであり、行政権を法に縛りつけてその濫用を防ぐことにより、私たちの人権保障を成し遂げようとする原理である。

行政が"法に従う"とは？

　では、"行政が法に従って行われる"とは、どのような状態か。これは、個々の行政活動が国会制定法に基づき行われることであり、具体的には、行政は法律の定めがある限り必ずこれに従わねばならないということや、行政活動の根拠が法律上明文化されるべきことが念頭に置かれている。

　行政活動の根拠が法律上明文化されるべきとする考え方は、議会に対しては、行政活動を行う際の手続や要件の法制化を、行政に対しては、法律上の根拠なく行政自らの判断で行政活動をすることの禁止を求める。この考え方を憲法上明らかにしたのが、財産権法定主義（29条2項）、罪刑法定主義（31条）、租税法律主義（84条）である。しかし、人権保障と国民主権原理を掲げる日本国憲法のもとでは、法律の根拠を要する国家作用を財産権の制限や刑罰権の発動に限定しておけば足りると解するのは適切でなく、憲法上の3つの法治主義の規定は、法治主義に関する最低限の憲法上の要請を定めたものと解すべきであろう。そこでさらに進んで、法治主義のもと、法律の根拠が必要とされる行政活動とは何かが問題となる。

法律の根拠が必要とされる行政活動の類型

　実際には、すべての行政活動に法律の明文根拠が必要と説く立場は少数であり、学説の大多数は、法律の根拠なしに行政の時々の判断で行うことが許される行政活動を、ある程度認めている。その際、法律の根拠が必要とされる行政

活動の判別基準は、行政活動が私人の権利利益に及ぼす影響の内容・程度に応じて考えられてきた。もともと、明治期にドイツ法の影響を受けた日本では、19世紀ドイツにおいて支配的であった、私人の自由や財産を侵害する行政活動には法律の根拠を要するとの立場が優勢であった。しかし、これでは、先ほど述べた憲法上の最低限の要請と大差ない。そもそも、民主主義国家においては法から自由な行政は原則として許されないと解すべきことに照らせば、これでは法治主義のあるべき水準としてまったく不十分である。

権力的行政活動には法律の根拠が必要？

そこで、法律の根拠を要する行政活動の範囲を広げる新たな見解として後に現れたのが、"権力的行政活動には法律の根拠が必要" と説く立場である。これは、行政活動が権力的か否かを基準として、法律の根拠の要否を決める学説である。この説の考え方を理解するには、行政活動の権力性なるものを理解する必要がある。いったい、権力的な行政とは、どのような行政なのだろうか。

権力的であるということの意味

行政活動には、権力的性質のものと、そうでない（＝非権力的性質を持つ）ものという２種類がある。権力的行政活動は、その相手方である私人に対し、一方的に行われる。「一方的に」とは、行政がある活動を "相手方の同意を得ないで" 行う状態を指す。たとえば、違法行為をしている私人に対し、行政が「違法行為の中止にご協力下さい」とただ勧告する場合には権力的性質を持たないが、「違法行為の中止を命じます」と私人の諾否の意向を問わず中止を求める場合には権力的性質を帯びてくる。なぜなら、前者の場合、「違法行為の中止」に応じるか否かは相手方の任意であり、行政からの求めに応じて協力するか否かは自由と解されるが、後者の場合の相手方には、行政の求めに従うか否かの自由はなく、文字どおり「一方的に」中止が命じられ、その法的効果として、相手方に違法行為中止義務が発生していると解されるからである。

この「違法行為の中止」を求める２つの行政活動の例の相違については、単なる言葉遣いの違いに過ぎないのでは、との疑問を持たれるかもしれないが、そうではない。実は、法律が上の後者の例のように私人に何らかの命令を発する権限を行政に与えている場合、その法律の多くが、命令に従わない私人への制裁としての罰則規定を備えている。つまり、この場合、違法行為の中止を求める命令には、法律の仕組み上、これに従う義務が組み込まれているから、こ

の仕組みが存在するがゆえに、当該命令を受けた私人はこれに従うことを余儀なくされ、それゆえに権力性を帯びるのである。

　したがって、ここで注意してほしいのは、行政の権力性は、法的には、法律の仕組みによってもたらされる技術的な力であるという点である。しかしそうはいっても、現実の社会においては、先ほどの「ご協力下さい」という法的には拘束力のない勧告であっても、私人にとっては従わない自由などないものとして受けとめられることがしばしばであろう。これは、法的な意味での権力性とは異なる、行政や国家が持つ事実上の権力性である。かなり問題の性質やレベルは異なるが、会社や学校でのセクハラ・パワハラといった社会問題が当該組織での上下関係（＝権力関係）を背景に生じるように、国家・行政と私たちとの間にも権力関係が事実上内在していることも忘れてはならない。

　行政活動には権力的性質を持つものが多数あり、これが、契約を基本とする私人間の法律関係とは大きく異なる、行政をめぐる法律関係の特徴である。相手方の同意なしに一方的に義務を課すことができる権力的行政活動は、これが行政の自由な判断で行われては、相手方の権利を不当に害する懸念がある。そこで、権力的行政活動については、法律の根拠が必要であるとの見解が登場してきたといえる。しかし、行政と民主主義のあるべき関係について、行政活動の権力性を判別基準とするのみで足りるか、という問題は残されている。

行政が利益的か否かという見方

　行政が権力的か否かは、行政活動の手段に着目した見方である。これに加え、行政が、私たちに対し、時には利益的に、時には不利益的に働きかけるという見方を持つことも有益である。これまで見た例でいえば、課税処分、生活保護の拒否、工場への改善命令は、いずれもその相手方私人にとって不利益的な行政活動である。一方、生活保護の決定、ゴミ処分場設置許可、建築確認、原発設置許可は、その相手方私人にとって利益的であるが、このうち、ゴミ処分場設置許可や建築確認や原発設置許可は、周辺住民にとっては不利益的にも作用する。これらは、行政活動が私人の権利利益にどのような影響を与えるかという、行政活動の内容に着目した見方である。

　そもそも法治主義は、行政権の濫用防止による人権保障を求める原理である。したがって、手段と内容の両面から、行政活動の私人の権利利益への影響を見つつ、行政と立法のあるべき関係を考えていかなければならない。

Key Word 5　行政裁量のコントロール

法治主義の限界

　法治主義のもと、行政は法に従い行われることによって、その濫用が防止され、法を通じて行政への民意反映がなされ、私たちの人権保障へとつながっている。しかし、法治主義の具体的実現についてさらに考えると、法律の根拠を要する行政活動の種類や範囲をどう考えるかに終始していられない面がある。なぜなら、たとえ行政活動に法的根拠が備わっていても、根拠法の定め方が大ざっぱなものである場合には、当該行政活動を行う行政組織が持つ判断権の幅は相当に広くなり、結果として行政が法で縛られず、行政の自由な領域を許してしまうからである。このように、行政活動が法律に根拠づけられている場合であっても、行政側に一定程度認められる判断（＝判断の幅、判断の余地）を、行政裁量と呼ぶ。そして、この判断権を、行政の裁量権と呼ぶ。

行政はどのような裁量権を持つか

　行政活動の根拠法には、どのような要件が備わればどのような行政活動を行うことができるかが定められている。その際、法律の中には、行政活動の要件や内容が一義的でないものがあり❶、このような場合、行政裁量が生じる。行政活動の要件が「公益上特に必要があると認めるとき」と定められている場合、行政は要件該当性判断について裁量権を持つ。また、要件が充たされた場合の行政活動として「戒告、減給、停職又は免職」と複数の選択肢が定められていると、行政は、その都度どれを選ぶべきかについて裁量権を持つ。行政裁量は、行政活動の根拠法が一義的な文言を用いていない場合に必然的に生じ、このような場合、法的根拠を備えた行政活動であっても、程度の差こそあれ伴うことになる行政裁量をコントロールすべきではないか、という論点が生じる。

　行政活動を行う権限に広い裁量が伴うほど、裁量権の幅の中でどのような行政活動が行われようとも適法とされ、与えられた裁量権の範囲を越えまたはこれを濫用したと認められない限り違法の評価を受けない結果となる（行政事件訴訟法30条❷）。法治主義の原理からは、このような場合を極力限定し、裁量問題についても可能な限り司法審査を及ぼすべきである。しかし現実には、司法による裁量統制が消極化しやすい行政活動があり、特に、政策判断や専門技術的判断を伴う裁量権に関しては、司法審査が消極化する傾向がある。過去、最

高裁が政策的裁量ととらえた例として法務大臣による在留資格の更新や再入国の許可があり、専門技術的裁量ととらえた例として文部科学大臣による教科書検定が、政策的かつ専門技術的裁量に該当する領域とされたものとして厚生労働大臣による生活保護基準の設定がある。これらはいずれも重要な人権にかかわる行政活動であり、いかにして司法審査を積極化できるかが課題である。

行政法の全体像──行政を規律する法の諸類型

*Key Word 1*で見たとおり、「行政法」という名の法律はなく、行政に関するさまざまな法を総称して「行政法」という。ここで総称される行政に関する諸法には、最高法規である憲法、国会制定法としての法律があり、法律には、社会保障・教育・環境保全・地域空間整備・警察等、多様な分野の行政活動の根拠を定めた法律がある（生活保護法、学校教育法、環境基本法、大気汚染防止法、廃棄物の処理及び清掃に関する法律、都市計画法、建築基準法、警察官職務執行法等）。そして法律以外にも、地方自治体の議会が定める条例、内閣が定める政令、各省の長（＝大臣）が定める省令、地方自治体の首長（＝都道府県知事、市町村長）が定める規則など、行政に関する法には、それを制定する組織ごとに異なる種類のものが含まれている❸。これらの諸法に規律され、行政は展開している。

❶行政活動の要件や内容が一義的でない条文の例

「行政機関の長は、開示請求に係る行政文書に不開示情報が記録されている場合であっても、公益上特に必要があると認めるときは、開示請求者に対し、当該行政文書を開示することができる。」（行政機関の保有する情報の公開に関する法律7条）

「職員が次の各号の一に該当する場合においては、これに対し懲戒処分として戒告、減給、停職又は免職の処分をすることができる。」（地方公務員法29条1項）

❷行政事件訴訟法30条

「行政庁の裁量処分については、裁量権の範囲をこえ又はその濫用があった場合に限り、裁判所は、その処分を取り消すことができる。」

❸行政法の全体像

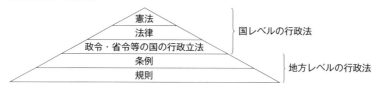

Key Word 6　　行政の透明性・公正性・民主性—情報公開と適正手続

行政情報の公開

　行政が人権保障を存在理由とし、その実現手段としての民主主義によって私たちとつながっているということは、私たちが、行政が保有する情報（行政情報）を自由に入手でき、行政の実態を把握した上で、行政に何か問題があればそれを制度的または政治的な回路を通じて正す権利を持つ、ということである。その理念的表現が、行政の透明性・公正性・民主性というキーワードである。行政法は、これらの理念を実現しうるものでなければならない。

　現在、日本には、行政情報の公開を求める法律として、情報公開法（正式名称は「行政機関の保有する情報の公開に関する法律」）があり、国の行政機関に対する情報公開請求権は、何人にも認められている。ただし、情報公開法は1999年制定・2001年施行の比較的新しい法律である。実は日本では、行政の業務そのものを律する法は、諸外国に比べて成立が遅いという特徴がある。その背景には、「お上の言うことは絶対」というような行政優位の歴史があると思われる。しかしその一方で、地方自治体が保有する行政情報の公開に関する法である「情報公開条例」は、わが国初の例が1982年の山形県金山町の条例であったように、地方による実践の方が先進的であった。その後、条例化の動きは1980年代のうちにかなり進み、1990年代には、弁護士を中心とした民間組織である「市民オンブズマン」による旅費、交際費などの情報公開請求運動も活発化し、地方自治体の情報公開は、制度を作る時代から制度を使う時代へと展開した。これにより「カラ出張」や「官官接待」の実態が暴かれ、次第にこうした自治体財務運営が是正され、自治体情報公開の水準も徐々に向上していった。したがって、国の情報公開法制定の動きは、地方の側から見れば、これを既存の情報公開条例のさらなる発展の契機としようとするものであったといえる。日本の情報公開をめぐる動きは、地方発の行政法の発展可能性を示す好例である。

行政活動における適正手続

　行政活動は、適正な手続を経て行われなければならない。このルールを定めるのが、行政手続法という法律である。同法は、「処分、行政指導及び届出に関する手続並びに命令等を定める手続に関し、共通する事項を定めることによって、行政運営における公正の確保と透明性……の向上を図り、もって国民の

権利利益の保護に資することを目的とする」（1条）。ここに述べられているように、行政手続法は、行政機関が行う処分および行政指導に加え、私人が行政機関に対して行う届出、そして行政機関が制定する命令等について、これらの行政活動が行われる際にあらかじめ踏まれるべき手順を定めている。

意思決定過程への民意反映

　行政の意思決定過程への民意反映手続として、各種の参加制度がある。伝統的には、審議会、意見書提出、公聴会を用いて、参加が行われてきた。しかし、これらに関しては、長らく、次のような課題が指摘されてきた。審議会手続については、会議公開の保障がなく、委員の選任が不透明・不公正・非民主的である点、意見書提出や公聴会の手続については、これらの手続の中で提出・陳述された意見がどのように考慮されたのか分からず、手続過程が不透明な点である。また、これらの各手続が法令に基づくものでない場合には、各手続を実施するか否か、どのような意思決定の際に実施するかが行政裁量に委ねられてしまい、参加手続の実施について法的義務づけがなく、行政の都合の良いときにのみ手続を実施して意思決定過程の民主性を偽装しているに過ぎないとの問題も指摘されてきた。

　2000年代に入ると、パブリックコメント（意見公募手続）と呼ばれる手続の活用が進んでいる。これは、行政が作成した政策案について意見を募り、出された意見の採否とその理由を公表する手続である。「一往復半の手続」としての新しさゆえに、上述の伝統的参加手続の課題の克服につながるかのように見える反面、提出意見が考慮される保障が十分でないなど、いまだ課題も多い。

Column　「行政文書」という情報公開の壁？ 📖

　行政文書は公開が原則だが、例外もある。情報公開法は、個人情報や公開すると行政運営上支障がある等の情報が記録されている場合、不開示を許しているからである（5条）。ただしこれは、文書が存在する前提での話である。なかには、文書が役所に存在しても「行政文書はない」とされる場合がある。それは、同法が行政文書を「行政機関が職務上作成し、又は取得した文書…であって、当該行政機関の職員が組織的に用いるものとして…保有しているもの」と定めていることによる。2017年、国家戦略特区での獣医学部新設をめぐる議論の最中、内閣府側の発言が書かれた文書が文部科学省にあるとされた際、政府が「怪文書のようなもの」と説明し、その存在を否定したのは、まさにこの例であった。

Key Word 7　行政の民間化

行政の民間化とは何か

*Key Word 2*で見たように、20世紀末から行政の役割を縮小させる政策が進められてきた。これは、当時の政府が「官から民へ」、「民でできるものは民に委ねる」などのフレーズで語ったように、行政の役割とされてきた活動（＝公務）を企業やNPO等の民間組織にも担わせ、行政のスリム化を図る政策であり、民間化とも呼ばれる。その際、国家財政支出の削減や、個人・地域・企業等の諸団体の協働による新しい公共の創造が、目的として掲げられてきた。

民間化の具体的手段は、規制緩和と民営化である。国や地方自治体が独占してきた公務を民間が担うことを可能にするためには、それを阻む規制の廃止や緩和が必要となる。その一例は、1998年建築基準法改正による建築確認権限の民間開放である。民営化政策は地方にも及び、地方自治体では「公の施設」の民営化が進んでいる。公立保育所の民営化は、その代表例である。

民間化の法的論点

行政の民間化は、行政と私たちとをつなぐ民主主義を切断させる。*Key Word 6*で見た情報公開は、行政情報を公開し、住民の知る権利に応えるとともに行政の説明責任を果たすための制度であるが、ひとたび「公の施設」が民営化されると、行政情報の公開可能性は狭くなる。それは、民営化後に新たに当該施設の運営を担う民間組織には、経営上のノウハウや組織の内部情報の秘匿などの民間組織固有の権利利益があり、これらの保護も考えざるを得なくなるからである。また、行政直営の施設で発生した事故については国家賠償訴訟による公的責任追及が可能であるが、民営化後の施設内での事故については法的責任の所在や行政との責任分担はどうなるのか、という問題も生じる。

Column　民営化の法的統制手段　📖

公の施設は条例で設置されており、民営化には議決が必要である。したがって、民営化の法的統制を考える場合、まずは、議会への民意反映を目指す方法が考えられる。加えて、民営化の差止めや取消しを行政訴訟で求めることも考えられる。保育所民営化については、これを違法とした判決がある（横浜地判2006・5・22）。この判決は、民営化には、入所児童らの保育を受ける利益の侵害を正当化しうるだけの合理的理由とこれを補うべき代替措置が必要であるとした。

Key Word 8　行政をめぐる裁判──違法な行政活動をされたら

司法による法治主義の実現

　行政活動が、その根拠法に照らして違法と考えられる場合、法治主義の最後の守り手である司法が、裁判を通じてその是正を行う。これにより司法は、違法な行政のせいで被害や不利益を受けた人々の権利救済を行うのである。違法な行政をめぐる裁判は、多くの場合、私たち国民・住民や企業などの法人・団体である私人が原告となって、国や地方自治体を被告として争われる。

行政訴訟

　違法な行政活動が行われた場合、大きく分けて、行政訴訟と国家賠償訴訟の2種類の裁判を提起できる。行政訴訟には主観訴訟と客観訴訟があり、このうち、私たちが自らの権利利益の救済を求めて提起するのは主観訴訟である。主観訴訟は、違法な行政活動の取消しや無効であることの確認（例、自動車運転免許取消処分の取消しを求める訴訟）、行われるべき行政活動がされない場合の違法確認や、それを行うようにする義務付け（例、生活保護を拒否された私人が生活保護決定を求める訴訟や、悪臭を発生させている工場の近隣住民が改善命令を出すよう求める訴訟）、違法な行政活動がされようとしている場合にこれをしないようにする差止め（例、ゴミ処分場設置に反対する住民が設置許可の差止めを求める訴訟）や、行政との間で現在生じている法律関係の確認を求めたい場合（例、入学式・卒業式で国歌斉唱するよう公立学校校長から指示された教員がこれに従う義務がないことの確認を求める訴訟）のように、行政活動の存否や実施・不実施をめぐり争い、自らの権利利益の救済を得ようとする際に提起できる。これらの行政訴訟の類型❶や、訴訟が有効に提起されるための要件、訴訟進行上の手続は、行政事件訴訟法という法律で決められている。

　行政は広く公益の実現にも関わっており、行政活動が適法に行われることは、それ自体重要なことである。それゆえ、本来、司法は、私人の権利利益の救済を行う「法律上の争訟」（裁判所法3条）を役割とするが、行政事件訴訟法は、客観訴訟の定めも置き、行政の適法性確保という客観的法秩序の維持のみのために訴訟を提起できる可能性も開いている。その代表例は、選挙訴訟（例、議員定数不均衡を理由とする選挙の無効を求める訴訟）と住民訴訟（例、地方自治体の違法な財務運営の是正を求める訴訟）であり、これらは、有権者や住民という地

位さえあれば提起できる。

国・地方自治体に対する損害賠償請求――国家賠償訴訟

　違法な行政活動により不利益を被った私人の救済は、行政訴訟による行政活動の存否や実施・不実施をめぐる裁判だけでは実現されないことがある。違法な行政活動によって身体・財産に損害を受けた私人の救済にとって、今さら過去に行われた行政活動の取消判決を得られたとしても、まったく無意味だからである。そこで、違法な行政により私人に生じた損害について金銭賠償を行う、国家賠償訴訟がある。これは、憲法17条❷に基づく国家賠償法によって定められた、国や地方自治体を被告とする損害賠償請求訴訟である。

　国家賠償法は、公務員の違法な公権力の行使による損害賠償請求訴訟（1条1項）と、道路、河川等の国や地方自治体が設置・管理する施設での事故による損害賠償請求訴訟（2条1項）という2種類の訴訟を設けている。これにより私たちは、公立学校の教員がした体罰により児童が負傷したことについての損害賠償や、国道でのトンネル崩落により死傷したことへの損害賠償の請求など、さまざまな問題を争うことができる。しばしば報じられる、公立学校での児童・生徒の自殺についても、それが教職員の指導監督という公務に起因して生じたと考えられるケースであれば、これも国家賠償訴訟として提起し争うことにより、救済を得ることが可能である。

❶行政訴訟の訴訟類型

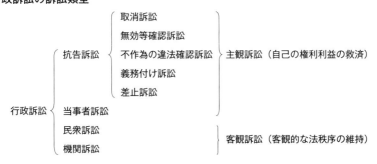

❷日本国憲法17条

　「何人も、公務員の不法行為により、損害を受けたときは、法律の定めるところにより、国又は公共団体に、その賠償を求めることができる。」

Key Word 9　地方自治

行政は国と地方で担われている

　日本国憲法は、「行政権は、内閣に属する。」と定め（65条）、行政権を内閣に担わせている。同時に憲法は、「地方公共団体は、その財産を管理し、事務を処理し、及び行政を執行する権能を有し、法律の範囲内で条例を制定することができる。」とし、地方自治を保障する（94条）。地方公共団体とは、一般に地方自治体と呼ばれる、都道府県・市町村である。このように日本の行政は、国においては内閣、地方においては地方自治体で、それぞれ担われている。

地方自治体の組織編成

　地方自治体は、憲法94条に基づき、地方レベルの行政権を担うとともに、条例制定権という立法権を持つが、司法権は持たず、この点は連邦制と異なる。したがって、地方自治体の組織❶は、行政権と立法権の2部門から成る。行政権は、首長と種々の行政委員会によって組織され、立法権を担うのは地方議会である。国の行政権と立法権の関係が議院内閣制であるのとは違い、地方自治体においては、首長と議員の双方が住民の直接選挙で選ばれ（憲法93条）、二元代表制といわれる。ただし、地方自治体の行政権は、首長が一元的に担う構造ではなく、首長と行政委員会とが役割を分担する点に特徴がある。たとえば、教育委員会は、所管する学校の設置・管理、教員の任免等の人事、教科書の採択などの、教育内容にかかわる決定権限を持つ一方、首長はこれらに関する権限は持たず、教育条件整備に必要な予算執行を担うにとどまる。これは、教育の中立・公平性・民主性を確保するための、地方行政組織相互の役割分担である。

地方自治の2つの柱──住民自治・団体自治

　憲法は、地方自治保障の基本原理として「地方自治の本旨」（92条）を掲げるが、そこには、住民自治と団体自治という2つの自治の原則が含まれている。住民自治は、地方自治体の区域における公共的事務を当該区域の住民の意思で自主的に処理すべきとする原則である。団体自治は、国とは別個の統治団体としての地方自治体の存在を認め、この団体が当該区域内の公共的事務を自主的に処理すべきとする原則である。

　日本国憲法公布の翌年に当時の文部省が発刊した『あたらしい憲法のはなし』の中で、地方自治について、次のような説明がなされている。「日本の国

は、たくさんの地方に分かれていますが、その地方が、それぞれさかえてゆか
なければ、国はさかえてゆきません。そのためには、地方が、それぞれじぶん
でじぶんのことを治めてゆくのが、いちばんよいのです。なぜならば、地方に
は、その地方のいろいろな事情があり、その地方に住んでいる人が、いちばん
これをよく知っているからです。じぶんでじぶんのことを自由にやってゆくこ
とを『自治』といいます。それで国の地方ごとに自治でやらせてゆくことを、
『地方自治』というのです」。ここでは、地方自治が住民自治そのものであるか
のような説明がなされている。このように、地方自治は、住民の人権保障の実
現のために、一国レベルでの民主主義（＝国民主権）に加え、地方ごとの民主
主義（＝住民自治）も保障する統治システムであると言える。

　しかし、住民自治の実現には、住民の受け皿としての地方自治体の自律性確
保が欠かせない。それゆえ、地方自治にとって住民自治は目的であり、団体自
治はその実現手段であるととらえなければならない。沖縄県に負担が集中して
いる駐留米軍基地をめぐる問題や、原発をめぐる国と立地自治体やその近隣自
治体との関係の問題を考えるとき、問題の当事者である地方自治体が国との関
係においてどれほどの自治を保障されているか、考えてみてほしい。

❶地方自治体の組織

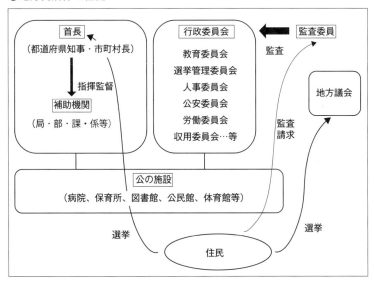

第10章　労働法

Key Word 1　労働法を学ぶ——労働法とは何なのか？

他人の下で働くということ

　想像して欲しい。あなたは来年春から働く会社を探して就職活動をしている。あるとき、面接で、自分の信仰している宗教についての質問を受けた。答えたくないと思う一方で、正直に答えないと採用されるチャンスを逃すかもしれないという不安を感じている。どうするか。あなたは全国チェーンの居酒屋でホールスタッフのアルバイトをしている。先日、店長が、「経営が厳しいから時給を50円引き下げる」という。給料の引き下げには納得がいかないが、ここで働き続けたいという気持ちもある。どうするか。

「他人の下で働く」ことの法的基盤——労働契約関係

　現代の日本に住む私たちが「他人の下で働く」というとき、それは国王の家臣や奴隷としてではなく、自らの有する能力や技術を自らの意思に基づいて他人に利用させ、それによって報酬を得るということを指す。この仕組みが保障されたのはそう昔のことではない。19世紀のヨーロッパ諸国に由来する、私法を中心とする法領域あるいは法理念を「近代市民法」と呼ぶが、近代市民法の下ではじめて、雇う者（使用者）と雇われる者（労働者）との間の関係が当事者の自由な意思に基づいて結ばれる「契約関係」に基づくものであるとされた。このことは同時に、労働者が、使用者と対等の立場で契約（労働契約）を締結する「自由で自律的な人間」と位置づけられていることを意味する。

労働者をめぐる現実

　ところで、現実の社会において、労働者としてのあなたは「自由で自律的な人間」だろうか。冒頭の例でいえば、あなたは採用面接においてプライバシーに深くかかわる事柄について尋ねられたときに回答を拒否することができるだろうか。給料の引き下げに対して「嫌だ」ということができるだろうか。多くの人は、仕事（を得るチャンス）を失いたくないという思いから、使用者の要求に従ってしまうだろうし、使用者の一方的な決定を不本意ながらも受け入れてしまうだろう。そのときに、その労働者は自由で自律的な人間であるといいうるだろうか——答えは否である。このような状態を「従属」しているという。

労働者の自律性を保障する 2 つの手段

それでは、どのようにすれば労働者は、「従属」状態を回復し、自由で自律的な人間となりうるか。

多くの国で、大きく 2 つの手段がとられてきた。ひとつは、法によって使用者の行為を規制するというものであり、他方は、労働者が団結して集団を形成し、その集団と使用者との交渉を通じて労働者の意思や要望を示すというものである。この労働者の団結体を「労働組合」という。このふたつの手段を実効性のあるものとするために、法は、前者については労働者保護のための諸規定を設け、後者については労働組合の結成や使用者との交渉を助成する役割を負うようになる。こういった法の集まりを「労働法」という。

日本の労働法も基本的な構造は同じである。労働者保護のための法律として、労働基準法、労働契約法、最低賃金法、パート・有期法、育児介護休業法等があり、労働組合の活動を助成するために労働組合法や労働関係調整法がある。これらによって労働者の尊厳、生活、健康・安全が守られる。

Column 1　採用の自由と労働者の人権 📖

憲法は基本的人権のひとつとして財産権や経済活動の自由を保障している。それゆえ企業は労働者を採用する際に、誰をどのような条件で雇い入れるかを、法律その他による特別の制限がない限り、自由に決定することができる（三菱樹脂事件・最大判1973・12・12）。これを採用の自由という。

しかし、たとえば企業経営者が、政府抗議デモ参加者を採用しない、性的少数者を採用しないといった方針を立てるならば、就職希望者は政治に関心を持つことや自分の意見を述べ表現することを抑制したり、あるいは、自分にとって自然な性的志向によって苦しみを抱えることになるだろう。それは民主主義を機能不全にし、幸せに生きる自由を奪い、社会の多様性を失わせる。現在、採用面接に際して、思想・信条、家族状況、生活環境、性的志向等に関する質問が指針等により禁じられているが、それは応募者に対する人権侵害および差別の助長を防ぐためである。

Column 2　2018年「働き方改革関連法」とは何か 📖

2018年に成立した 8 本の改正法を指す。改正の目的は、①長時間労働の是正と柔軟な働き方の実現および②雇用形態に関わらない公正な待遇の実現であり、初めて時間外労働の上限を法定する画期的な改正が行われる一方で、時間規制から外れる「高プロ」が導入された（163頁参照）。またパート労働法が改正され、パート・有期法としてパートおよび有期契約労働者と正規労働者との不合理な格差を、労働者派遣法が派遣労働者と派遣先労働者との不合理な格差を禁止する原則を定めた。

Key Word 2　労働条件はどのようにして決まるか

「労働条件」とは何か

どの部署で、何時から何時まで働き、そしていくらの賃金をもらうのか。労働時間、休日、労働時間など、働く際の条件を「労働条件」という。

人は、会社が提示した労働条件を受け入れ、働き始める。このことを法的にいえば、労働者が使用者の提示した労働条件を承諾することで労働契約が成立し、契約関係が開始されるということである。

最低労働条件の法定

一般に、契約とは当事者双方の意思が合致して成立するものであることから、その前提として、両当事者が対等の立場に立っていることが重要である。これを対等決定の原則という。

しかし、現実の社会において、構造的に、労使間の関係が「対等」となることは難しい。基本的には、労働者は、使用者の提示する労働条件を受諾するしかなく、そうした場合には、経済的合理性を追求する使用者の思うがままに低い労働条件を受け入れなければならない可能性もある。そこで、法は、労働条件の最低基準を定め、それを下回る労働条件を労働契約で取り決めた場合には、当該部分について無効になるとした。そして、無効になった部分は法の定める最低基準によって充足されるとする仕組みをとっている。たとえば、10時間の労働時間を労働契約で取り決めたとしても、法の定める1日8時間の上限に抵触するため、10時間と定めた部分は無効になり、その部分は8時間の労働時間に置き換わることになる。あるいは、時給800円で働くことを労働契約で合意したとしても、その金額が地域の最低賃金を下回る場合（2020年度の東京都の最低賃金は1,013円）、その部分は無効となり、最低賃金額に置き換わる。このように、労働者の不利になりがちな労働条件の決定について最低基準を定めることは、憲法の要請に基づく国の義務であり（憲法27条2項）、その水準は、「労働者が人たるに値する生活を営むための必要を充たすべきもの」（労基法1条1項参照）であることが求められている。

労働条件決定の主要なツール＝就業規則

ところで、現代社会において、労働は複数の労働者で集団的に行われることが通常である。そうした場合には、労働条件を統一的かつ画一的に決定するこ

とが経営上効率的である。そこで、日本の企業においては、労働条件を定型的に定めた規則類が設けられている。これを「就業規則」という。

　就業規則は、常時10人以上の労働者を使用する使用者にその作成が義務づけられるものである。労働基準監督署への届出が義務づけられており、その内容について行政的な監督が行われる。またその作成過程において意見聴取という手段により労働者の意見を反映させる仕組みがとられている。

就業規則の2つの効力——最低基準効と労働契約規律効

　職場に就業規則がある場合、そこで働く労働者の労働条件は当該就業規則の水準を下回るものであってはならない。就業規則はその職場における労働条件の最低基準を定める（最低基準効）。たとえば、労働者と使用者が個別に時給1,500円と取り決めたとしても、就業規則において時給2,000円と定められていたならば、当該労働契約の内容は時給2,000円に改められることになる。

　しかし、就業規則の効力はそれだけではない。就業規則の内容が合理的で周知されていれば、同規則の内容は労働契約の内容となる（労働契約規律効）。つまり、時給2,000円と規定した就業規則があり、これを超える金額で個別の取り決めをしない限り、その労働者の時給は2,000円となるのである。

就業規則の内容を一方的に不利益に変更できるか

　ところで、就業規則を変更することによって、使用者は労働者の労働条件を不利益に変更することはできるだろうか。たとえば、会社の経営状態が悪化し、それまでの賃金水準を維持できなくなった場合、使用者は賃金を引き下げることを望むだろう。しかしこれを当然に認めてしまうと、労働条件を労使が対等に決定するという原則にも反するし、なにより労働者の生活が不安定になってしまう。そこで、法は使用者の側の事情と労働者の保護の調整を図り、労働条件変更の必要性が不利益を上回る場合に限り変更の効力を認めている❶。

❶就業規則の不利益変更の際の比較衡量の模型図

労働者の被る不利益　　使用者の労働条件変更の必要性

変更後の労働条件の相当性

労働組合等との話合いの状況　　その他の事情（世間一般の扱いなど）

Key Word 3　労働時間規制——健康の確保、そして仕事と生活の調和

国際水準としての1日8時間労働制

「1日8時間労働制」は、世界共通の水準である。1日8時間労働制は、平均的な労働時間が10時間から16時間であった19世紀に、「仕事に8時間を、休息に8時間を、やりたいことに8時間を」とのスローガンを掲げて展開された激しい労働運動の成果である。1919年には、国際労働機関（ILO）の第1回総会において国際的労働基準として確立された。労働時間の規制は、労働者が心身の健康を保ち人間らしく生きるために重要な役割を負う。

日本の労働時間規制の特徴

日本の労働時間規制の特徴は、①原則として、週40時間および1日8時間を労働時間の上限とし、それに違反する場合には罰則を科していること、②①の労働時間を超えて就労することを、一定の要件のもとで認め、それに対して割増手当の支払いを規定していること、③一定の要件を満たす者について労働時間の規制を除外していることが挙げられる。諸外国では、たとえばドイツのように1日の法定労働時間を8時間と定め、そのうえで法定時間を超える場合を含め総労働時間の最長限度（1日10時間）を設定している国もあれば、アメリカのように1週40時間の法定労働時間を定めたうえで、それを超えた場合には150％の割増賃金を支払うことを求めるにとどまり、罰則による規制を行っていない国もある。また同じく、アメリカでは、一定額を超える給与と法の定める職務に該当すれば、労働時間規制を行わないという仕組みも設けられている（ホワイトカラー・エグゼンプション）。

「労働時間」とは何か

ところで、「労働時間」とは何だろうか。まさに業務に従事している時間が労働時間にあたることは間違いない。問題となるのは、業務に従事する前後に行う作業準備（着替え、清掃、朝礼や準備体操等）のための時間、待機が求められている時間、泊まり込みのビル管理業務などの際の仮眠のための時間が、労働時間にあたるかである。一般的にいえば、労働者の行為が使用者の指揮命令によるものと評価することができるか否かで客観的に定まる。つまり、業務の準備行為などであっても、事業所内において行うことを使用者から義務づけられたり余儀なくされたときは、その時間は労働時間に該当することになる。

時間外労働を適法に行うための仕組み

日本では、8時間を超えて労働をさせた使用者には罰則が科される。しかし、災害などによる臨時の必要がある場合（労基法33条）、または労使協定（労基法36条。条文にちなみ「36協定」という）がある場合には、この罰則を免れる。

そして、労使協定に加えて、労使間の契約や就業規則において、業務上必要がある場合には時間外ないし休日労働を命じることがある旨の取り決めがあれば、使用者は残業を命じる権利（残業命令権）を有し、労働者はそれに従う義務があると解されている（日立製作所武蔵工場事件・最判1991・11・28）。

もちろん、使用者は残業命令権を濫用することは許されないし、残業を命じた際にはその時間に対応して割増した賃金を支払わなければならない。しかし、日本の実態においては、使用者はかなり自由に残業命令権を行使しており、このような仕組みが労働者に過酷な長時間労働を強いる温床にもなっている。また、労働者が残業を行ったにもかかわらず、割増賃金が支払われないといった事態（「サービス残業」、「不払い残業」などと呼ばれる）も少なくなく、社会的に大きな問題となっている。

労働時間規制の対象外となる労働者

自然条件に左右される農業・畜産・水産の仕事、警備員やビルの管理人など監視または断続的な仕事、部長職など上位管理職の管理・監督の仕事、そして高度にプロフェッショナルな仕事に就き一定額以上の年収を得る者（高プロ）は労働時間規制の対象外とされている（労基法41条および41条の2）。

しかし、労働時間規制は労働者を保護するためのもっとも基本的な規制であるから、そこから除外する際には特に慎重でなければならない。管理・監督者が労働時間規制から除外されるのは、これらの者が、経営に関わる仕事をし、労働時間を自らの裁量でコントロールでき、またその地位に応じた処遇（手当等）を受けるのが通常であるため、労働時間を規制しなくても保護に欠けることはないと考えられているからである。これらの実態を備えない管理・監督者は労働時間規制から除外されてはならない。また、高プロは、仕事の成果と従事した時間との関連性が高くないことが時間規制除外の理由とされるが、求められる成果や仕事の仕方が使用者によって決定されるならば過重労働の危険が常につきまとう。法は対象労働者の同意を求め、また健康確保のための諸措置を設けているが、実効性に乏しく、労働時間規制除外の妥当性に疑問がある。

Key Word 4　賃金の保障

法的規制の必要性

　人生の大部分を占める労働は、人の生きがいでもあるが、生活を成り立たせ
ていくための重要な手段でもある。そのため、労働者にとって、労働に見合っ
た賃金を適正かつ確実に受け取ることは非常に重要な関心事となる。

最低賃金の保障

　賃金額は、労働者と使用者との間の契約で決定するのが原則である。しかし
それに委ねてしまうと、労使間の力関係のゆえにその水準が低く抑えられやす
い。そこで、日本では賃金の最低額を保障する最低賃金制度が設けられている。
日本の最賃額は地域ごとに異なっているが、物価や家賃、移動にかかる費用等
を考慮すれば生活にかかる費用に地域間格差はそれほどなく、また現行最賃額
は自立した生活を行うには十分とはいえない。そこで労働組合を中心に、全国
一律最賃額の設定や金額の大幅引き上げを求める運動が展開されている。

差別的な取扱いの禁止

　賃金額の決定・支給にあたって労働者を恣意的に差別することは許されない。
法は、国籍、信条または社会的身分を理由とする賃金差別、性を理由とする賃
金差別のほか、有期・パート・派遣といった雇用形態を理由とする不合理な相
違を禁止している。パート・有期労働者については職務内容やその変更、異動
の仕組みが正規労働者と同一であれば賃金等の待遇において差別してはならな
い（パート・有期法9条）。

確実な受領の保障

　労働者にとって賃金を確実に受領できることは重要である。そのため、法は、
使用者が賃金を支払うに際しては、通貨で（通貨払いの原則）、直接労働者に（直
接払いの原則）、その全額を（全額払いの原則）、毎月1回以上一定の期日を定め
て支払うこと（毎月1回以上一定期日払いの原則）を求めている（労基法24条）。

　問題になるのは、たとえば、労働者がミスで交通事故を起こし社用車を破損
させた場合など、労働者が損害を賠償しなければならない場合に、それを労働
者の賃金から差し引くこと（相殺）や退職金などの放棄を求めることができる
かである。

　まず、原則として賃金の相殺や放棄は許されない。しかし、労基法24条は労

働者保護のための法規制であるから、労働者が自らの真に自由な意思で相殺や放棄に合意した場合であれば、もはや法的保護は不要となり、許されるとされる（シンガー・ソーイング・メシーン事件・最判1973・1・19）。たとえば使用者の交渉態度が威圧的であった場合には、その下での同意は到底「真に自由な意思」ということはできない。また、労働者がなぜ相殺や放棄に合意したか、そのことでどのような事実上、法律上のメリットを享受したかまで考えを及ぼすことが重要である。

退職金の扱い

日本の賃金制度の特徴のひとつに、退職時に、比較的高額の退職金が支給されることが挙げられる。日本の退職金は、それまでの労働に対する功労報償的な意味があることから、勤続年数が長期になるほど金額が高くなる場合が多く、また退職事由によって金額に差異が設けられることもめずらしくない。とりわけ、労働者が懲戒解雇やそれに相応するような理由で解雇された場合には、退職金を全額または一部不支給とするといった扱いが広く行われている。

しかしながら、退職金は賃金の後払いとしての性格を有し、また労働者の退職後の生活保障の意味を持つものであるから、不支給とする場合には、当該労働者の永年の勤続の功を抹消してしまうほどの重大な不信行為があることが必要である。懲戒解雇などに至った経緯や当該労働者の過去の勤務態度、同種の事例における扱いなどを考慮して慎重に判断することが求められる。

Column　有期契約労働者の雇用の安定化　📖

期間の定めのある労働契約の下で就労している労働者を有期契約労働者と呼ぶ。「契約社員」と呼ばれている労働者や学生アルバイトのほとんどが有期契約労働者（かつパートタイム労働者）である。

有期労働契約は期間が満了すれば終了するのが原則である（雇止め）。しかし、過去に何度も反復更新されほとんど期間を定めていないのと同様の状態になっていたり、期間満了後も契約が更新されることを期待させる言動などが行われた場合には、使用者はその労働者を簡単に雇止めすることはできない。

また、契約が反復更新され通算5年を超えた場合、労働者は使用者に対し無期契約に転換するよう申し込むことができ、申込時の契約終了後、自動的に無期契約に移行する。雇用安定化のための措置であるから、合理的な理由なく5年以下の更新上限を設定するなどして無期転換を阻むことは、法の趣旨を逸脱する行為である。

Key Word 5　解雇規制

「解雇」と法的規制

　解雇とは、使用者の側から行う労働契約関係の解約をいう。民法は、労働契約に期間の定めがついていない場合には、労使はいつでも解約の申し入れをすることができると定めている（解雇の自由）。しかし、解雇が労働者の生活や人生に与える打撃はきわめて大きい。そこで法は、解雇の自由を規制している。

解雇が許されない場合

　まず、解雇を行うこと自体が許されない場合がある。

　たとえば、産前産後休業中の女性や労働災害のため休業中の労働者については、その期間中はもちろん、期間終了後30日間についても解雇することができない。これは、解雇の恐怖にさらされず、安心して、出産に備えたり、出産後の身体をいたわったり、あるいは労災によるけがや病気の治療に専念できるようにするためである。また、女性労働者が結婚したこと、妊娠・出産したこと、産前産後休業を請求したことを理由に解雇することも許されない。妊娠中の女性労働者および出産後１年を経過しない女性労働者に対してなされた解雇は原則として無効である。最近、マタニティ・ハラスメントとして、妊娠中の女性に対する解雇などが大きな社会問題となっているが、そのようなことは決して許されないのである。

　また、労働者の活発な労働組合活動を嫌悪して、あるいは労働者の国籍、信条または社会的身分を理由として解雇を行うことも許されない。そのほか、消費者の利益や環境の保全など、国民の生命や身体、財産などを守るために規定されている法律に違反する行為があるとして、労働者が行政機関等に通報（内部告発）を行った場合に、そのことを理由に使用者が労働者を解雇したとしても、そのような解雇は無効である。

解雇を行うための手続

　使用者は、解雇を行う場合には、労働者に対して少なくとも30日前に予告をするか、30日分以上の平均賃金を支払わなければならない（解雇予告）。一定の場合には、解雇予告義務を免除される場合があるが、そのためには、使用者は労働基準監督署長の認定を受けなければならない。つまり、会社の社長が、恣意的に、「お前はクビだ。明日から来なくていい。賃金も払わない！」などと

一方的に宣言して解雇を行うことはできないのである。

解雇に求められる、客観的に合理的な理由と社会通念上の相当性

さらに、法は、解雇には客観的に合理的な理由があることと、社会通念からみて解雇を行うことが相当といえる状況があることを求めている。

また、解雇が、使用者の経営上の理由から行われる場合には（整理解雇）、整理解雇の必要性があるか、解雇回避のための努力をしたか、解雇対象者の人選は妥当であったか、労働組合等と誠実に話し合いを行ったかといった観点から、その適法性が判断される。

有期契約労働者に対する解雇

いわゆる契約社員やパート労働者、アルバイトが締結することの多い有期労働契約の場合、期間満了前に解雇するにはやむをえない事由が必要である。ここでいう「やむをえない事由」とは、期間の定めのない労働契約の場合に求められる、客観的に合理的な理由と社会通念上の相当性よりも、使用者にとってよりハードルが高い。なぜなら、そのように解さないと、契約期間を付した意義が縮減されてしまうからである。有期労働契約は、当該期間においては、より強く契約関係の継続が保障されている。

Column　なぜ解雇は規制されなければならないのか　📖

従来、日本における解雇規制は、終身雇用や年功処遇制度といった雇用慣行を背景に、解雇が労働者に与える過大な不利益を回避するためと説明されていた。しかし、近年では、解雇が労働者の人格に対するマイナス評価や労働による自己実現の侵害といった精神的な不利益を考慮すべき、あるいは、解雇規制は労働者と使用者との間の適切な権利・義務関係を確保するための前提条件であるといった見解が主張され、あらためて、解雇規制の正当化が試みられている。

ところで、日本の解雇をめぐっては、「規制が厳しい」、「解雇規制を回避するため、企業は正社員の採用を控える傾向にある」などと指摘し、雇用の促進のために解雇規制の緩和を求める見解が、一部の経済学者を中心に主張されている。

たしかに、解雇規制が一定の範囲の労働者に対するものにとどまり、かえってそれによって不利益を受ける者（非正規労働者、失業者、新規学卒者等）がいるのは確かであろう。しかし、問題解決のファースト・ベストが解雇規制の全面撤廃であるかは、慎重に考えるべきである。たとえば非正規雇用の利用制限、採用後一定期間の解雇規制の緩和など、他のより穏当で適切な手段も考えられる。それらの検討のない解雇規制緩和の要求はいささか乱暴な議論である。

Key Word 6　職場における健康・安全の保障と補償

健康で安全に働くための法制度

　仕事が原因となって、けがを負ったり、病気にかかったり、あるいは、死亡することを「労働災害」（労災）と呼ぶ。労働者が働いていくうえで、労災を予防すること、そして、労災が起こった場合に法的救済を受けることは労働者の人生にとって非常に重要な意味を持つ。

　労災を予防するために、日本では労働安全衛生法を中心とした法制度が設けられている。また、事後的に被災労働者を救済するために、労働基準法、労働者災害補償保険法に法的救済の手段が設けられている（労災補償制度）。さらに、使用者は、その雇用する労働者に対し健康で安全に働く環境を提供し、そのような環境を維持することに配慮する義務（安全配慮義務）を当然に負っているとされる。安全配慮義務に反したために、労働者が労災に遭ってしまった場合、使用者は民法に基づき金銭的な補償を行う責任を負う。

労災補償制度の基本的な考え方

　労災補償制度が確立されるまで、業務に関連して被ったけがや病気は被災労働者の負担となることが多かった。それは、被災労働者が業務上のけがなどに対して使用者に責任を問うには、けがなどが生じたことについて使用者に故意や過失があることを立証しなければならず（過失責任主義）、このことが使用者に責任追及する際の大きな障害となっていたからである。しかし、産業革命以降の近代工業における労働のあり方が、労働者の身体や生命に危険を及ぼす可能性を増幅させる一方で、容易にその責任を使用者に問えないという状況は社会的に不公平なものと考えられることになった。そこで、19世紀末から、西欧諸国を中心に、労災補償に関する特別法が制定されるようになる。その多くは、業務上のけがなどであれば、原則として、使用者の故意または過失の有無を問うことなく、被災労働者またはその遺族に補償を行うというものである（無過失責任主義）。日本の労災補償制度においても、無過失責任主義がとられている。

労働基準法および労災保険による補償

　労働基準法は、業務上の事由または通勤によって生じた労働者の負傷、疾病、障害、死亡などについて、必要な補償を行う制度を設けている。

　しかし、たとえば化学工場の爆発事故など、大規模な事故が起こり、多数の

労働者が被災した場合、使用者がそれを補償することは大きな負担となる。負担に耐えきれず会社が破産してしまうといった事態になれば、労働者は補償を受けられないという悲惨な事態にもなりかねない。そこで、労働者に対し必要な補償を確実に行うシステムが必要となる。労災保険制度はそのための制度である。使用者はあらかじめ保険に加入し、労災が生じ補償を行わなければならない事態に備えておく。これは強制的なもので、それゆえ、労働者を使用するすべての使用者は労災保険制度に加入しなければならず、その保険料を負担しなければならない。

　労災が生じた場合、被災労働者は労働基準監督署から労災認定を受け、治療に要する費用や休業によって失われる収入、障害が残った場合の介護に要する費用をまかなうための保険給付などを受ける。また、それまで家族の生活を支えてきた者が労災によって死亡した場合には、残された遺族の生活を支えるための保険給付が行われる。

安全配慮義務

　労災に遭った労働者あるいはその遺族は、労災保険給付のほかに、その労災発生について使用者に労働契約上の安全配慮義務違反があるとして、損害賠償請求を行うこともできる（労災の民事賠償）。それによって、労災保険制度では補償されない、被災労働者や遺族の精神的なショック（精神的損害の填補）や保険給付の枠を超える損害の賠償を求めることができる。

Column　過労死・過労自殺 📖

　日本においては、とりわけ1980年代以降、過労死や過労自殺が大きな問題となっている。これらは、職業に内在する有害作用などに長期間さらされることにより生ずる疾病（職業性疾病）のひとつとして位置づけられる労災である。

　過労死は長期間にわたる長時間の業務が主な原因となって発症するくも膜下出血や心筋梗塞などによる死亡を指す。また過労自殺は過重労働や心理的に過度の負担を伴う業務によって精神障害を発症し、心神喪失の状態になった結果として自殺に至るものである。

　過労死・過労自殺の防止は、過労死等に関する調査研究や防止対策の推進等を定めた過労死等防止対策推進法（2014年）、「働き方改革」（2018年、159頁 *Column 2*参照）、パワーハラスメント防止対策（2019年、175頁 *Column*参照）の大きな目的のひとつであった。しかし法を制定しさえすれば問題が解決するわけではない。実効性のある過重労働の抑制、労働時間規制、休息の確保が非常に重要である。

Key Word 7　職場における差別の禁止

職場における差別が許されない理由

　差別は許されない。なぜか。それは、労働者を侮辱し、その尊厳を傷つけ、その人の一生にかかわる深刻な事態を引き起こすからである。憲法14条1項は、すべての国民について、法の下の平等を保障し、人種、信条、性別、社会的身分または門地により差別されないことを明言している。

　この要請は、使用者と労働者の関係においてもあてはまる。職場における差別は、労働者の人格を傷つけるだけではなく、賃金額の決定やキャリア形成にも大きなマイナスの影響を与え、労働者の生涯にわたる不公正な状態を作り出す。こういった状況を克服するために、現在では、労働基準法（国籍、信条、社会的身分等）、男女雇用機会均等法（性）、労働契約法（均衡処遇の一般原則）、パート・有期労働法（パート・有期労働）、労働者派遣法（派遣労働）、雇用対策法（年齢）、障害者雇用促進法（障害）、労働組合法（労働組合員・組合活動）といった法律が差別禁止や均等・均衡取扱いの法ルールを定めている。

性差別の克服

　性差別に関しては、まず女性の賃金が男性に比較して低いという社会的な問題を解決するために、労働基準法が、制定時（1947年）から、女性であることを理由とした差別を禁止してきた。しかし、女性に対する差別は賃金だけにとどまらない。結婚や出産を理由に退職を求める、定年年齢が異なる、キャリア形成に限界がある、といったこともめずらしいことではなかった。こういった問題を法的に解決する法規定がない時代においては、民法の一般原則である公序良俗違反行為の禁止規定を手がかりに、救済を図らざるをえなかった。

　1985年、女性労働者に対する差別を禁止し、その就労を援助することを目的として、勤労婦人福祉法の改正法として男女雇用機会均等法が制定された。もっとも、制定当時、男女労働者を均等に扱うという社会的基盤が整っていないとして、募集、採用、配置、昇進に関する男女均等取扱いは使用者の努力義務とされた。これらについての性差別が禁止対象となるには、1997年の同法改正まで待たなければならなかった。そして、同法は、2006年、女性労働者のみならず、男女労働者のいずれに対しても差別を禁止する法として大きく改正された。現在では、同法は雇用における性差別禁止法としての性格を有する。

正規労働者と非正規労働者の間の格差是正

　最近、非常に大きな問題となっているのが、正規労働者と非正規労働者間の労働条件格差である。パートタイム労働者や有期契約労働者の労働条件とりわけ賃金が低いことは、以前から問題となっていたが、これらの非正規労働形態で就労する者の多くが専業主婦の女性や学生アルバイトであったために、それほど大きく注目されることはなかった。しかし、昨今の非正規労働に従事する労働者層の拡大により、現実的かつ深刻な問題として捉えられるようになってきた。働いても生活することのできるだけの収入が得られない労働者（ワーキングプア）が生じるもっとも大きな原因は、その多くが従事している非正規労働の労働条件の低さにある。

　そのため、2007年以降、関係する諸法律が数度にわたり改正された。現在、パート労働者および有期契約労働者についてはパート・有期法が、派遣労働者については労働者派遣法が、正規労働者ないし派遣先労働者との間に不合理な待遇格差を設けることを禁止する原則を定めている。

　もっとも、禁止される「不合理」な待遇というのはいったいいかなる内容を意味するのか、長期雇用とそのなかでのキャリア形成が予定されている正規労働者と、そうではない非正規労働者との扱いの違いをどのように考えるべきなのか、雇用形態を理由とする格差の是正へ向けて、未解決の問題は多い。

Column　努力義務とは何か 📖

　日本の労働法の法規定のなかには、「〜してはならない。」ではなく、「〜に努めるものとする。」と定めたものも少なくない。前者は禁止規定、後者は努力義務規定と呼ばれている。

　努力義務規定が定められるのは、主に、問題解決のためにある行為を規制する必要はあるが、禁止してしまうにはいまだ社会環境が整っていないと考えられる場合である。たとえば、雇用機会均等法制定時には、男性は仕事・女性は家事という性別役割分担の意識が社会的に根強くあるから、男女平等な採用を行うことを強行的に求めるのは難しいとして、努力義務規定とされた。

　努力義務規定の場合、直接的に、それに基づいて何かを請求するといったことはできない。努力義務規定は、主に、行政機関たとえば労働基準監督署が行政指導を行う際の手がかりとなる。しかし、使用者が問題解決に向けた努力を全く行わない場合などには、不法行為が成立することもある。

Key Word 8　労働組合の意義と役割

労働組合の意義

　労働条件は労使が対等の立場に立って決定することが原則（労使対等決定原則）であるが、労働者が使用者に従属している状況の下では、この原則を貫徹することは難しい。しかし、自らのかかわる事柄について自ら決定しうる状態にあることは、個人を尊重する現代社会において非常に重要である。

　そこで、労使対等決定原則を集団的なレベルで回復するための手段となるのが、労働組合の結成であり、交渉である。そして、その交渉力を支えているのが、争議行為や日常的な組合活動である。憲法は、労働者のこういった活動を、権利として保障している（団結権、団体交渉権、団体行動権＝労働基本権）。

　労働組合の組織形態は国によって異なる。たとえば、ヨーロッパでは産業ごとに組織されることが多いが（産業別労働組合）、日本においては、企業ごとに労働組合が結成されることが多い（企業別労働組合）。また、最近では、非正規労働者を中心に、地域単位で労働組合が結成され、活発な活動が展開されている。たとえば、アルバイトの労働条件の改善や違法行為の是正を目指して、高校生や大学生が地域で労働組合を作る例も出てきている。

労働組合を結成し、活動できる者——労組法上の労働者

　ところで、労働組合を結成することのできるのは誰だろうか。使用者との労働契約の下にある労働者が労働組合を結成しうることは間違いない。問題は、労働契約以外の契約形態で役務を提供している者が労働組合を結成することができるかである。自らの働く条件について決定する権利を集団的なレベルで回復することに労働組合の意義があるとすれば、そこから排除されている者に労働組合の結成を認めることの重要性は高い。そこで、事業組織に組み入れられ、契約内容が一方的に決定されており、そして役務を提供したことに報酬が支払われているといいうる状態にある者が結成する団体は、労働組合として、法的な保護を与えることが適当である。たとえば、プロの野球選手やサッカー選手が作る「選手会」は労働組合である。最近では、インターネット上のプラットフォームを介し役務を提供する者（料理宅配ドライバー等）やコンビニエンスストアのオーナーらが労働組合を作り、作業の安全確保や経営条件等について交渉を求めている。労組法上の労働組合にあたるかは実態から判断される。

団体交渉等に応じる義務のある者——労組法上の使用者

では、使用者とは誰か。たとえば、A社従業員の労働組合がA社の親会社B社に団体交渉を申し込んだ場合、B社はそれに応じる義務があるか。また、C社従業員の労働組合が請負契約によりC社の従業員を利用しているD社に団体交渉を申し込んだ場合、D社はこれに応じる義務があるか。

この点については、直接の契約上の使用者のみならず、使用者と同視できる程度に一定の事項について現実的かつ具体的に支配、決定している者がいる場合には当該事項に関してその者に団体交渉を申し込むことができる。団体交渉の意義や役割を考えれば、団体交渉の相手方を直接的な労働契約関係にない者も含めて捉えることは当然に必要なことである。

団体交渉と労働協約

使用者は、労働組合員の労働条件その他労使間のルールに関する事項については団体交渉に応じなければならない（団交応諾義務）。会社の経営にかかわる事項や未組織労働者の労働条件にかかわる事項も、労働組合員の労働条件にかかわる限りで団交応諾義務の対象となる。また、1つの企業内に複数の組合がある場合には、使用者は、それぞれの労働組合と団体交渉をしなければならないし、いずれかの組合を偏重したり、軽視するなど、組合の方針や組織労働者数の多寡によって差別的な取扱いを行うことは許されない（中立保持義務）。さらに、使用者は団体交渉に際して、具体的かつ説得的な説明を行う、資料を提示するといった手段により誠実に交渉することが求められる（誠実交渉義務）。

労働組合と使用者が結ぶ取り決めを「労働協約」という。労働協約の重要な意義は、それが労働者の労働条件を定めている場合には労働者たる個々の労働組合員と使用者との間の労働契約の内容になるという点である。この仕組みによって、集団的レベルでの対等決定が実現される。

Column　「争議権のない労働協約は集団的な物乞いである」 📖

憲法28条の「団体行動権」には、労働者が争議行為を行う権利（争議権）が含まれている。ドイツの連邦労働裁判所は、ある判決で、「ストライキ権のない労働協約は集団的な物乞いである」と述べた。それは、争議行為が、労働組合にとって要求を実現するための最大の武器であり、団体交渉を有意義に展開するための不可欠の条件であるということを指している。なお、日本の争議件数は1975年をピークとして激減している。

Key Word 9　労働をめぐるトラブルの解決

「助けて欲しい」を実現することの重要性

働くことをめぐるトラブルは多い。

それらは、使用者の法律違反行為であったり、労働者の権利を侵害する行為であったり、使用者が果たすべき義務を果たしていないことから生じている可能性がある。こうしたトラブルを放置すること、我慢をすることは、将来的あるいは長期的に決して良い結果をもたらさない。本人の心身の健康がおかされたり、生命や財産を危機にさらされる危険性があるだけでなく、法の空洞化や労働者の権利の浸食を招きかねない。労働者には自らの権利を主張するさまざまな手段がある。

苦情処理機関の利用・労働組合への相談

職場でトラブルを抱えた場合、上司や、会社内に設置された苦情処理機関に相談することはひとつの方法である。法が企業に対し、社内に苦情処理機関を設置するよう求めている場合もある（パート・有期法や労働者派遣法）。

しかし、会社に直接問題解決を求めることが困難な場合もあるだろう。そこで、労働組合に加入して相談をし、労働組合による団体交渉などを通じてトラブルの解決を図るということも有効な手段のひとつとなる。社内に労働組合がない場合であっても、地域単位で結成されている労働組合などに加入し、そのバックアップを受けながら、トラブルの解決を図る例も少なくない。

使用者に説明を求める

労働契約の内容が明確でないために発生するトラブルも多い。また、なぜそのような労働条件になっているのか、その理由が判明すればトラブル発生を未然に防いだり、実効的な解決を図ることのできる可能性もある。

このような観点から、法は、使用者に労働条件の明示を義務づけ、労働条件の詳細についての書面での確認、そして、その内容について使用者に説明することを義務づけている（労基法15条、労契法4条など）。

行政機関の利用

労働者には、職場に法違反の事実がある場合には、所轄の行政機関に申告する権利が保障されている。使用者は、申告した労働者を報復的に解雇したり不利益に取り扱ってはならない（労基法104条など）。また、労働基準監督署あるい

は労働基準監督官は、労働者の申告がなくても、労働時間や賃金の支払い、安全衛生管理等が適正に行われているかを監視するために現場に立ち入って臨検したり、尋問したりする権限を有し、場合によっては使用者を逮捕する権限を持つ（同101条など）。

　労使間のトラブルを解決するための行政機関もある。各地方労働局に設置された紛争調整委員会では、弁護士や大学教授などの中立的な立場の委員が労使の間に立って紛争解決に向けた話合い（「あっせん」と呼ぶ）を行う。

労働審判制度

　労使間の労働契約上の権利義務をめぐる紛争を、裁判所において簡便に解決する仕組みとして労働審判制度がある。労働審判制度は、地方裁判所において、裁判官1名と労働関係の専門的な知識経験を有する者2名によって構成される合議体（労働審判委員会）によって、原則として3回以内の期日で審理を終結させる制度である。

労働組合にかかわるトラブルを解決する機関——労働委員会

　日本においては、各県ごとに労働委員会という行政機関が設置されている。これは、使用者が労働組合あるいは労働組合員に対して不利益な取扱いをしたり、団体交渉を拒否したり、組合の活動に干渉し支配しようとしたりといった事態（不当労働行為）を解決し、適切な労使関係の回復を図るための機関である。法の専門家などからなる公益委員のほか、労使それぞれの事情に精通した労働者委員、使用者委員の三者で構成されている。

Column　職場からハラスメントをなくす　📖

　性的嫌がらせ（セクシャルハラスメント）や優越的な立場を背景に行われる就業環境を害する行為（パワーハラスメント）は、労働者の性的自己決定権や自尊感情を侵し、心身に深刻なダメージを与える。不本意な離職、精神疾患等の発症、自殺などを引き起こす場合もある。国際労働機関ILOは、2019年、仕事の世界における暴力とハラスメントの撤廃に関する条約（190号）を採択し、ハラスメントがディーセント・ワーク（働きがいのある人間らしい生活）と相容れないことを示した。日本では、セクハラについては雇用機会均等法が事業主の措置義務を規定し（11条。1997年改正で女性労働者を、2006年改正で男女労働者を対象とした）、パワハラについては2019年に改正された労働施策総合推進法が相談窓口の設置や雇用管理上適切な対応をとる義務を事業主に課している（30条の2など）。

第11章　社会保障法

Key Word 1　社会保障法を学ぶ目的

社会保障はなぜ必要か？

　あなたは毎日、どのような生活を送っているだろうか。朝起きて、顔を洗い、衣服を着替え、朝食を食べ、バスや徒歩などで学校に通う。放課後は部活動やアルバイトなどをして、家に帰って夕食を食べ、入浴して就寝する……。

　しかし、考えてみて欲しい。ある日、事故などにあって重傷を負ったり、重い病気になったりしたら、日々の生活はどのように変化するだろうか。もしあなたに子どもや家族がいる場合、あなただけの問題ではなく、子どもや家族の生活にも影響が出ることだろう。入院が必要で会社に行けなくなると、家計が苦しくなり、食費や生活費、子どもの学費などを捻出することが難しくなるおそれもある。

　このように、私たちが生活をおくる中で、生活を困難にしたり困窮を生じさせるような出来事が生じる可能性は、誰にでもある。病気やけがの場合以外にも、たとえば失業や会社の倒産、災害、退職、介護が必要になる場合など、さまざまな例が考えられるだろう。

　こういった場合に備えて、貯金など個人的な備えをしている人も多い。しかし現実には、個人的な努力だけですべての危険をカバーすることは不可能である。さらに、こういった生活上の危険は、一見すると個人的な出来事のようにみえるが、実は社会的な要因によって生じている場合が多いのである。

　生活を脅かすさまざまな出来事にみまわれた場合、あるいは生活困窮に陥った場合に、国や自治体が個人の生活を保障するために、日本をはじめ多くの国々では社会保障制度が設けられている。社会保障制度には、医療、年金、生活保護、介護保険、社会福祉サービスなどのさまざまな制度がある。とくに日本では、日本国憲法25条で定める「健康で文化的な最低限度の生活を営む権利」を具体化するために、社会保障制度が整備されてきた。

　社会保障制度は、私たちの生活と密接にかかわる。ぜひ自分や家族の具体的な生活をイメージしながら学んで頂きたい。

Key Word 2　社会保障の成り立ち

社会保障制度の「前史」

　歴史的にみると、およそ19世紀頃までは、個人の生活は基本的にその個人と家族の責任であると考えられていた。貧困や生活困窮になっても、それは個人の能力や自己責任の問題であると考えられ、国や自治体には何ら義務や責任があるとは考えられていなかった。

　たとえば、世界で最初の公的扶助といわれるイギリスの1601年のエリザベス救貧法や1834年の新・救貧法の時代には、救貧を受ける者は、市民としての権利を剥奪されるなど、他の市民より劣った存在として扱われた。また働く能力がある場合は施設に収容され、強制労働を強いられていた。

　日本でも、明治時代以降、恤 救 規則（1874年）や救貧法（1929年）などの救貧制度がつくられたが、そこでは個人の生活は原則として家族や近隣どうしの助け合いが基本であり、国は例外的にわずかな救貧を恩恵的に与えるだけであった。救貧の内容もきわめて低劣であり、救貧を受ける者は他の市民より劣った扱いがなされていた。また、健康保険法（1922年）や国民健康保険法（1938年）、労働者年金保険法（1941年、後に「厚生年金保険法」）など、現在の社会保険制度の前身ともいえる制度も整備されたが、これらの制度が労働運動や民主主義思想の弾圧のために使われたり、健兵健民政策や戦費調達などの戦争遂行目的のために利用されるなど、戦後の制度とは質的に大きく異なるものであった。

権利としての社会保障のはじまり

　20世紀になってようやく、人間らしい生活をおくることが"人間として生まれながらに有する権利（＝人権）"であって、国にはこれを保障する義務がある、という考え方が国際的に認められるようになった。第二次世界大戦後に設立された国際連合は、1948年に「世界人権宣言」を採択し、すべての国で実現すべき共通の人権の種類の中に、十分な生活水準を保障される権利や社会保障を受ける権利を位置づけた（世界人権宣言22条、25条）。

　このような国際的な人権保障の発展を背景に、日本でも、「健康で文化的な最低限度の生活を営む権利」（「生存権」と称される）が日本国憲法で定める基本的人権の一つとして第25条に位置づけられた。この生存権条項を具体化するため、戦後、日本でもさまざまな社会保障制度が整備されてきたのである。

「生存権」はどのような権利か？

　それでは憲法25条で定める生存権は、どのような内容や特徴もった権利なのだろうか。生存権（25条）、教育を受ける権利（26条）、勤労の権利（27条）、労働基本権（28条）は"社会権"と呼ばれる。大まかに言うと、"自由権"が国家の干渉を排除することによって保障される権利であるのに対して、"社会権"は、国家が積極的に行為することを通じて保障される権利である。そのなかでも25条１項は、すべての社会権規定の総則的な位置にあると考えられている。国民に対して生存権を保障する責任があるのは、国である（25条２項）。国は、社会保障制度を整備することなどを通じて、すべての国民が健康で文化的な最低限度の生活をおくれるようにしなければならない。

　しかし当初は、生存権は単なる政治的な目標を示した条項であって、国民に法的な意味での権利を与えたり、国に何ら法的な義務を負わせるものではないと考えられていた（最大判1948・9・29、「プログラム説」という）。その後、「人間裁判」と呼ばれる朝日訴訟❶が提起され、国民の生存権についての権利意識が高まるとともに、裁判所も生存権規定の法的な効力をみとめる考え方をとるようになっていった。すなわち、朝日訴訟の一審判決は、国が生存権の実現に努力しなかったり、生存権の障害となる行為をしたような場合は「かかる行為は無効」として、生存権の法的な効力を認める立場をとった。朝日訴訟の最高裁も、基本的には古い裁判例と同様の立場をとりつつも、たとえば「現実の生活条件を無視して著しく低い基準を設定する」場合など、憲法25条に照らして違憲となる場合もあることを認めている。現在では、生存権が一切法的効力を有さないという「純粋な」プログラム説はとられていない。

「健康で文化的な最低限度の生活」とはどのような内容か？

　ところで、"健康で文化的な最低限度の生活"とはどのような水準・内容を意味するのであろうか。朝日訴訟の一審判決は、これは「国民が単に辛うじて生物としての生存を維持できるという程度のもの」ではなく、「人間に値する生存」または「人間としての生活」といえるような内容の生活が保障されなければならないと述べている。

　また、"健康で文化的な最低限度の生活"の内容・水準は、政治や予算などに左右されずに確定されるものなのか、それとも政治や予算その他の状況次第で引き下げられたり、変更されたりするのか。この点でも考え方の違いがみら

れる。朝日訴訟一審判決は、これを「客観的に決定しうる（すべき）」ものであり、政治や予算の都合で引き下げられてはならないとした。これに対して最高裁は、この水準は抽象的なもので、政治や予算その他の様々な不確定な要素を考慮する必要があるため、基本的には厚生大臣が決めることができる、という立場をとっている。

　"健康で文化的な最低限度の生活"の内容に関しては、比較的最近の裁判例では、老齢加算廃止や生活扶助の引き下げをめぐる違憲訴訟が各地で提起されている。前者では、原告らは、老齢加算は高齢期の特別需要をまかなうために不可欠なものであると主張し、その廃止によって、冠婚葬祭費などの親類や友人との付き合いのための費用を削らざるを得ず、「孤独」「孤立」状態におかれる高齢者が多く生じていると指摘する。現代における「人間らしい生活」とは何かが問われている。

金銭以外の面での「健康で文化的な最低限度の生活」

　"健康で文化的な最低限度の生活"は、お金の面だけではない。たとえば高齢者や障害がある人の中には、日常生活をおくるために他者から介護を受けることが必要な場合もある。そのような場合に、金銭が支給されるだけは十分ではなく、必要な介護サービスなどが実際に受けられなければ、「人間らしい生活」をおくることはできないだろう。"健康で文化的な最低限度の生活"は、金銭面だけでなく、現物・サービスなどの面でも十分な水準が保障されなければならないのである。

❶朝日訴訟

　朝日訴訟は、結核のため国立療養所で長期療養していた朝日茂さんが、受給していた生活保護の額が低すぎて"健康で文化的な最低限度の生活"がおくれないとして憲法25条や生活保護法に違反すると訴えた裁判である。東京地裁（東京地判1960・10・19）は、朝日さんの苦しい生活実態をみとめ、保護基準が低すぎて違法があることを認めた。これに対して東京高裁と最高裁大法廷では厚生大臣の訴えが認められた（最高裁に上告後、朝日さんが死亡したため、最終的には訴訟終了となった。最判1967・2・14）。同裁判は多くの労働者や低所得者らに支持され、「権利としての生存権」の意識が浸透する契機となった。また、保護基準が大幅に引き上げられるなど、生活保護行政にも大きな影響を与えた裁判である。

Key Word 3 医療保障

医療保障の役割

　病気やけがは、誰にでも起こりうる生活を脅かすリスクである。それは、①病気やけがを治療しなければ、生命・健康が脅かされてしまうし、また②治療費がかかる上に、仕事を休むことになれば収入が中断し、生活が困窮する危険もあるからである。

　病気やけがをした場合に、医療を受けて健康や生命を維持・回復できるように、また医療費の負担や収入の中断によって生活が困窮しないようにするため、公的な医療保障制度が整備されている。医療保障の仕組みは国によって異なる。イギリスや北欧諸国のように、病院や医師を税金による公共サービスとして提供している国々もあるが、わが国では、医療保険制度を中心とした医療保障体制がつくられている。

重要な「国民皆保険」

　わが国では、誰もがいつでも安心して、費用の心配なく医療を受けられるように、健康保険法や国民健康保険法などが定められ、医療保険制度が設けられている。そして、すべての国民が必ずいずれかの公的医療保険制度に入る「国民皆保険」の仕組みが設けられている。

　どの医療保険制度に加入するかは、働き方や年齢によって異なる。会社で働いている人（被用者）とその家族は、健康保険制度の対象となる。公務員は各種の共済組合に加入する。自営業者や仕事に就いていない人などは、国民健康保険制度の対象となる。75歳以上の高齢者は、後期高齢者医療制度の対象となる。

医療保険の仕組み

　次に、医療保険の仕組みを簡単にみておこう。大まかにいうと、(1)医療保険制度に加入し、あらかじめ保険料を支払う、(2)病気やけがをした時には、"保険証"を持って病院や診療所に行き、医療を受ける、(3)かかった医療費の約3割（小学校就学前は2割、70歳から74歳までは原則2割、75歳以上は原則1割）を病院等で支払う、(4)病院等は、医療保険の保険者から残りの医療費の支払いを受ける、といった仕組みになっている。

医療保険による給付——療養の給付、高額療養費など

　医療保険制度は、病気になったりけがをした場合に、必要な治療や医療にかかる費用の一部をカバーしている。また、病気やけがの場合だけでなく、出産や死亡などの場合も費用がかかったり、収入が中断することがある。そのような出産や死亡の場合も、医療保険制度の給付の対象となっている。

　医療に関する給付には、①診察や治療、入院などに相当する「療養の給付」、②患者の自己負担額が重くなりすぎないように、一定額を超える医療費について支払われる「高額療養費」、③病気やけがのために仕事を休んだ期間の所得を保障する「傷病手当金」などがある。出産に関する給付には、①出産に伴ってかかる費用のための「出産育児一時金」、②出産のために仕事を休んだ期間の所得保障として「出産手当金」がある。死亡に関する給付には埋葬料、葬祭費がある。

保険料と「無保険」の問題

　医療保障をめぐる問題として、低所得層などを中心とする「無保険」の問題がある。なぜこのような問題が生じるのか。その要因の1つは、国民健康保険法で、保険料を一定期間を超えて滞納した場合に保険証を返還することが義務づけられていることにある。保険証を返還すると、市町村から保険証の代わりに「資格証明書」が交付される。資格証明書になると、病院等でかかった医療費の全額を、患者がいったん病院等の窓口で支払わなければならず、後で医療保険からその一部が支払われる。保険料を払う余裕のない世帯にとっては、医療費をいったん全額立て替えることは極めて困難な場合が多い。そのため受診を我慢したり、子どもに必要な医療を受けさせないといった深刻な実態が全国で発生した。また別の例として、保険料を滞納している世帯には短期間だけ有効な保険証が交付される場合もある。短期の保険証が期限切れになった結果、無保険となるケースもある。

　こういった問題の背景には、国民健康保険の保険料が高すぎる、保険料の減免制度が不十分であるといった、制度のあり方の問題がある。医療保険制度や保険料の負担の仕組みは、国民の生存権や健康権を保障するという本来の目的を基本として考えなければならないだろう。

Key Word 4　雇用保険

　仕事をして生計を立てている多くの人々にとって、「失業」は、ただちに生活困窮を引きおこしかねない大きな危険の一つである。失業したときの賃金にかわる所得保障制度として、日本では雇用保険制度がある。1946年の制定時には、失業保険法という名称で出発した。その後、高度経済成長期には失業者の再就職の促進という点が重視され、さらにオイルショック期以降は失業の予防という目的も新たに加えられた。これらの新しい目的・内容を反映して、1974年に雇用保険法という新たな名称・内容の制度に改められた。1990年代以降は、男性も女性も、仕事と家庭のあいだで良好なバランスがとれた人間らしい生活が送れるよう、育児休業給付や介護休業給付などが新たに導入された。近年、これらの給付の拡充がいっそう求められている。

失業した時の所得保障

　雇用保険制度のなかで、失業時の所得保障をおこなうことを目的とした給付として基本手当（雇保13条）がある。基本手当を受給するには、原則として①失業した場合に、②離職の日以前の2年間に被保険者期間が12ヶ月以上あることが必要である（雇保13条）。①については、単に仕事を離れるだけではなく、雇用保険法でいう「失業」にあたるかどうかが問題となる。同法でいう「失業」とは、その人が労働の意思と能力を有しているにもかかわらず、仕事に就くことができない状態のことをいう（雇保4条3項）。たとえば、昼間の学校に進学する場合や、専業主婦となって家事や育児に専念する場合などは、この意味での「失業」にはあたらない。「失業」に該当するかどうかについて、公共職業安定所（ハローワーク）において「失業の認定」を受けなければならない（雇保15条）。

　失業には、自分の意思で仕事を辞める場合もあるが、会社の都合などによってやむを得ず仕事を離れなければならない場合もある。経済的不況の時期などは後者のケースが増加する傾向にある。このような場合、自分の都合で離職する場合に比べて失業後の備えが事前に十分にできず、また再就職に向けて求職活動をするにもハンディがあるため、より手厚い保障が必要となる。雇用保険法は、倒産や解雇などにより離職した者（特定受給資格者）や雇い止めや派遣切りなどによって離職した者（特定理由離職者）に対して、支給要件②の一部を緩

和したり、支給期間を長く設定するなどの配慮がなされている。

　基本手当の支給期間は、年齢、被保険者期間、離職の理由などによって異なる。とくに再就職の困難性を考慮して、倒産・解雇によって離職を余儀なくされた者などに対しては、より長い支給期間が定められている。しかし、全体として、基本手当の支給期間が短かすぎるという点では問題がある。実際に、支給期間の期限内に再就職先が決まらない者が多くを占める現状にあるため、失業時の所得保障としての機能を十分に果たせていない面がある。

働き方の変化・多様化と雇用保険

　近年、日本では、若年層を中心に派遣労働や期限付き雇用などの非正規の形態で働く者が増加している。しかし、雇用保険制度やその他の社会保障制度は、正社員として終身雇用されるという旧来型の日本の雇用慣行をモデルにつくられてきた。そのため、制度上、非正規の形態で働く人々を十分カバーできていない、これらの者に対する保障が十分ではないといった問題が生じている。近年の法改正では、雇用保険の適用対象者の範囲が徐々に拡大されており、従来は、適用対象となるには「1年以上」の雇用継続の見込みが要件とされたが、2009年改正で「6ヶ月以上」、2013年改正では「31日以上」へと短縮された。

Column　育児・介護と雇用保険の役割　📖

　育児休業給付や介護休業給付は、雇用継続給付と呼ばれる。育児休業などを取得している期間の所得保障として機能するとともに、これらの休業を取得しても仕事を辞めることなく、休業後に再び職場に復帰できるようにすることを目的としている。育児休業給付金（雇保61条の4以下）は、原則として1歳未満の子を養育するために育児休業を取得する者に支給される。休業前の2年間に被保険者期間が12ヶ月以上あることが要件である。給付額は、休業前の賃金の40％であったが、国の少子化対策などを背景に50％まで引き上げられ、2014年からは最初の180日間は67％まで引き上げられた。介護休業についても同様の改善が必要だとして、引き上げられたところである。

　日本では、とくに男性の育児休業取得率が極めて低い。その理由はいくつかあるが、一つには経済的要因が挙げられる。すなわち育児休業給付の額が低すぎるため、平均賃金が低い女性が育児休業をとり、男性は働いて収入を得ないと家計が維持できないというケースも少なくない。今後、男女共に仕事と家庭の両方について責任分担と両立を可能にしていくため、雇用保険制度のあり方を見直し、改善していくことが課題だといえよう。

Key Word 5　年金

　私たちの生活においては、さまざまな事情から、自分で働いて生活費をかせ
ぐことができない場合がある。たとえば、高齢になって仕事を引退すると、働
いて収入を得ることができなくなる。あなたが学生ならば、家計を支える保護
者が亡くなると、生活が直ちに困難になるかもしれない。そういった場合に、
比較的長期にわたって所得を保障するしくみとして、公的年金制度が設けられ
ている。

「国民皆年金」のしくみ

　日本では、戦時中の1939年に船員のための年金制度が初めてつくられ（船員
保険法）、1941年には労働者を対象とする労働者年金保険法（後に「厚生年金保険
法」と改称）が誕生した。しかし、これらは一部の者のみを対象とするもので、
国民すべてをカバーするものではなかった。

　第二次世界大戦後、1959年に国民年金法が制定され「国民皆年金」が実現さ
れた。これは日本に住んでいる誰もが公的年金制度による所得保障の対象とな
ったことを意味する、画期的な出来事であった。

　当初は、国民年金や厚生年金など縦割り型の制度であったが、1985年の改正
によって「基礎年金制度」が導入され、現在のような二階建ての年金制度が誕
生した。建物に例えると“一階部分”がすべての人が加入する国民年金（基礎年
金）で、その上に“二階部分”として厚生年金や共済年金が上乗せされている。

　国民年金制度には、20歳以上60歳未満の日本に住むすべての者が加入する。
加入する人のことを「被保険者」という。働き方の違いによって、国民年金の
被保険者は３種類に分けられる。会社などで働いている者（被用者）は「第２
号被保険者」として国民年金と厚生年金の両方に加入する。被用者に扶養され
ている専業主婦などは「第３号被保険者」となる。自営業者や仕事に就いてい
ない者など、それ以外のすべての者は「第１号被保険者」となる。

老齢年金──老齢基礎年金と老齢厚生年金

　高齢期に支給される年金のことを老齢年金という。老齢年金は高齢期の最も
重要な収入源であり、現在では高齢期の収入の約７割を占めている。このうち
「老齢基礎年金」は、国民年金法に基づいて、保険料を25年以上納めた者が65
歳になった時から支給される年金である。しかし、保険料を納めなければなら

ない期間が「25年以上」と非常に長いため、必要な期間をみたせず無年金になる者もいた。そこ近年の改正で、この期間は10年に短縮されることになった。老齢基礎年金は、原則として定額（満額で年間約72万円）である。これに対して「老齢厚生年金」は、本人の働いた期間と賃金額に応じて保険料や年金額が決まる。そのため、賃金格差がそのまま高齢期の年金額の格差の大きさにつながっている。

障害年金・遺族年金

　若い人々にとっても公的年金は無縁のものではない。「障害基礎年金」は、働いて収入を得ることが困難な障害がある者に、国民年金法に基づき支給される障害年金であり、65歳未満の者にも支給される。ただし、保険料を納めていない期間が一定以上あると支給されない。「障害厚生年金」は、働いている者が障害の状態になった場合に、基礎年金に上乗せして厚生年金から支給される障害年金である。

　また、家計を中心的に担っていた者が死亡した時に、残された遺族に対して支給される年金を遺族年金という。遺族年金が支給される遺族の範囲は、「遺族基礎年金」と「遺族厚生年金」とで異なり、厚生年金の方が広い範囲の遺族に支給される仕組みとなっている。

公的年金制度の課題

　公的年金制度をめぐる課題の一つに、日本では年金（や手当）だけで最低限度の生活が保障される仕組みになっていないことが挙げられる。代表的な裁判として、「堀木訴訟」がある。視覚障害があり障害年金を受けていた堀木フミ子さんが、離婚して母子家庭となったので児童扶養手当を請求したが、制度上、両方を同時に受けることができなかった。いずれも金額が低く、両方を受けてようやく最低限度の生活ができる程度であった。そこで、両方を併給できないのは、憲法25条や憲法14条の平等原則に違反するとして、裁判に訴えたのである。一審の神戸地裁は、併給禁止規定は憲法14条１項違反であるとして、堀木さんが勝訴したが、最高裁（1982・7・7）では堀木さんの主張を退けた。

　基礎年金制度の導入後の裁判では、障害年金と老齢年金との併給について争われた「宮岸訴訟」がある。資力調査を伴い人間の尊厳を侵害しやすい生活保護だけでなく、公的年金や社会手当制度を通じて最低限度の生活が保障される仕組みが求められている。

Key Word 6 介護保険

介護保険法制定の背景

　私たちの日常生活は、歩く、食事をする、衣服を着る、排泄や入浴などさまざまな行為から成り立っている。高齢になると、生活に必要なこれらの行為を行うために、他者の介護が必要になる場合がある。わが国では、長い間、高齢者の介護を主に家族の負担に頼ってきた。その主な担い手は女性である。しかし、高齢化の進行、平均寿命の長期化、女性の社会進出といった社会の変化にともない、家族だけに大きな負担を負わせることはもはや限界であると認識されるようになった。

　介護保険法は、高齢者に対して介護を社会的に保障するために、1997年に制定された法律である（2000年施行）。高齢になっても自立して尊厳をもった存在として、自己決定に基づき生活できるようにすることが目指されている。同時に同法は、それまでの社会福祉の提供のあり方を抜本的に改革する契機となった法律でもある。

介護保険法を補完する老人福祉法

　介護保険法の制定以前は、高齢者に対する介護等の福祉サービスの提供は老人福祉法に基づき行われていた。老人福祉法の特徴は、市町村が、高齢者の介護などの必要性を判定し、市町村の責任で老人ホームへの入所措置やホームヘルパー派遣などの措置が行われてきたことである。このような仕組みは「措置制度」と呼ばれる。現在も、やむを得ない事由により介護保険法の利用が困難な場合には、措置制度によって補完されることになっている。

介護保険の仕組みと利用手続

　介護保険制度は、従来の「措置制度」の仕組みとは異なり、社会保険の仕組みと「契約」をベースとした制度になっている。すなわち、高齢者自身が施設や事業者と契約を結んで介護サービスを利用し、かかった費用の約９割が介護保険から支払われるというものである。介護保険の利用の流れを大まかにみておくと、次のようになる。

　⑴ 40歳以上の者は、あらかじめ介護保険に加入し、保険料を支払う。

　⑵ 65歳以上の高齢者は、介護が必要になった場合には、市町村に申請し、介護の必要性（＝要介護）の有無と程度について認定を受ける。介護の必要な

程度に応じて要介護1〜5、要支援1〜2の7段階がある。

(3) 要介護（または要支援）の認定を受けた高齢者は、自分が希望する介護事業者や施設と契約を結び、介護サービスを利用する。

(4) 介護サービスの利用にかかった費用の約9割が、介護保険から支給される。高齢者本人は原則として1割を自己負担する。

介護サービスの種類

介護サービスには、施設に入所して利用する「施設サービス」と、自宅で生活しながら利用する「在宅サービス」とがある。施設の種類には、特別養護老人ホーム、老人保健施設などがある。現在、施設の量が十分でないため、全国で30万人もの高齢者が入所待ちをしており、残念ながら、利用者の自己決定にそくしたサービス利用が可能になったとは言い難い状況にある。

在宅サービスには、①ヘルパーや看護師などが自宅に訪問して介護やケアを行うもの、②高齢者が通って利用するサービス、③一時的に施設に入所するサービスなどがある。その他、改正により、地域に根ざした小規模かつ複合的なサービス（地域密着型サービス）などもある。

介護保険の課題

近年の介護保険法の改正動向をみると、高齢化の進展を背景に、主に財政的な観点から見直しが行われている。とりわけ保険給付の「重点化」が進められており、要支援者のホームヘルプ利用などが介護保険給付の対象から除外されている。代わりに、ボランティアやNPOなどの多様な主体が地域で高齢者を支える「地域包括ケアシステム」の構築・拡充が進められている。

しかし高齢者の立場からみると、保険料・利用者負担の引き上げ、受けられる給付の縮小、施設の利用の制限など、制度後退といわざるを得ない内容が少なくない。現在も家族の負担が過重であることは、介護自殺や介護殺人、高齢者虐待などがけっして少なくないことからも明らかである。誰もが費用の心配なく、自分の希望にそくした、尊厳ある高齢期を過ごせるように、制度のあり方を見直していく必要がある。同時に、介護保障について、国や市町村などの公的責任のあり方が改めて問われている。

Key Word 7　児童福祉

増加する児童虐待

　皆さんも、児童虐待による死亡事件など、子どもが痛ましい被害にあったというニュースに接したことがあるだろう。児童相談所での児童虐待の相談対応件数は、1990年には年間1,101件であったが、2018年度には15万件を超え、大幅に増加している。虐待を受けた児童をはじめ、すべての児童が健康で安心した生活をおくれるよう、どのような法的な仕組みが設けられているのだろうか。

児童福祉法にもとづく国・自治体の責任

　児童の福祉に関するもっとも基本的な法律として、1947年に制定された児童福祉法がある。児童福祉法は、児童に関連するすべての施策の基本原理として、①児童が適切に養育され、心身ともに健やかな成長と発達を保障される権利を有すること、②児童がひとしく生活を保障され、愛され、保護されなければならないことを定めている（児福1条）。そして、その責任は、児童の保護者だけが負うのではなく、国と地方自治体にも責任があることが明記されている（児福2条3項）。

要保護児童に対する措置

　先述の児童虐待の場合を例に挙げると、虐待を受けている子どもは、児童福祉法でいう「要保護児童」にあたる。すなわち同法は、親がいない児童や親が養育することが適当ではない児童のことを「要保護児童」と定義している。都道府県や市町村は、その要保護児童が必要としている保護や支援などの措置を、それぞれの児童の必要に応じて講じなければならない。児童福祉法が制定された戦後すぐの時期には、要保護児童といえば親がいない孤児がその大部分を占めていた。しかし現在では、親はいるが養育できない、あるいは虐待のケースのように親が養育することが適当でないという場合が多くなっている。

児童虐待の定義と通報義務

　それでは児童虐待とは、どのような場合を指すのであろうか。児童福祉法を補完する法律として2000年に制定された「児童虐待の防止に関する法律（略称「児童虐待防止法」）」では、児童虐待には①身体的虐待、②性的虐待、③ネグレクト、④精神的虐待の4つの種類があると定められている（児虐2条）。

　虐待を受けている児童や、虐待を受けていることが疑われる児童を発見した

ときは誰でも、市町村や児童相談所などに通告しなければならない（児福25条、児虐6条）。特に保育所や学校、医療・福祉の仕事に携わる者など、子どもに関係する仕事に従事している者や組織は、児童虐待を発見しやすい立場にあることから、できるだけ早期発見に努めるべきだとされている。

　通告があったときは、児童福祉の専門行政機関である児童相談所は、直ちにその児童が安全かどうかを確認しなければならない。緊急性があるときは、子どもを一時的に保護することができる。その後、当該児童や家庭の状況について必要な調査を行い、どのような措置をとる必要があるかを専門的な観点から判定する。

児童福祉施設への入所と親権の制限

　親からの深刻な虐待を受けているケースなど、児童を親から引き離すことが必要な場合もある。児童福祉法では、児童養護施設、乳児院などの児童福祉施設や里親についても定めている。都道府県知事や児童相談所長は、必要な場合には児童を施設へ入所させたり、里親に委託するなど、児童を親から引き離して保護や援助などの措置を行う（児福27条1項3号）。

　このような場合、親が子どもと引き離されることに同意しない場合も少なくない。親には自分の子どもを養育する権利・義務があるので、親が同意しない場合は、原則として子どもを施設などに入所させることができない。しかし、子どもの健康や安全、発達など、子どもにとって最善の利益という観点から施設入所などが必要だと考えられる場合には、家庭裁判所の承認をえて、子どもを施設等に入所させることができる（児福28条）。このほか、親と直接会ったり電話で話したりすることが子どもにとって不利益や悪い影響を与える場合には、面会や通信を制限したり、子どもへの接近を禁止することもある。

親子の再統合と自立支援

　児童福祉法や児童虐待防止法は、これまでに度々改正され、児童虐待への対応や、子どもの安全・保護の仕組みが強化されてきた。最近では、親子の関係を修復し、より良い形で親子を再統合させるための支援も重視されるようになっている。また、同様の被害が繰り返されないよう、加害者に対する教育の重要性も認識されるようになっている。さらに、児童が将来、社会で自立していけるように、児童に対する自立支援施策の充実も求められている。

Key Word 8　障害と社会保障

国連「障害者権利条約」とわが国の状況

　障害がある人に関する法制度は、近年、大きく変化している。2006年に国連で「障害者権利条約」が採択され、障害がある人の人権保障について国際的に大きな発展をみたことが、その背景にある。

　この条約を受けて、日本でも、障害がある人に関するさまざまな法制度の整備や改正が行われてきた。たとえば、2011年には障害者基本法が改正され、2011年には障害者虐待防止法、2012年には障害者総合支援法が制定された。2013年には障害者差別解消法も新設され、2016年に施行されている。

「障害」とは？──医学モデルから社会モデルへ

　そもそも「障害」とはどのような意味だろうか。障害者権利条約では、「障害」の考え方として、個人の身体等の機能や能力といった「個人的」「医学的」レベルで理解するのではなく、社会のあり方によって「障害」が生じるとする、障害の「社会モデル」に立った考え方がとられている。この点は非常に重要である。

　たとえば、足を切断したため自力で歩くことができない場合を例に挙げると、足がないことや自分の足で歩行できないことが「障害」なのではなく、道路や公共交通機関、建物などが十分にバリアフリーになっていないこと、介護などが十分に保障されていないことなどが原因で、通学や通勤、買い物、余暇活動など、他の人達と同様に日常生活や社会生活を送るのに支障が生じるのである。つまり、社会のあり方、「社会的な障壁」が、個人に対して不利益をもたらしたり、個人が能力を発揮する機会を奪っているといえる。このような考え方が、障害の「社会モデル」である。

　日本でも、2011年の障害者基本法改正によって、はじめて障害の「社会モデル」の考え方が法律上で定められた。しかし、身体障害者福祉法、知的障害者福祉法、精神障害者保健福祉法などの個別法のレベルでは、いまだに社会モデルになっているとはいえない。身体障害者手帳の交付要件をみても、身体等の機能や能力に基づいて障害の有無・程度が判定される仕組みが残されている。

自立支援法から総合支援法へ

　障害がある人に関する法制度のうち、生活上で必要な介護などの福祉サービ

スや、就労支援などについて定めているのが「障害者総合支援法」である。

　障害がある人の福祉サービスに関しては、従来は身体障害者福祉法や知的障害者福祉法、精神障害者保健福祉法などの個別法に基づき、市町村が必要な福祉の措置を決定して実施する、いわゆる措置制度の仕組みが用いられていた。その後、社会福祉基礎構造改革によって、2000年以降は、本人が事業者や施設と直接契約を結んでサービスを利用する、「利用契約方式」の仕組みに改められた。2005年に制定された障害者自立支援法は、このような新しい仕組みを採用した法律である。「利用者本意」「自己決定と選択の自由の尊重」を理念にかかげ、障害がある人の地域における自立した生活を支援することを目的とした。また、それまでは障害の種類によって異なる法律に基づいて提供されてきた福祉サービスを一元化し、共通の手続が定められた。しかし同法は、サービス費用の１割を本人が負担しなければならないと定めたため、全国で当事者の大きな反対運動が生じ、各地で同法を違憲とする裁判が提起された。

　2012年には、障害者自立支援法を一部修正した「障害者総合支援法」が制定され、応益負担の仕組みは改められた。なお、家族から虐待を受けている場合など、事業者等と契約を結んでサービスを利用することが困難な場合には、従来と同様に、身体障害者福祉法などに基づいて、市町村が施設入所等の措置を講じることが求められている。

Column　障害者自立支援法違憲裁判で問われたこと ── 費用負担のあり方をめぐって 📖

　障害がある人を対象とする福祉制度の改革では、当事者の費用負担のあり方が大きな問題となった。障害者自立支援法は、それまでの負担できる能力に応じた費用負担の仕組み（「応能負担」）を改め、利用するサービスの量に応じて、利用者に原則１割の自己負担を課す、「応益負担」制度を導入した。この結果、重度の障害があって多くのサービスを必要とする人ほど、多額の費用を支払わなければならなくなった。全国で提起された自立支援法違憲訴訟では、「費用負担が重すぎて人間らしい生活が送れない」、「福祉サービスは人間らしい生活に必要な保障であって『利益』ではない」といった主張が当事者から訴えられた。最終的に裁判は和解となり、応益負担の制度は見直され、障害がある人の家計の負担能力に応じた負担（応能負担）が原則とされるに至った。今後は、費用負担のあり方についても、障害者権利条約に適合するかどうかが問われなければならない。

Key Word 9　生活保護

貧困の拡大と生活保護の役割

　2012年、札幌市で40代の姉妹がアパートで死亡するという事件があった。電気・ガスは止められ、冷蔵庫は空っぽの状態であった。姉は失業中で、病気を患いながら就職活動や妹の世話をしていた。知的障害があった妹は障害年金を受給しており、それが姉妹の唯一の収入源であった。両親はすでに他界し、身近に頼る人もいない状態であったという。

　この事件が示すように、貧困は、私たちの身近で実際に起きている問題である。2015年に発表された国民生活基礎調査では、わが国の貧困率は15.6％で、実に6人に1人が貧困の状態にある。特に、ひとり親世帯の貧困が極めて深刻であるが、子どもや若者、高齢者の貧困も拡大している。貧困は一部の者だけの問題ではなく、誰にでも生じうる生活上のリスクなのである。

生活保護法の目的と無差別平等

　これまで見てきたように、日本では社会保障制度が設けられ、国民が困窮状態にならないようにさまざまな予防策が準備されている。それでも何らかの事情で貧困や生活困窮の状態になってしまう場合がある。そのため、いちばん最後のセーフティネットとして、生活保護制度が設けられている。

　生活保護制度は、困窮の原因にかかわらずすべての者を対象として、憲法25条で定める健康で文化的な最低限度の生活水準を保障する制度である（生活保護法1条）。一定の条件を満たせば、差別されることなく平等に、生活保護を受ける権利が保障されているのである（2条）。

保護の要件――補足性の原理

　生活保護を受給するには、貯金や働いて得た収入など、別に利用できる手段があればそれらを先に利用することが求められる（4条）。そして、それらを利用しても最低限度の生活がおくれない場合に、不足する部分について補足的に生活保護が支給される仕組みとなっている（補足性の原理）。

　問題となるのは、保護を受ける条件として、何をどこまで利用することが求められるのかという点である。たとえば、将来の付添介護の費用のための貯金を保有することが認められた秋田加藤訴訟や、子どもの高校進学のために学資保険をかけることが認められた中嶋訴訟などがある。また、野宿生活者に対す

る差別的な運用が問題となり、本人に働く意思があっても働く場がない場合は、保護を受けることができると初めて裁判所が判断した事例として林訴訟がある。

　家族や親族の扶養はどうだろうか。数年前、芸能人の親族が生活保護を受けていることに対して「不正受給だ」とする大きなバッシング報道があった。しかし、生活保護法では、扶養義務者がいるときに、実際に扶養を受けていれば、その扶養が「優先する」と定めているにすぎない（4条2項）。けっして扶養義務者がいるという事実だけで生活保護が受けられない、という意味ではない。逆に、誤った考え方に基づいて保護を受ける権利が侵害されるとすれば、違法ということになる。

保護の基準

　生活保護には、生活扶助、教育扶助、住宅扶助、医療扶助、介護扶助、出産扶助、生業扶助、葬祭扶助という8種類の保護がある。これらの保護を通じて、健康で文化的な人間らしい生活水準が保障されなければならない（3条）。保護の金額は、毎年厚生労働大臣が、年齢や性別、地域などの必要な事項を考慮して、全国的な基準を決めている（8条）。しかし、実際には個人や世帯ごとに状況が異なるため、画一的に国の基準をそのままあてはめるだけでは不十分である。個人や世帯の個別事情を十分に考慮して、保護が実施されなければならない（9条）。

　2004年からは70歳以上の高齢者を対象とする老齢加算が廃止され、さらに2013年からは生活扶助が平均6.5％、最大で10％引き下げられた。これでは人間らしい生活水準がおくれないとして、全国で審査請求や裁判が提起されている（「生存権裁判」、「いのちのとりで裁判」と呼ばれる）。

生活保護制度の課題──保護を受ける権利の保障のために

　先述の札幌の姉妹孤立死事件では、3度も区役所に窮状を訴えたが、生活保護を受けられないまま死亡したことが明らかになっている。その後も全国で餓死や孤立死事件が何件も起きている。必要な人が、かならずしも必要な保護を受けられていないという実態が生じている。法で定められた保護を受ける権利が、現実には十分に保障されていないのである。

　他方で、生活保護の利用者が増加しているのは、他の社会保障制度の不十分さ、改悪や後退の結果でもある。貧困の問題は、生活保護だけの問題ではなく、社会保障制度をはじめ、生活にかかわるすべての制度の問題なのである。

第12章　外国人と法

Key Word 1　国家と個人

　本書ではさまざまな日本の法について学んできた。ところで、これら日本の法の適用対象となる人は誰であろう。日本人？だとしたら、日本人とはどのような人なのか。日本にいる外国人はどうだろう。そもそも外国人は日本に自由にやってきて滞在することができるのだろうか？　外国人ならどの国の人も一律に同じ待遇が与えられるのだろうか？　グローバル化時代において国境を越えた人の往来は益々増加しているし、自国で迫害を受けて他の国に逃れてくる難民等の数も近年過去最高となっている。しかし、そんな現代でさえ、「人」にとって国境という壁はところどころで頑強にそびえ立っている。日本にいるすべての人が共生できる社会をつくるためにも、外国人は日本の法の下でどのように扱われているのかを知っておきたい。本章では、出入国管理や外国人の人権など外国人に関係する日本の法制度を学ぶ。その前提として、国家と個人の関係、つまり国家の人に対する管轄権や国籍の問題からみていこう。

国家の管轄権

　国家は主権を有する。主権とは、対外的には国家間での独立・平等を意味し、対内的には一定の領域を排他的に支配できる最高権力のことだと説明される。支配は一定の領域内の土地、物、人すべてに及ぶので、領域主権ともよばれる。その領域主権に基づいて、国家は法を制定、適用、執行する権限をもち、この権限を管轄権という。したがって、日本の領域内にいる人ならば外国人も含めて原則すべての人に日本の法が適用されることになる。

例外としての管轄権免除

　この管轄権は、特定の外国人や特定の場所に対しては制限がある。外交官、外交使節団の公館、国家元首、軍隊などである。たとえば、外交官は1961年のウィーン外交関係条約によって、刑事裁判はすべて、民事裁判は不動産や相続など一部事項を除いて免除されるという裁判権免除を与えられている。車で人身事故をおこしても罪を問われないということだ。これらの人々への管轄権免除は、一つには、国の威厳や名誉という側面への考慮からきている。外交官や国家元首などは国を代表する立場の人である。さらに、これらの人が他国で

任務を能率的に遂行できるように免除を認めることが互いの利益のためになると考えられてきたのである。

国外犯への管轄権

逆に、日本の領域外にいる人に関しても、例外的に日本が管轄権をもつ場合がある。刑法第 2 条は、内乱、内乱の予備および陰謀、内乱等幇助、外患誘致、外患援助、通貨偽造および行使等の罪など日本に重大な結果をもたらす犯罪に関しては、これらが国外で犯された場合もすべての者に適用すると定めている。また、第 3 条によれば、現住建造物等放火、私文書偽造等、強制わいせつ、強姦、殺人、傷害、傷害致死など一定の犯罪については、国外で日本国民によって犯された場合にも日本の刑法の適用がある。このように、一定の場合に領域外の人々に対して立法管轄権を及ぼすことは可能であるが、執行管轄権まで当然に有するわけではなく、日本の警察が外国で被疑者を逮捕し日本に連れ帰り裁判にかけることはできない。日本は、そのような人が現いる国に対して、犯罪人引渡しを要求して送還してもらい、司法手続を開始することとなる。

以上のように、例外はあるが、原則的には各国がそれぞれの領域内にいる人に対して、国籍にかかわらず管轄権を有するというのが国際社会のルールである。

Column　外国軍隊構成員の犯罪　📖

日本に駐留する外国軍として日米安全保障条約に基づいて駐留する米軍がある。日米地位協定の第17条 1 項は、米国軍隊の構成員等が日本の領域内で犯す罪について、米国も日本もともに裁判権をもつことを確認し、同条 3 項は、もっぱら米国の財産や安全、米国軍隊構成員等の身体や財産のみに対する罪や公務執行中の作為または不作為から生ずる罪については米国が、その他の罪については日本が、第一次的な裁判権をもつと定めている。これにより、米軍機の墜落や公務上の交通事故などは米国により裁かれるため日本は関与することができない。他方で、米軍構成員が公務外で行った住居侵入や暴行などの犯罪については、日本が第一次的な裁判権をもつが、同条 5 項では、被疑者が米軍人等の場合で身柄が米側にある場合には日本側で公訴が提起されるまで米側が拘禁を行うこととされており、さらに合意議事録によれば、日本側が逮捕した場合でも、当該犯人を釈放し米軍当局による拘禁に委ねるものとするとされている。これらの規定のために、日本が必要な取調べが行えない可能性がある。1995年の日米合同委員会の合意以降、運用による改善がされたが、犯罪が適切に処罰されない可能性は、基地受入地域の住民にとって重大な人権侵害である。

Key Word 2　国籍というつながり

国籍

　日本人と外国人の区別の指標は何であろうか。日本国憲法第10条は日本国民たる要件は法律でこれを定めると規定するが、その法律は国籍法である。つまり、日本国籍をもたない人が外国人であり、たとえ日本で生まれ一生を日本で過ごしたとしてもそうである。同法は出生時に国籍を取得する場合として、①父または母が日本国民であるとき、②出生前に死亡した父が死亡時に日本国民であったとき、③日本で生まれた場合において父母ともに知れないまたは国籍を有しないとき、の三つのケースを挙げている（2条）。①②は血統主義、③は出生地主義の考えによるものである。出生後の国籍の取得は、法務大臣の許可を得て帰化することによって可能であるが、それには一定の条件❶が必要とされる。その条件の一つに以前の国籍の喪失があるのは、外国人が日本国籍の取得をためらう要因となっており、定住や永住をしていても外国人であり続ける選択をする人も多い。血統主義の原則と二重国籍の禁止、つまり、外国人は移民二世三世であっても日本国籍を取得しにくいということは、日本における外国人の権利を考える際に頭に入れておいてほしいことである。

領事保護と外交的保護

　Key Word 1 でみたように、人は現に今いる領域国の管轄権の下にあるのだが、時には国籍というつながりが意味をもつ場合もある。まず、既述のように、国外犯の処罰について国籍国が例外的に管轄権をもつことがある。逆に、自国民の保護のために国籍国が行動することもある。領事関係条約第36条1項は領事保護、つまり、在外領事官は自国民に対して行政的側面から保護や支援を行うことができることを定めているが、この規定は自国領事官にアクセスすることを個人の権利としても保障していると解されている。たとえば、日本人がアメリカで逮捕された場合、その人はアメリカにいる日本の領事にそのことをアメリカ側から通知してもらい、自国領事と面会の機会を得ることができる。

　少々似た言葉として外交的保護といわれるものがあるが、こちらは国家の権利である。つまり、外国人が領域国で違法な扱いを受け、その領域国の国内裁判など利用可能な法的救済手段をすべて尽くしても解決しない場合は、国籍国が領域国に外交交渉を行ったり国際裁判に訴えたりすることができる。これは、

その個人の受けた損害をきっかけとして国籍国自体が損害を受けたという考え
から成り立っているルールであり、個人が国家に外交的保護をしてもらうとい
う権利はなく、逆に個人が要請しなくても国家は外交的保護を行える。

❶国籍法による帰化が認められるための要件

1.引き続き5年以上日本に住所を有する。2.20歳以上で本国法によって行為能
力を有する。3.素行が善良である。4.自己または生計を一にする配偶者その他の
親族の資産または技能によって生計を営むことができる。5.国籍を有せず、または
日本の国籍の取得によってその国籍を失うべきである。6.日本国憲法施行の日以後
において、日本国憲法またはその下に成立した政府を暴力で破壊することを企て、
もしくは主張し、またはこれを企て、もしくは主張する政党その他の団体を結成し、
もしくはこれに加入したことがない。(第5条1項)

Column 1　出生地主義と血統主義　📖

　出生による国籍取得に関して、出生地主義と血統主義のどちらを基本とするのか
は国家の自由であるが、出生地主義はアメリカ、カナダをはじめとした南北アメリ
カ諸国に多く、それはこれらの国が移民の子孫に自国籍を与えて国家形成をしてい
ったからである。ヨーロッパでは、フランス革命と労働移民受入れの伝統をもつフ
ランスが19世紀半ばから条件付での出生地主義をとりいれていたのに対し、ドイツ
は血統主義を維持し続けていた。しかし、同国も2000年に出生地主義を取り入れ（両
親のどちらかが8年以上合法的にドイツに滞在し無期限の滞在許可を有することなどの条件
付）、2014年には一定の場合には二重国籍も可能となった。戦後から70年代半ばまで
に受け入れた外国人労働者（ガストアルバイター）とその後彼らが呼び寄せた家族が
定住し、子孫の代になっても外国人でありつづけていた同国の政策転換は、二重国
籍の禁止と血統主義を原則とする日本にとっても注目すべき動向である。

Column 2　出生後父から認知された子の国籍取得　📖

　出生、帰化以外に認知による子の国籍取得がある。父母が法律婚をしていない状
況での父子関係の成立には、父による認知が必要となるが、認知は出生前に行われ
る場合と出生後に行われる場合がある。母が外国人で父が日本人である場合、出生
前（胎児）認知の場合は国籍法第2条の2項によって子は日本国籍が取得可能である
が、出生後認知された子の国籍取得については、2008年の同法改正以前は準正（父母
の婚姻による嫡出子の身分取得）の場合に限定されていた（旧第3条）。最高裁判決
（2008年6月4日）でこれが憲法の平等規定に反すると判断がされ、現在では準正は条
件とされなくなった（第3条）。

Key Word 3　入管法(1)　入国と在留資格制度

外国人の入国と在留資格制度

　海外旅行に出かけ飛行機を降りたら、私たちは真っ先にその国の入国審査を受ける。旅券を提示し、入国目的などの質問に答える。これは、一般国際法上、個人は自分の国籍国以外には自由に入国する権利をもたず、逆に、国家は外国人を入国させるか否か、またどのような条件で入国を認めるかを決定する裁量をもっているからである。マクリーン事件判決（最判1978・10・4）はそのことを確認し、また、日本国憲法の第22条１項の居住・移転の自由も外国人の入国の自由を保障するものではないと述べた。日本で外国人の出入国や在留について定めるのは「出入国管理及び難民認定法」（以下、入管法）で、日本にいるすべての外国人は同法が定めるなんらかの在留資格を与えられて一定期間日本への在留が認められているのである。在留資格の一覧は入管法の別表上欄に示されている❶。日本はいわゆる移民国ではないというスタンスのため、収益を伴う活動のための在留には特定の技能や資格が必要とされる（別表第一の一、二）。別表第一の三、四および五は働くことを目的としていない在留資格で、その典型である旅行者は「短期滞在」という資格が与えられる。それに対して、別表第二は身分または地位を内容とする在留資格で、これらの資格をもつ人はどんな仕事もできる。別表第一は活動資格、第二は居住資格という。

上陸許可

　日本へ入国するには、原則として有効な旅券の所持と上陸許可の認証をうけなければならない❷。上陸するためには、日本領事官等の査証を受けた旅券の所持が必要である（国相互の約束により査証が免除される場合もある）。外国人は、上陸しようとする出入国港で入国審査官に上陸申請をして審査を受けるが、入国審査官は申請者が上陸のための条件に適合していると認定したときには、旅券に上陸許可の証印をしなければならず、その際に在留資格および在留期間を決定し、その旨も旅券に明示しなければならない。また、外国人は、申請の際には個人識別情報として顔写真と指紋を提供しなければならない❸。

　では、日本へ上陸するためにはどのような条件が必要とされているのだろうか？　それは、１.旅券および査証が有効である、２.日本で行おうとする活動が虚偽なものではなく在留資格のいずれかに該当する（一定の活動に関しては日

本の産業および国民生活に与える影響等が勘案される）、３．在留期間が法務省令の規定に適合する、４．上陸拒否事由（感染症患者、貧困者、一定の刑に処せられたことのある者、麻薬等の不法所持など17項目）にあたらない、である。これからわかるように、日本は、日本にとって経済的負担となるであろう外国人や社会に危害をもたらす可能性のある外国人を入国させないのであるが、これも国家に認められた裁量の行使ということになる。これらの条件に適合しないと最終的に判断された外国人には退去が命じられる（☞ Key Word 5）。

在留資格の変更および取り消し

一度取得した在留資格の変更は法務大臣の許可により可能であるが、「短期滞在」の場合はやむを得ない特別の事情に基づくものでなければ許可されない。同様に、在留期間の更新も可能である。また、在留資格の取得の際に偽りその他不正の手段があった場合は、法務大臣は在留資格を取り消すことができる。

❶入管法別表上欄の在留資格一覧（筆者作成）

別表第一の一	外交、公用、教授、芸術、宗教、報道
別表第一の二	高度専門職（１号、２号）、経営・管理、法律・会計業務、医療、研究、教育、技術・人文知識・国際業務、企業内転勤、介護、興行、技能、特定技能（１号、２号）、技能実習（１号、２号、３号）
別表第一の三	文化活動、短期滞在
別表第一の四	留学、研修、家族滞在
別表第一の五	特定活動
別表第二	永住者、日本人の配偶者等、永住者の配偶者等、定住者

❷上陸とは日本の領土に入ることであり、入国とは日本の領空または領海に入ることである。島国の日本では必ず入国してから上陸することになる。（右の写真の出典：「空港上陸審査風景」法務省平成26年度版『出入国管理』73頁）

❸テロ対策のために2006年の法改正でこの義務が導入された。なお、特別永住者（☞ Key Word 8）や16歳未満の者などは免除されている。指紋押捺について、以前は１年以上在留する外国人に外国人登録証への押捺義務があり（1999年に完全撤廃）、憲法第13条との合憲性が問題となったが、最判1995・12・15は「みだりに指紋の押捺を強制されない自由」を認めながらも、在留外国人の公正な管理という正当な目的に基づくものとして合憲とした。

Key Word 4　入管法(2)　在留資格と外国人労働者政策

戦後の入管令

　現行の入管法の構成の原型は、1951年に占領下で公布された「出入国管理令」である。同令は、日本の主権回復後も法律の効力を与えられ1981年まで存続したが、その第4条1項に1〜16号として在留資格を与えられる者が列挙されていた。外交官や貿易等従事者などの特定の職業や活動とともに、「本邦でもっぱら熟練労働に従事しようとする者」(13号) という文言がある一方で、非熟練労働従事者に関する言及はなく、短期間の非熟練労働のための入国は対象となっていなかった。ただし、「本邦で永住しようとする者」(14号) は、一定の条件に適合すれば永住許可書の交付を受けることができた。

非熟練労働分野での外国人の雇用

　1980年代後半のバブル景気と労働者不足の日本には、短期滞在の資格で入国し、オーバーステイの状態で働いていた外国人も存在していた。当時日本との間で査証の相互免除を行っていたバングラデシュ、パキスタン、イランなどからの入国者が増え日本社会の構成員が多国籍化したが、海外から働きに来る人たちの中には、海外へと移住した日本人 (日系一世) ❶も含まれていた。1989年の入管法改正では不法就労対策のための措置が強化されたが、他方では非熟練労働に従事する外国人が必要となっている社会の現実があり、非熟練労働者受入れが議論され始めた。しかし、政府は、非熟練労働のための在留資格の創設には動かず、既存の在留資格の枠組みの中で対応していくこととなった。

「定住者」

　そのために活用されたのが非熟練労働での就業も可能な「定住者」である。同資格は、基本的に法務省告示が定めるカテゴリーの人々に与えられるもので、当時はインドシナ難民等が対象であったが、1990年に日系人の二世、三世とその配偶者も対象に加えられた❷。日本人の主な移民先の一つだったブラジルでは当時の経済状況の悪さから「デカセギ」を選ぶ日系人が増え、2007年には在日ブラジル人は313,771人になった。多くは派遣や請負という雇用形態で製造業に就業しており、日本の経済状況が変化すると解雇や雇止めにあい生活困難に陥ったため、2009年に日本政府は帰国支援事業を行った。他方で、政府は「日系定住外国人施策に関する基本指針」(2010年) および「行動計画」(2011

年）を作成し、日本で初めて外国人の統合支援策が行われることとなった。

「技能実習」および「特定技能」

1981年の改正で入管令は「出入国管理及び難民認定法」になり、在留資格も整理されたが、そのとき、途上国の経済発展を担う人材の育成という国際協力を目的とした「研修」が創設された。1993年に、研修で得た技術の向上の機会を与えるため、研修後「特定活動」の在留資格で企業と雇用契約を締結し実習を行う仕組みができたが、この制度が悪用されて、研修生への不当な扱いが後を絶たず、2008年には自由権規約委員会からも指摘を受けた。2009年の法改正で、「技能実習」の在留資格を創設し、これまで「研修」で行っていた活動のうち講習期間を除いた実習期間も雇用契約の下で労働者としての待遇が与えられることとなった。しかし、状況はなかなか改善に至らず、2016年の「技能実習適正化法」により、外国人技能実習機構の設立、実習生の送出し国との間での取り決めなど、制度の適正利用のための措置が進められている。

2018年12月の改正で新たに加わった在留資格である「特定技能」は、特定産業分野に属する相当程度の知識又は経験を必要とする技能（1号）や熟練した技能（2号）を要する業務に携わるための在留資格であり、1号は家族の帯同は認められず滞在は5年まで、2号は家族の帯同が認められ滞在の上限はない。「技能実習」を終えた人がこの資格に移行することが想定されており、非熟練労働者が来日して永住する公式の道が開けたと言えるだろう。

高度人材の獲得

他方で、高度な専門的能力を有する外国人の受入れ促進のため、2014年に「高度専門職」が創設された。活動内容を「高度学術研究活動」（1号（イ））、「高度専門・技術活動」（同（ロ））、「高度経営・管理活動」（同（ハ））に3分類し、学歴や職歴等の項目ごとにポイントを設け、ポイントの合計が70点に達すると、優遇措置として複合的な在留活動や配偶者の就労などが認められる。

❶1885年から1963年までに100万人余りが日本から海外へ移住した。多かったのは、中国東北部（約27万人）、ハワイ、ブラジル（各約23万人）である。

❷2018年7月から四世の受入れが始まったが、18歳以上30歳以下で、日本語能力、入国後の生活費用の担保や帰国費用の確保、個人または非営利法人であるサポーターの存在などの要件があり、家族は帯同できず「特定活動」（209頁❷参照）の資格で最長5年の滞在が認められるという厳格な制度である。

Key Word 5 入管法⑶ 出国と退去強制手続

出国と再入国許可

　出国には自発的な出国と強制的な出国がある。外国人が自分の意思で出国しようとする場合は、出国する出入国港で入国審査官から出国確認を受けなければならない。その際、一定の罪について訴追されている者や逮捕状が出ている者などに対しては、入国審査官は出国確認の留保ができる。

　外国人は、在留期間が残っていても出国すれば在留資格を失うのが原則だが、法務大臣から再入国許可を受け旅券にその証印を受けることによって、在留資格を保持したまま日本に再入国することができる。許可を受けていなくても、入国審査官に対し再び入国する意図を表明して出国するときは、再入国の許可を受けたものとみなされる。再入国許可の有効期限は原則5年を超えない範囲内で与えられるが、みなし再入国許可の有効期限は出国日から1年である。再入国は、日本に生活拠点をもつ外国人には非常に重要である。かつて、日本に定住または永住している外国人に再入国許可が与えられなかった事案で、裁判所は「何人も自国に戻る権利を恣意的に奪われない」と規定する自由権規約12条4項を、「国籍国」に戻る権利の保障であり「定住国」は含まないという解釈を示したが（最判1992・11・16など）、自由権規約委員会は、「自国」は自らの国籍国と同義ではなくより広いものだという見解を示した。再入国については外国人を一律にとらえるのではなく、居住歴等をふまえ、日本での生活の必要性や重要性を個別に判断することが必要である。

退去強制と在留特別許可

日本人であればいかなることをしても国外追放にはならないが、外国人はそうではない。旅券をもたないで入国した者、上陸許可等を受けないで上陸した者、在留資格を取り消された者、在留期間が更新を受けないまま経過した後も在留している者、一定の刑罰に処せられた者などは、退去が強制されうる。退去強制手続の流れは❶を参照してほしい。最終的に退去強制令書が出されたら、速やかに送還されることになっているが、直ちに送還できない場合には送還可能な時まで収容が可能である。なお、法務大臣は、退去強制の認定に対する異議申出に理由がないと裁定した場合も、特例として在留特別許可を与えることができる。許可の基準として入管法は、当該容疑者が、永住許可を受けていると

き、かつて日本国民として日本に本籍を有したことがあるとき、人身取引の被害者、法務大臣が特別に在留を許可すべき事情があると認めるとき、という四つの場合を規定しているが、最後のものに関して、法務省は「在留特別許可に関するガイドライン」を作成して考慮すべき要素を示している❷。出入国管理行政では法務大臣の裁量に委ねられている事項があり、上記特別在留許可はその典型であるが、ガイドラインの作成により裁量を狭める方向に動いている。

出国命令

在留期間経過後も滞在している者で、本人が速やかに出国する意思をもって自ら入国管理官署に出頭した場合、一定の条件をみたせば、退去強制対象者とならずに出国命令対象者となり、直ちに放免され出国命令書が交付される。

❶退去強制手続の流れ

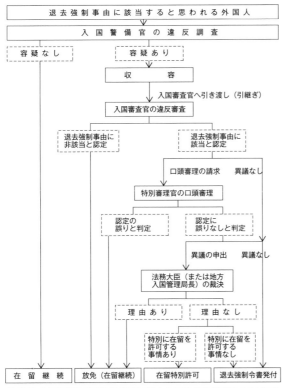

外務省「市民的及び政治的権利に関する国際規約第40条1(b)に基づく第5回政府報告（仮訳）」70頁

❷特に考慮する積極要素、その他の積極要素、特に考慮する消極要素、その他の消極要素を示しているが、特に考慮すべき要素として、日本人の子または特別永住者の子であること、日本人または特別永住者との間に出生した実子を扶養していること、日本人または特別永住者の配偶者であること、日本の初等・中等教育機関に在籍し相当期間在住している実子と同居し当該実子を監護および養育していること、難病等により日本での治療を必要としているかまたはそのような親族を看護することが必要な者であること、があげられている。

Key Word 6　　入管法⑷　退去強制と国際人権基準

国際人権条約の活用

退去強制の対象になる人であっても人権基準を満たした扱いがされなければ
ならない。また、一定期間日本に居住している人には人権面から退去強制が制
限されるべき場合もある。残念ながら日本の法制度はこの点十分とはいいがた
く、参考にすべきものとして国際人権条約とその実施機関からの勧告がある。

収容

*Key Word 5*でみたように、入管法は、退去強制手続において容疑者や退去
強制対象者の収容を可能としている。まず、容疑者の場合は、原則30日以内、
やむを得ない事由がある場合はさらに30日の延長ができる。しかし、自由権規
約第9条1項は恣意的な抑留を禁じており、逃亡のおそれなどがない場合にも
そのような長期の身体的な拘束を行うのは同規約違反の可能性が生じる。また、
直ちに送還できない場合に認められる収容については、「送還可能なときま
で」と期限の定めがない。この点、自由権規約委員会から、「6ヶ月間まで、
また、いくつかの事例においては2年間も」収容される可能性があることを指
摘され、さらに、手錠の使用および隔離室での収容など、出入国管理手続中に
収容されている者に対する暴力およびセクシュアル・ハラスメントに関しての
懸念が表明された。そして、その状況を規約第7条（拷問や非人道的な取扱い等
の禁止）および第9条に合致させるための措置をとるようにと勧告されている
（1998年第4回日本政府報告書に対する最終見解、2014年第6回日本政府報告書に対する
最終見解でも退去強制に伴う収容に関する勧告あり）❶。

送還先の制限

退去強制の場合の送還先は、原則的にその者の国籍または市民権の属する国
であるが、それができないときは入国直前に居住していた国などがありうる。
ただし、国籍国や入国直前の居住国であっても、送還が禁止される場合がある。
難民条約第33条1項に規定する領域の属する国、拷問等禁止条約第3条1項に
規定する国、強制失踪条約第16条1項に規定する国、である❷。日本はこれら
の条約の当事国なので、たとえ日本国内で拷問や迫害を行わなくても、日本の
管轄下にある人を送還することにより送還先でこれらの可能性を与えるとした
ら、送還自体が禁止されるのである。

家族に対する保護、子どもの権利

　親が非正規に入国・滞在していても、滞在国が出生地主義をとっている場合、そこで生まれた子どもは国籍取得ができて滞在は正規なものとなる。その場合、その子どもの保護のために非正規滞在をする親の退去強制が制限される場合がある。自由権規約第17条（私生活等の尊重）や第24条１項（児童の権利）、児童の権利条約の第３条（児童の最善の利益の考慮）や第９条１項（親からの分離の禁止）などがこの問題の関連規定である❸。日本でも近年多くの裁判が起こされている。日本は原則的には出生地主義ではないため、子どもだけ日本国籍を取得することはないが、子どもはある程度の年齢（概ね16歳）まで日本に居住していると、可塑性が低く帰国後国籍国での生活に困難が伴うという判断から、在留特別許可が認められることがある。しかし、同時に、その年齢になると親がいなくても生活可能とされ、親には許可がでない場合が多い。

　❶退去強制対象者は法務省の外局である出入国在留管理庁の下の二つの施設に収容される。一つは長崎県大村市の「大村入国管理センター」で、2019年に３年７カ月収容されていた男性が死亡した。もう一つは茨城県牛久市の「東日本入国管理センター」で、2011年には、食事や医療の改善、長期収容の中止などを訴えて、収容者の一部によるハンガー・ストライキが行われた（写真は後者。「なんみんフォーラム」のHPより）。

　❷難民条約第33条１項「締約国は、難民を、いかなる方法によっても、人種、宗教、国籍若しくは特定の社会的集団の構成員であること又は政治的意見のためにその生命又は自由が脅威にさらされるおそれのある領域の国境へ追放し又は送還してはならない」、拷問等禁止条約第３条１項「締約国は、いずれの者をも、その者に対する拷問が行われるおそれがあると信ずるに足りる実質的な根拠がある他の国へ追放し、送還し又は引き渡してはならない」、強制失踪条約第16条１項「締約国は、ある者が強制失踪の対象とされるおそれがあると信ずるに足りる実質的な理由がある他の国へ当該者を追放し、若しくは送還し、又は当該者について犯罪人引渡しを行ってはならない」。

　❸ただし、日本は第９条１項に、「出入国管理法に基づく退去強制の結果として児童が父母から分離される場合に適用されるものではない」という解釈宣言をしている。

Key Word 7　在留中の外国人の人権

在留制度のわく内での人権保障

　次に、正規に入国し在留している外国人の人権について考えていこう。*Key Word 3*でみたマクリーン事件判決は、「基本的人権の保障は、権利の性質上日本国民のみをその対象としていると解されるものを除き、我が国に在留する外国人に対しても等しく及ぶ」といいながらも、「外国人は憲法上我が国に在留する権利ないし引き続き在留することを要求することができる権利を保障されているものではなく……外国人に対する憲法の基本的人権の保障は、右のような在留制度のわく内で与えられているに過ぎないのであって、在留の許否を決する国の裁量を拘束するまでの保障、すなわち、在留期間中の憲法の基本的人権の保障を受ける行為を在留期間の更新の際に消極的な事情としてしんしゃくされないことまでの保障が与えられていると解することはできない」と述べる。同事件では原告のデモ行進への参加が、法務大臣による原告の在留期間更新の拒否理由の一つであった。この判決は、そのような政治活動の自由や表現の自由は外国人にも保障されるが、その自由の行使により日本にとって好ましくない人物と判断され在留期間の更新が許可されなくても、国の人権保障義務違反は生じないという考えを示した。日本に生活基盤を築いて在留継続を望む外国人は、「等しく及ぶ」はずの自由の行使を自粛するかもしれない。在留期間更新の場合は入国時よりも、許可に関する国の裁量が制限されるべきだろう。

外国人には制限される人権

　では、「その性質上日本国民のみを対象としていると解される」基本的人権とは何であろう。人権には、自由のように前国家的に人々がもつと考えられるものと、国家があって初めて保障が可能となるものがあり、後者は国民が優先される、というのが一つの考え方である。参政権がその代表で、選挙権および被選挙権については、憲法前文および第1条の「国民主権」を根拠に「国民」のみに与えられており、第15条1項❶の「国民」は日本国籍を有する者をさすと解されている。しかし、地方選挙権については、住民としての外国人にも保障する国はあり、日本国憲法も第93条で、その地方公共団体の「住民」による選挙を規定しているので、外国人が含まれる可能性も考えられる。これまでのところ判例は第93条の「住民」はあくまで第15条の「国民」と併せて読むべき

という見解を示しているが、それを前提としながらも、憲法第8章の規定する地方自治の重要性を鑑みて立法府が永住者などに地方選挙権を付与することは憲法上禁止されていないという見解も示された（最判1995・7・28）。

　公務就任権については、1953年に内閣法制局が「当然の法理」として「公権力の行使又は国家意思形成への参画にたずさわる公務員には日本国籍が必要」と述べたことがある。逆にそのような立場にはない公務員には外国人もなることができるということで、現在は多くの地方自治体が、永住者や特別永住者を対象として「公務員の基本原則」に基づいて採用を行っている。

　国家の積極的な政策や施策により実現される社会権も、国家が存在して初めて実現可能な人権である。日本では、社会保障制度のうち国民年金保険や国民健康保険など、加入者による保険料の支払いが伴うものについては外国人にも加入資格が認められているが、無拠出制で全額国庫負担のものに関しては、外国人も一律に給付対象となっているわけではない。たとえば、障害者福祉年金に関して、「限られた財源の下で福祉的給付を行うに当たり、自国民を在留外国人より優先的に扱うことも、許されるべき」という判断が示された（最判1989・3・2）。生活保護法による保護は、1954年以降厚生省通知に基づき外国人にも準用という形で支給されてきたが（1990年以降は対象者が入管法別表第二の在留資格をもつ人に限定）、それはあくまでも行政措置による事実上の保護であり、法に基づく保護の対象ではなく、外国人は同法に基づく受給権は有しないと解されている（最判2014・7・19）。生存権という人間の尊厳にかかわる問題なので、一部の人を排除することが適切かという疑問が残る。

❶憲法15条1項

公務員を選定し、及びこれを罷免することは、国民固有の権利である。

Column　外国人住民会議　📖

　選挙権や被選挙権がない現状でも、自治体行政への参加を通じて外国人住民の声を反映させようという取組みで、川崎市外国人市民代表者会議（川崎市）、地域共生会議（浜松市）、みやぎ外国人懇談会（宮城県）、北九州市外国人市民懇話会（北九州市）など名称や形態はさまざまである。最も古くからある川崎市外国人市民代表者会議は1996年に設置され、公募による2年任期の26人以内の代表が特別職の地方公務員として年8〜9回の会議を行い、結果を市長に報告・提言として申し出るという仕組みで、2017年までに49の提言が出されている。

Key Word 8　二国間条約による特別の待遇

条約による義務としての外国人の特別の待遇

　国は、どの国からの外国人も同じ基準で入国させなくてはならないわけではなく、二国間または多国間で特別の取り決めをすることもできる。古くは幕末期の日米修好通商条約（1858年）等で、日本は開港地に相手国国民の居留を認めることとなった。現在、特別の取り決めが締結される文脈は、戦後処理、安全保障、経済連携とそれぞれである。

入管特例法

　「平和条約国籍離脱者及び平和条約国籍離脱者の子孫」について入管法の特例を定める目的で「平和条約国籍離脱者等入管特例法」が設けられている。第二次世界大戦中に日本の国籍を有していた朝鮮半島および台湾の人々はサンフランシスコ平和条約の発効とともに日本国籍を離脱することとなったが、彼らの中で終戦以前から日本に引き続き在留していた者やその子孫などに、日本でより安定した法的地位を与えるために特別永住者の資格を付与することとしたものである。要件をみたせば特別永住許可が必ず与えられたり、退去強制事由が通常より限定されたり、再入国許可の有効期限は通常よりも長期間が可能であったりする点が、入管法とは異なるところである❶。

日米地位協定

　日米安全保障条約に基づいて結ばれている日米地位協定は、第９条でアメリカが自国の軍隊の構成員および軍属ならびにそれらの家族である者を日本に入れることができることを明記している。そして、軍隊構成員は旅券および査証に関する日本の法令の適用から除外され、軍隊構成員および軍属ならびにそれらの家族は外国人登録および管理に関する日本の法令の適用から除外される。軍隊構成員は、出入国の際に旅券が不要である代わりに、別の身分証明書や旅行証明のための旅行命令書を携帯することが求められる。このように、日本はアメリカ軍隊構成員を入国させる義務を負い、アメリカ軍隊構成員は日本の一般的な出入国管理に服さない。

　また、日本は1954年に国連軍地位協定を国連軍の統一司令部としてのアメリカおよび朝鮮に軍隊を派遣する他の諸国との間で締結した。朝鮮戦争は現在休戦協定が結ばれているが、この地位協定は有効で、これに基づいて現在横田基

地にある国連軍後方支援部に配置されている数名の軍人・軍属についても、日米地位協定と同様に入管法の適用免除が定められている。

経済連携協定（EPA）

いわゆる二国間経済連携協定は両国間の国境を越えた物品・人・サービス・資本・情報のより自由な移動を促進し、経済活動の連携を強化することを目的とするもので、なかには「自然人の移動」という項目を含んでいるものがある。たとえば、シンガポールとの協定では、入国および一時的滞在について、両国は、相手国の、(i)短期の商用訪問者（出張者等）、(ii)企業内転勤者、(iii)投資家、(iv)自国の公私の機関との個人的な契約に基づいて業務に従事する自然人（高度な工学的知識を有し、技術者として雇用される者）のいずれかに該当する人について、在留期間、資格要件など一定の条件および制限の下で、自国の領域への入国および領域内における一時的な滞在を認めている。日本では、彼らは「特定活動」❷の在留資格を得る。

❶戦後、日本と韓国の間では、1965年に「日本国と大韓民国との間の基本関係に関する条約」（日韓基本条約）と「日本国に居住する大韓民国国民の法的地位及び待遇に関する日本国と大韓民国との間の協定」（日韓法的地位協定）が締結された。後者に基づき、同年「日本国に居住する大韓民国国民の法的地位及び待遇に関する日本国と大韓民国との間の協定の実施に伴う出入国管理特別法」（入管特別法）が制定されたが、1991年に彼らの法的地位の強化と朝鮮籍、台湾籍の永住者なども含めた制度構築のため、入管特例法がこれに替わった。

❷「特定活動」とは、法務大臣が個々の外国人について特に指定する活動を行える在留資格である。具体的には法務省告示により定められ、経済連携協定による来日の他、一定の外国人に雇用される家事使用人、ワーキングホリデーによる来日などが含まれる。

Column　経済連携協定に基づく看護師・介護福祉士候補者の受入れ　📖

看護・介護人材を補うために、経済連携協定に基づきインドネシアからは2008年度に、フィリピンからは2009年度に、経済連携協定に基づく日越交換公文によってベトナムからは2014年度に、看護師・介護福祉士候補者の受入れがそれぞれ始まり、2018年度までに3カ国合わせてそれぞれ1,300人と4,302人が入国した。2019年3月の看護師国家試験合格者は、3カ国合わせて69人で合格率は16.3％であった。母国ではすでに資格を有し高い技術をもっている人も少なくないが、日本語の習得が試験合格の高いハードルとなっている。

Key Word 9　難民

難民の定義と認定手続

　本章の最後に、難民について考えたい。ここまで繰り返し登場した一般国際法のルール、つまり、人は国籍国以外に無条件に入国・在留する権利はなく外国人の入国は国家の裁量であるというのは、すべての人はその国籍国では保護されるという大前提の下で成り立つ話である。残念ながら、世界には自国が保護をしてくれないどころか、自国政府から迫害を受けている人々や国籍を剥奪されている人々がいる。このような人々の保護を定めた1951年の難民条約の当事国として、日本も入管法で難民についての規定を設けている。

　難民の一般的な定義は難民条約の第1条A(2)❶に定められており、入管法もその定義を採用している。そのような人が入国時や在留中に難民認定の申請をしたら、必要な場合は仮滞在許可が出され非正規入国・滞在であっても退去強制手続は停止される。審査の結果認定されると定住者の在留資格が賦与されるが、不認定の場合は異議申立てが認められ、その場合法務大臣が学識経験者である難民審査参与員の意見を聴取してから決定を行う。難民と認められない場合には、在留特別許可の可能性が検討される❷。

　2018年の世界中での新たな庇護申請数は約170万件で、そのうち日本への申請は1万人強、そして同年の日本での難民認定数は42人であった❸。日本に難民が少ない原因として、一つには認定基準の厳しさがあるといわれている。難民であることの立証は申請者が行わなければならないが、自国から逃げてきた人が立証に役立つ書類等を携帯していることは稀であるし、記憶が混乱している場合もあるので、立証責任や立証の程度、本人の供述や証拠の信憑性の評価に関して特別の配慮が必要となるが、日本ではそのようになっていない。また、日本では、自国政府から反政府活動等の指導的立場にある者として個別に把握されているとはいえないとして、難民該当性が否定されるケースも多い。

難民の保護

　難民条約は難民に保障すべき諸権利とその水準を示している。たとえば、公的扶助や公的援助は自国民と同一の待遇、賃金が支払われる職業に従事する権利は同一の事情の下で外国の国民に与える待遇のうち最も有利な待遇など、外国人の中では最大限の権利が保障される。また、迫害のある国への送還禁止

（ノン・ルフールマン）という重要な原則も規定されており、これにより、難民条約は国家の難民受け入れ義務を規定していないにもかかわらず、認定国は安全な第三国に移送できない限り難民を受け入れて保護することが必要となる。

❶「……人種、宗教、国籍若しくは特定の社会的集団の構成員であること又は政治的意見を理由に迫害を受けるおそれがあるという十分に理由のある恐怖を有するために、国籍国の外にいる者であって、その国籍国の保護を受けることができないもの又はそのような恐怖を有するためにその国籍国の保護を受けることを望まないもの及びこれらの事件の結果として常居所を有していた国の外にいる無国籍者であって、当該常居所を有していた国に帰ることができないもの又はそのような恐怖を有するために当該常居所を有していた国に帰ることを望まないもの」

❷難民審査の流れ

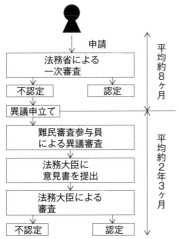

朝日新聞2015年7月21日より作成

❸日本における難民庇護の状況等　(人)

年	申請数	難民		その他の庇護	難民およびその他の庇護合計
		定住難民	認定難民		
1978年		3			3
79年		94			94
80年		396			396
81年		1,203			1,203
82年	530	456	67		523
83年	44	675	63		738
84年	62	979	31( )		1,010
85年	29	730	10( )		740
86年	54	306	3( )		309
87年	48	579	6( )		585
88年	47	500	12( )		512
89年	50	461	2( )		463
90年	32	734	2( )		736
91年	42	780	1( )	7	788
92年	68	792	3( )	2	797
93年	50	558	6( )	3	567
94年	73	456	1( )	9	466
95年	52	231	2(1)	3	236
96年	147	151	1( )	3	155
97年	242	157	1( )	3	161
98年	133	132	16(1)	42	190
99年	260	158	16(3)	44	218
2000年	216	135	22( )	36	193
01年	353	131	26(2)	67	224
02年	250	144	14( )	40	198
03年	336	146	10(4)	16	172
04年	426	144	15(6)	9	168
05年	384	88	46(15)	97	231
06年	954		34(12)	53	87
07年	816		41(4)	88	129
08年	1,599		57(17)	360	417
09年	1,388		30(8)	501	531
10年	1,202	27	39(13)	363	429
11年	1,867	18	21(14)	248	287
12年	2,545	0	18(13)	112	130
13年	3,260	18	6(3)	151	175
14年	5,000	23	11(5)	110	144
15年	7,586	19	27(8)	79	125
16年	10,901	18	28(2)	97	143
17年	19,629	29	20(1)	45	94
18年	10,493	22	42(4)	40	104
合計	71,168	11,493	750(136)	2,628	14,871

＊認定難民のカッコ内は、難民不認定とされた者の中から異議申立の結果認定された数であり、内数。法務省入国管理局作成の表を元に著者作成
出典は、〈http://www.moj.go.jp/content/001290415.pdf〉

第13章　日本の司法制度

Key Word 1　司法

この章で伝えたいこと

　現代社会で生活をおくる上で、市民の権利などに関する主な事項は、法規で定められている。したがって、自身の自由や権利について、侵害され、トラブルが生じた場合などは、関連する法規にもとづいて主張し、必要があれば裁判所に訴えを提起して、実現することが重要になる。しかし、裁判の起こし方や、裁判に関する組織や専門職については、あまり知られていないように思われる。

　この章では、司法のあり方、裁判所と裁判の種類、裁判の原則、紛争解決方法、司法アクセス、実務法律家や、市民の司法参加を概観し、自分がかかわるかもしれない問題として、望ましい司法のあり方を、市民の視点から考えたい。

三権分立の中の司法権

　憲法は、統治機構として、国会（立法権）、内閣（行政権）とともに、裁判所（司法権）を定めており、これら三権は、相互に権限を持ち合い、抑制と均衡の関係に立つ。この三権分立には、権力の集中が圧政を招いた歴史の反省にもとづいて、基本的人権を保障する意義がある。

　司法権は、裁判所に属し（憲法76条1項）、裁判所は、憲法に特別の定のある場合を除いて一切の法律上の争訟を裁判し、その他法律において特に定める権限を有する（裁判所法3条1項）。争いごとは、市民同士の暴力で解決するのではなく（自力救済の禁止）、裁判所に裁定する権限が与えられており、市民が裁判所に訴えを起こし、言葉のやりとりの手続で平和的に解決される。

　裁判所は、違憲審査権を持ち（憲法81条）、国会の制定する法律や内閣および行政機関の命令や規則の憲法適合性を判断する。また、裁判所は行政事件を終審として裁判する（同76条）。他方、国会は、裁判官の非違行為について、議員が裁判官役として弾劾裁判を行う（同64条）。また、内閣は、最高裁判所長官を指名し（同6条2項）、その他の裁判官を任命する（同79条1項、80条1項）。

司法制度と改革経過

　司法は、第二次大戦後、その機能を高める方向で改革された。違憲審査権はその一つである。あわせて、最高裁判所裁判官の任命に民意を問う国民審査制

度が導入された（憲法79条2項）。しかし、経済成長を果たした日本社会に比して、司法にかかわる施設や人員は拡大しなかった。戦前に施行された陪審制度は停止されたままで、法律扶助制度の国庫補助金は限られ、とりわけ地方部で弁護士数は少なかった。刑事事件で国から弁護士を付される国選弁護の対象は起訴後にとどまり、司法への市民参加とアクセスは不十分な状態にあった。刑事司法のあり方は、1980年代に4件続いた死刑冤罪事件で問題視された。

　1990年代に、市民の自由と権利の救済に役立つ司法を求める声は高まりを見せ、弁護士会の司法改革宣言、経済界の規制緩和とグローバル化への対応要請とあいまって、司法制度改革は政治課題となり、内閣に司法制度改革審議会が設置されるにいたった。審議会では、市民の視点から、力強く国民的基盤に立つ利用しやすい司法を念頭に、必要な改革が議論された。その結果、司法制度、法曹制度、市民参加の主な3本柱の下に、民事、行政、労働、刑事裁判制度、ADR（裁判外紛争解決手続）、司法アクセスを推進する日本司法支援センターや、実務法律家の質と量を向上させる法科大学院制度、罪の重い刑事事件の裁判に市民が参加する裁判員制度の創設などの改革が進められた❶。

　以上の司法制度改革をめぐっては、改革理念、法曹人口の増員、法科大学院、裁判員制度、日本司法支援センターその他の各分野の新たな制度と、その運営のあり方のほか、改革が十分に進まなかった事項を含めて、評価が分かれる。どの見解に立つにしろ、法的問題が生じた場合に実効的な救済を受けられるように、司法のあり方を市民の視点から継続的に検討することが重要であろう。

　国際的に通用しうる公正な裁判の実現や（「人質司法」と称される刑事訴訟手続の改善や国際仲裁の活性化など）、最先端技術の活用（裁判のIT化、AIのサポートやODR（オンライン紛争解決手続）など）も、課題となっている。

❶司法制度改革の3本柱

司法制度	法曹制度	市民参加
・民事司法制度の改革とADRの拡充 ・司法アクセス（日本司法支援センター） ・行政訴訟制度の見直し ・刑事司法制度の改革	・法曹の質と量の拡充（法科大学院制度） ・裁判官、検察官、弁護士制度の改革 ・隣接法律専門職の活用	・刑事裁判への参加（裁判員制度） ・検察審査会の議決への法的拘束力付与 ・裁判官の選任（裁判官指名諮問委員会）

Key Word 2 裁判

法廷傍聴のすすめ

裁判の手続は、裁判所へ赴いて法廷を傍聴すると、実感をもって学ぶことができる。とりわけ裁判員裁判は、一般の刑事裁判よりも、市民から選ばれた裁判員に配慮して分かりやすく、お薦めである。各地方裁判所のウェブサイトに裁判員裁判の開廷日が掲載されているので、チェックしてから赴きたい。

裁判所の種類と審級

裁判所は、司法権の担い手で（憲法76条１項）、最高裁判所、高等裁判所（本庁８、支部６）、地方裁判所（本庁50、支部203）、家庭裁判所（本庁50、支部203、出張所77）、簡易裁判所（438）からなる（裁判所法２条１項❶）。

裁判は、基本的人権の保障を目的とすることから、慎重、公正な判断を行うために三審制が採用されている。第一審の裁判所の判決に不服のある場合は第二審の裁判所に不服申立て（控訴）を、第二審の裁判所の判決に不服のある当事者は第三審の裁判所に不服申立て（上告）を、それぞれ行うことができる。家事事件や少年事件の審判手続でも、抗告、特別抗告などの三審構造がとられている。第一審裁判所は、事件で争う金額や規模に対応して異なる。たとえば、140万円までの金額を争う民事事件や軽微な刑事事件は、簡易裁判所が第一審になる。少年事件と家事事件は、原則として家庭裁判所が第一審である。

裁判の種類

裁判は、事件と手続により種類が分かれる。事件別には、市民の間の争いは民事裁判で、法律上守られるべき利益（法益）を侵害した犯罪は刑事裁判で、それぞれ解決される。たとえば、物を盗まれた場合は、物の返還や金銭賠償を求める民事裁判と、窃盗罪での処罰を求める刑事裁判が、ともに行われうる。

裁判の種類は、訴訟、調停、審判に大別される。訴訟は、紛争を、当事者の関与の下で、法廷での裁判により解決する手続である。民事訴訟は、私人間の紛争について、双方の言い分を聴き、証拠を調べて、最終的に判決によって解決を導く。行政訴訟は、行政庁の権限行使に対する不服などにかかわる紛争の解決をはかる。刑事訴訟では、国の法益の侵害について、検察官が被疑者を起訴し、その犯罪事実の認定を裁判所が行い、有罪の場合に刑罰を科する。

調停は、裁判所の調停委員会（裁判官と調停委員）のあっせんにより、紛争を

話しあいで解決するための手続で、事件の種類により、民事調停と家事調停に分かれる。審判は、裁判官が事情を調べて判断する手続で、家事審判と少年審判に分かれる。そのほかに、労働審判では、労働審判委員会（裁判官、労働審判員）が調停を試みて、まとまらなければ必要な判断（労働審判）を行う。

裁判の原則

　裁判所の決定は、国家権力を背景に強制執行されうるため、市民の権利と自由の保障の見地から、できるだけ公正に行われる必要がある。そのために、裁判の主な原則として、当事者主義、口頭主義、直接主義、公開主義が設けられている。当事者主義で、裁判の証拠提出や主張などは、裁判を起こす側（民事で原告、刑事で検察官）と起こされる側（民事で被告、刑事で被告人）が主導して行う。裁判官が主導する職権主義は、訴訟手続の進行や、審判にほぼ限られる。口頭主義で、公判手続は口頭で行われる。直接主義で、裁判官は、公判廷において直接取り調べた証拠のみにもとづいて事実を認定し、判決を行う。公開主義では、公判手続と判決手続は、原則公開で行われ（憲法82条）、調停や審判は原則非公開である。

　ただし、実際の裁判では、事件により、当事者は証拠などの点で必ずしも対等ではなく、書面が多用される傾向にあり、裁判官は裁判中にしばしば異動する（「弁論の更新」で公判手続は部分的にしか同席しない別の裁判官が判決を書く）。また、原則非公開の手続がある（民事の弁論準備手続や刑事の公判前整理手続）。

❶裁判所の種類と審級

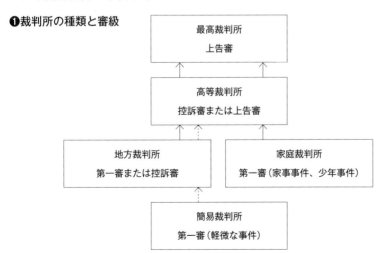

Key Word 3　訴訟

訴訟のあらまし

　民事訴訟では、訴訟を提起する原告、提起される被告ともに私人または企業等である。刑事訴訟では、原告にあたるのは国を代表して法益侵害に対して公訴を提起する検察官、被告にあたるのは被告人となる。それぞれ、訴えを起こす側が、自らの主張を裏付ける証拠にもとづいて、事実の認定を裁判所に求める。裁判所は、民事訴訟で、当事者双方の言い分にもとづいて、立証責任を分配し、原告側の主張を認める場合に法令の適用と損害賠償額の算定などを行う。刑事訴訟では、検察官に立証責任を課し、無罪推定の原則の下、被疑者が有罪かどうかを認定し、有罪であると認める場合に法令の適用と刑の量定を行う。

　生活の上で、貸金や賃金の不払い、交通事故で保険により補償されない場合や、夫婦の協議で離婚を合意できない場合など、何らかの問題に直面した場合は、裁判所に民事訴訟を起こすことで、解決をはかることができる。民事訴訟は、訴状の裁判所への提出に始まり、弁護士や司法書士に代理を依頼するほか、自分で情報を集め裁判所で手続を教わって裁判を行うこともできる（本人訴訟）。もし自分が裁判を起こされた場合は、身に覚えがなくても、争わなければ敗訴するため、訴状の送付元である裁判所に急いで問い合わせる必要がある。

自由心証主義と訴訟法による規律

　訴訟で重要な原則に、証拠裁判主義（民事訴訟法179条、刑事訴訟法317条）があり、事実の認定は証拠によらなければならないとする。また、自由心証主義（民事訴訟法247条、刑事訴訟法318条）の下で、裁判所が証拠にもとづいて事実認定を行うにあたり、証拠の証明力の判断は裁判官の自由心証に委ねられる。証明力は証拠が裁判官の心証を動かす力を、心証は内心的判断を、自由心証は法律の形式的な拘束を受けないが裁判官の良心に従った合理的判断を、それぞれ意味する。

　以上のとおり、裁判は、証拠にもとづく裁判官の判断でほぼ決まる。裁判官も人間であり、できるだけ誤った判断をしないよう、裁判の公正さを保つために、憲法と訴訟法は多くの規定を置いている。すなわち、裁判官の職権行使の独立（憲法76条3項）、自身の関係する事件を担当しない中立性（親族等の関係者の事件から外れる除斥、当事者の申立てによる忌避、裁判官自ら事件担当を控える回避）、

当事者の言い分の聴取、法定の手続の保障（憲法31条から40条まで）や、証拠にもとづく判決であることを証明するとともに上訴の基礎をあたえるための判決への理由付記などである。

多様な紛争解決方法

近年は、最終的に訴訟による黒か白かをつける一刀両断的な解決のほかに、柔軟な形式の紛争解決手法が取り入れられつつある。民事訴訟法改正（1998年施行）により、小額訴訟手続（60万円以下の争いの場合の簡易な裁判手続）、弁論準備手続（争点および証拠の整理を目的として口頭弁論とは別に行われる原則非公開の手続）、電話会議システムや、ラウンドテーブル法廷が導入された。

そのほかに、医療や建築などの事件における専門的知見の導入（専門委員制度）、知的財産高等裁判所の設置、被害者の見方や意見への配慮（意見陳述、少年審判の一定事件での傍聴、刑事裁判での被害者参加など）や、ADR（裁判外紛争解決手続、裁判所での調停や和解を含む）なども進められている。ADR は、交通事故のほか、医療過誤、金融、震災後の紛争や、原発災害補償でも利用されており、話しあいを経て当事者の納得できる迅速な解決が目指されている。

Column 日本人は裁判嫌い？ 📖

日本の民事訴訟率は、諸外国に比して低いことで知られる（2000年前後の10万人当たりの民事訴訟第一審新受件数で、アメリカ5411.9件、イングランド＆ウェールズ3602.7件、ドイツ2287.0件、フランス1110.7件、日本373.5件）。

日本の民事訴訟率の低さの理由をめぐり、さまざまな議論がある。文化説は、「わが国では一般に、私人間の紛争を訴訟によって解決することを、ためらい或いはきらうという傾向」（川島武宜）があることに注目し、権利・義務の不明確、不確定さによる友好的な「協同体」的関係を重んじる日本人の法意識や、日本社会の歴史的、伝統的な社会構造を、訴訟率の低さの主な要因とする。

制度説は、日本人の「裁判嫌い」には根拠がなく、訴訟遅延、裁判費用の高さや、裁判官、弁護士数の少なさなどの制度的な要因に根拠を求める。

そのほかに、予測可能性説は、交通事故紛争の日米比較で、紛争当事者が裁判の結果を等しく予測できる場合が多いことを挙げる。紛争管理説は、紛争を管理し事件を訴訟外に誘導しようとする裁判所の意図的な努力を指摘する。

あなたはいずれの説に説得力を覚えるだろうか。弁護士増員の進む中、過払い金返還請求を除いて裁判件数の伸びは少なく、制度説の真価が問われている。

Key Word 4　司法アクセス

司法アクセスの意義

　たとえ立派な法律があっても、その法律を知り、権利を主張し、問題を解決できなければ、食べられない絵に書いた餅のようなもので、意味はない。たとえば、知人と物や金銭の貸し借りをめぐるトラブルが生じた場合は、返すよう相手に主張し、共通の知人などに仲介を頼んで解決を試みるであろう。それでも返してくれなければ、自分にどのような権利があるのか、本やインターネットで調べ、弁護士や司法書士に相談し、アドバイスを受けて、相手に主張する。それでもトラブルが解決しないときは、自分でまたは弁護士や司法書士に依頼して、裁判所へ訴えを起こし、判決を求めることになる。

　しかし、自分の抱えているトラブルが法により解決できるか、弁護士や司法書士がどこにいるか、何を専門にするか、いくらお金がかかるか、どのように訴えを起こしたらよいかなど、分からないことは多いのではないだろうか。痴漢などの罪を犯したと疑われ、または人にけがをさせるなどして、逮捕されることもありうる。警察の留置場に入れられ、取調べを受けた場合に、弁護士の依頼を含めてどのように対応したらよいのか、裁判を含めてどのように訴訟手続が進むのかなど、不安は尽きないであろう。成人になると、裁判員や検察審査委員に選ばれ、刑事事件の判断をする側に回るかもしれない。したがって、生活の上で、刑事訴訟手続の基礎的な知識も備えておくことが望ましい。

司法アクセスのバリア

　トラブルに直面して、紛争をどのように解決するのかは、市民にとって生活にかかわる重大事項である。弁護士や司法書士に法律相談を行い、事件を依頼し、裁判所に解決を求めることは、裁判を受ける権利として、憲法上保障されている（憲法32条）。しかし、司法アクセスにはさまざまなバリアがあると指摘される。すなわち、法律手続に対応してくれる実務法律家や裁判所が身近にいる・あるか（距離のバリア）、法律相談や訴訟を行うお金があるか（費用のバリア）、どこに行けばどのような法的サービスを受けられるのか（情報のバリア）、裁判所や法律事務所は近寄りがたく法による紛争解決を避けたいという思い（心理的なバリア）などである。

　距離のバリアについて、弁護士が大都市に偏在する傾向は続いており、裁判

官、検察官が常駐していない支部は数多い。費用面のバリアについては、資力の十分でない市民は、法律扶助により法律相談は無料になるが、裁判の代理を弁護士に依頼する費用などは立て替え払い制で、後で支払わなければならない。情報、心理面の司法アクセスのバリアの軽減も、課題であり続けている。

弁護士・司法過疎対策

距離のバリアは、弁護士、司法書士の不足（弁護士、司法書士過疎）、裁判所を含めた司法サービス全般の不足（司法過疎）にかかわる。これらの司法に関する過疎（地域社会に疎らにしか法サービスがない状態）は、1990年代に、弁護士会で、地方裁判所支部（全国203ヶ所）の各範囲に弁護士が0人か1人（ゼロ・ワン）しかいない地域が3分の1以上を占めることが明らかにされ（1993年秋時点で計74ヶ所）、弁護士過疎対策が進められた。弁護士会では、法律相談センター増設のほか、2000年代に、ひまわり基金法律事務所（弁護士会の支援による弁護士任期付き常駐事務所）が開設された（2019年までに累計120ヶ所）。司法書士会も、司法書士の少ない地域への開業者を支援する。

2006年には、総合法律支援法にもとづく日本司法支援センター（独立行政法人に準じた国の組織、愛称は法テラス）が開所し、法に関する情報提供、法律扶助、国選刑事弁護（被疑者段階を含む）、犯罪被害者援助とともに、司法過疎対策を行っている。弁護士数増加や弁護士法人の司法過疎地への従たる事務所の設置とあいまって、弁護士ゼロ・ワン地域は2011年末までにほぼ解消した。

Column 司法と福祉の連携 📖

司法アクセスは、地方部のみでなく、東京や大阪のような大都市部でも問題になっている。弁護士会が大都市部で運営するいわゆる都市型公設法律事務所では、資力の十分ではない市民や、外国人など、法サービスを受けにくい依頼者を主に対象にしている。法テラスで勤務する弁護士（スタッフ弁護士）は、意思疎通困難な住民の法律問題に福祉職と連携してあたる活動を行っている。

地域を問わず、司法への「アクセス障害」は存在する。高齢者、障害者は概して法サービスを利用しにくい環境にあり、しばしば被害に遭うものの、弁護士を使う発想がなく、使い方が分からず、ときに被害意識もないため、弁護士とつながりにくいことが指摘される。福祉の「ソーシャルワーク」を援用し、「司法ソーシャルワーク」と称して、弁護士が他の社会資源など（福祉・医療関係者（社会福祉士、自治体や関連団体職員、医師、看護師、精神保健福祉士など）や機関、支援者）との関係を調整して依頼者がより豊かに生きられるように取組みが、模索されてきている。

Key Word 5　法曹養成

従来の法曹養成制度

　法曹（実務法律家）になるためには、原則として、司法試験に合格し、司法修習を終了しなければならない。司法試験合格者数は、1960年代半ばから1990年まで500人程度で推移し、同時期の日本の人口増加、経済成長と裁判事件数増加に見合った増員はなされなかった。司法試験のあり方は、1980年代後半に、当時の検察官不足を背景として法曹三者協議の議題となり、法曹以外の委員を交えた法曹養成制度等改革協議会の提言を受けて、合格者は1990年代の末までに1,000名程度へほぼ倍増した。

平成の司法制度改革

　司法制度改革審議会では、21世紀の司法を支えるにふさわしい質、量ともに豊かな法曹をどのようにして養成するかという観点から、従来の司法試験について検討した。そして、学歴要件などの受験資格がなく、開かれた制度としての長所を持つものの、受験競争が厳しい状態にあり、受験者の受験技術優先の傾向が顕著となってきたこと、大幅な合格者数増をその質を維持しつつ図ることには大きな困難が伴うことなどの問題点が認められ、その試験内容や試験方法の改善のみによってそれらの問題点を克服することには限界があるとした。そのため、法曹養成に特化した専門職大学院として、法科大学院を新設し、原則としてその卒業生に司法試験受験資格を付与することを提言した。

　すなわち、法曹養成のあり方は、従来の「点」としての司法試験による選抜から、法学教育、司法試験、司法修習を有機的に連携させた「プロセス」へ、転換がはかられた。司法制度改革審議会では、法科大学院を修了した者のうち相当程度（たとえば約7〜8割）の者が新司法試験に合格できるよう、充実した教育を行うべきものとされた。理論的教育と実務的教育を架橋し、双方向的、多方向的な少人数教育で、法曹に必要な専門的資質・能力の習得、人間性の涵養、創造的な思考力、法的分析能力や法的議論などの能力の育成が目指された。また、公平性、開放性、多様性を旨とし、法学部以外の学部の出身者や社会人等の入学や、地域を考慮した全国的な適正配置への配慮が求められていた。

法科大学院制度の開設

　法科大学院は2004年に設立され、関係者の自発的創意を基本として、設置基

準を満たしたものを認可し、広く参入を認める方針がとられた結果、翌年まで
に計74校を数えた。この開校数は、司法制度改革審議会の想定を超える多さで
あった。

　司法試験合格者については、法科大学院を含む新たな法曹養成制度の整備の
状況などを見定めながら、2010年ころには年間3,000人達成を目指すべきであ
る旨が、司法制度改革審議会で提言された。しかし、実際にはそこまで増えず、
いったん2,000人を超えたが、1,500人程度へ減少した。

　以上のように、当初の想定よりも法科大学院と修了者数が増加し、司法試験
合格者数が伸びないため、司法試験合格率は20～30％台にとどまっている。従
来の司法試験合格率が2、3％程度だったことに比べれば、10倍ほどに合格率
は向上しているが、司法制度改革審議会の提言した合格率7～8割の例示には
到達していない。司法試験合格は、その競争率のため、受験する学生はもとよ
り、法科大学院にとっても存続をかけた至上命題となっており、その教育内容
も、受験対策に傾斜する傾向が指摘されている。社会人等の入学率は低く、撤
退する地方の法科大学院も増えつつある。2019年春の時点で、学生を募集して
いる法科大学院は40校を下回っており、今後も減少することが見込まれる。

今後の法曹養成制度のあり方

　以上の状況にかんがみて、司法試験合格者数と法科大学院制度をめぐり、さ
まざまな議論がある。司法試験合格者数の増加は、法サービスを受ける市民の
視点からは司法アクセスと社会の法的規律の向上につながり、法曹志望者にと
って合格が容易になったメリットがある一方、弁護士からは、業務競争が厳し
くなり、若手弁護士の就職難などのデメリットが指摘されている。法科大学院
についても、学生が多様化し、理論と実務の融合した少人数教育が実現したな
どのメリットのある一方、教育内容で司法試験の受験内容が重視されがちで、
修業に時間と費用がかかり、合格率も高くないなどのデメリットがある。

　法科大学院修了を要件としない予備試験による司法試験受験ルートがあり、
当初は法科大学院に進学する資力が十分でない場合などを想定して例外的に認
められていた。しかし、法科大学院進学者が減少する一方で、予備試験受験者
は増加傾向にある。市民生活と日本社会にとって望ましい質量ともに十分な実
務法律家をいかにして養成するのか、司法試験合格者数と法科大学院制度を含
めて、法曹養成のあり方は検討課題であり続けている。

Key Word 6　裁判官

裁判官の概要

　裁判官は、司法権の属する裁判所の主要な構成員で、その良心に従い独立してその職権を行い、憲法と法律にのみ拘束される（憲法76条3項）。司法権という国の三権の一つを、裁判官が個人で行使することから、その職責は重い。裁判官の官職は、最高裁判所裁判官は、最高裁判所長官と最高裁判所判事（14人）で、下級裁判所裁判官は、高等裁判所長官（8人）、判事（2,125人）、判事補（927人）、簡易裁判所判事（806人）に分かれる（裁判所法5条1、2項、人数は2019年度定員）。手持ち事件数は多く、多忙であるといわれる。

選任方法

　下級裁判所裁判官は、最高裁判所の指名した者の名簿によって、内閣により任命される。任期は10年で、再任されることができ、法律の定める年齢（簡易裁判所判事（70歳）を除いて65歳、裁判所法50条）に達した時には退官する（憲法80条1項）。判事補は、司法修習を終えた直後の者がなる場合がほとんどで、通例、10年後に判事に任官し、定年まで再任され続ける。つまり、大多数の裁判官は、最初から最後までずっと裁判官である（なお、途中で司法行政職に就き、訟務検事（国の代理人）になる場合などがある）。弁護士からの任官ルートも存在するが、任官者は年間おおむね数名にとどまっている。

　平成の司法制度改革では、選任過程に国民の意思を反映させる目的で、2003年に下級裁判所裁判官指名諮問委員会（法曹外委員を含む）が設置された。任官候補者全員の審査にあたり、指名の適否の意見を最高裁判所に答申している。1971年に宮本康昭判事補が判事に指名されず、その理由も明らかにされない事件が起こった（いわゆる宮本再任拒否）。指名諮問委員会の設置により、指名過程が透明化、民主化され、思想信条による裁判官の不指名は困難になった。他方、指名諮問委員会設置後、指名を不適と答申され、実際に任命されない者が年間数名おり、以前よりも増加しているところ、判断理由の詳細は明らかにされておらず、候補者の審査が的確に行われているのか疑問視する向きもある。なお、高等裁判所長官と簡易裁判所判事は、指名諮問委員会に付されずに指名されており、後者は裁判所書記官から選任される場合が多い。

　最高裁判所裁判官は、最高裁判所長官は内閣の指名にもとづいて天皇により

任命され（憲法 6 条 2 項）、最高裁判所判事は内閣により任命される（同80条 1 項）。任期はなく、その任命後初めての衆議院議員総選挙とその後10年を経て初めての衆議院議員総選挙時に行われる国民審査（同79条 2 項、3 項）で罷免されない限り、70歳の定年（同条 5 項、裁判所法50条）まで務める。近年は60歳代で任命される場合がほとんどで、在任期間は数年にとどまる。

　最高裁判所裁判官の任命過程は、下級裁判所裁判官の指名過程と異なり、諮問機関は置かれることなく、不透明である。出身分野は、事実上固定されており、裁判官 6 人、検察官 2 人、弁護士 4 人、法学者 1 人、行政官 1 人、内閣法制局長官か外交官 1 人の場合がほとんどである。内閣官房によれば、極力客観的かつ公正な見地から人選しているとされるが、最高裁判所裁判官に質の高い人物を選ぶことは、市民の見地からも重要で、選任手続の透明化が期待される。

裁判官の独立と身分保障

　裁判官は、身分が保障され、弾劾や心身故障の裁判を除いて、その意思に反して、免官、転官、転所、職務の停止または報酬の減額をされることはない（憲法78条、80条 2 項、裁判所法48条）。ただし、ほぼ 3 年に一度、全国転勤を含むポストの異動があり、希望どおりの転所にならない場合もある。昇給も、任官後20年目ころから遅速が生じるが、その基準も不明確である。裁判官の人事評価は、平成の司法制度改革で整備されたが、評価の結果は再任を除く人事に直結しないものとされており、あまり意味のないものになっている。

　裁判官の異動や昇給は、基準が不透明なまま、最高裁判所の専権事項となっている。裁判官によっては、人事の不利益を恐れて萎縮し、中には野鳥の会への入会をためらう人もいた。裁判官の独立ならびに自由と自治の保障の見地からは、人事基準の明確化や増員など、裁判官制度改革がなお求められている。

Column　名もない顔もない裁判官？

　ダニエル・H・フットによれば、日本の司法は名もなく顔もない点に特徴があるという。すなわち、日本では、裁判所で統一性のイメージが強調され、裁判官の活動範囲はかなり限られ、ほぼ匿名性のなかで活動している。裁判の結論と手続は、誰が裁判官であろうと統一的で、法が安定的に適用されることと先例が重要視される。この傾向は、ほぼ 3 年ごとの配置転換と、先例に背いて上訴審で判決を覆されると人事上の不利益を受けうる脅威によって、補強されている。日本の裁判官は、名もある顔もある方向に変わるべきであろうか。

Key Word 7　検察官

検察官の概要

　検察官は、刑事について公訴を行い、裁判所に法の正当な適用を請求し、かつ裁判の執行を監督し、裁判所の権限に属するその他の事項についても職務上必要と認めるときは、裁判所に通知を求めまたは意見を述べ、また公益の代表者として他の法令がその権限に属させた事務を行う（検察庁法4条）。官職は、検事総長、次長検事、検事長、検事（以上で計1,877人）と副検事（879人）に分かれる（同法3条、人数は2019年度定員）。

　検察権は、検察官により独立して行使されるが、上級官職の指揮監督に服する（検察官同一体の原則）。すなわち、検事総長は、最高検察庁の長として、庁務を掌理し、すべての検察庁の職員を指揮監督する。次長検事は、最高検察庁に属し、検事総長を補佐し、検事総長に事故のあるとき、または検事総長が欠けたときは、その職務を行う。検事長は、高等検察庁の長として、庁務を掌理し、その庁ならびにその庁の対応する裁判所の管轄区域内に在る地方検察庁と区検察庁の職員を指揮監督する。各地方検察庁に検事正各1人が置かれ、一級の検事が担う。検事正は、庁務を掌理し、その庁とその庁の対応する裁判所の管轄区域内にある区検察庁の職員を指揮監督する（同法7-9条）。また、検事総長、検事長または検事正は、その指揮監督する検察官の事務を、自ら取り扱いまたはその指揮監督する他の検察官に取り扱わせることができる（同法12条）。

選任方法など

　検事総長、次長検事と各検事長は一級で、内閣により任免される。検事は一級または二級で、副検事は二級である。検事長、検事と副検事の職は法務大臣が補し、副検事は区検察庁の検察官の職のみにこれを補する（同法15、16条）。なお、副検事は検察事務官から選任される場合が多い。検事総長の定年は65歳、その他の検察官の定年は63歳である（同法22条）。

　検察官が心身の故障、職務上の非能率その他の事由によりその職務を執るに適しないときは、検事総長、次長検事および検事長については、検察官適格審査会の議決および法務大臣の勧告を経て、検事および副検事については、検察官適格審査会の議決を経て、その官を免ずることができる（同法23条1項）。

権限

検察官は、いかなる犯罪についても捜査することができる（同法6条）。多くの事件では、司法警察職員（警察官）を指揮して捜査にあたらせ、検察官が補充的に被疑者、被告人や証人の取調べなどを行う。被告人以外の者の供述について、検察官が録取した書面は、供述者の署名もしくは押印その他の一定の要件を満たせば、刑事裁判で証拠になりうる（刑事訴訟法321条2項）。

公訴は検察官が行い、犯人の性格、年齢および境遇、犯罪の軽重、情状ならびに犯罪後の情況により訴追を必要としないときは、公訴を提起しないことができる（同法247、248条）。この起訴独占主義は、検察官が刑事裁判を起こすかどうか判断しうることを意味し、証拠が十分になく有罪判決を見込みにくい事件を起訴しないことは、日本の刑事裁判の有罪率の低さの一因になっている。

犯罪白書によれば、2018年における検察庁終局処理人員は98万4,819人（前年比6.7％減）で、その内訳は、公判請求83,768人、略式命令請求224,953人、起訴猶予568,392人、その他の不起訴63,931人、家庭裁判所送致55,101人となっている。全事件の起訴率は32.8％であった。

検察官により起訴されない事件は、検察審査会に判断を求めることができる。検察審査会は、市民からくじで選ばれた検察審査委員11人で構成され（検察審査会法4条）、公訴権の実行に関し民意を反映させてその適正を図るため、政令で定める地方裁判所および地方裁判所支部の所在地に置かれる（同法1条、165ヶ所）。その所掌事項は、検察官の公訴を提起しない処分の当否の審査に関する事項と、検察事務の改善に関する建議または勧告に関する事項である（同法2条1項）。前者については、起訴相当、不起訴不当、不起訴相当のいずれかの議決を行うことができる（同法39条の5）。2009年より権限が強化され、起訴相当議決2回で強制的に起訴される。

Column 検察官のあり方 📖

厚生労働省局長の障害者郵便制度悪用関与を疑われた事件で、大阪地検特捜部主任検事の証拠改ざんが2010年に問題となった（実刑確定）。この不祥事を受けて、「検察の理念」の策定や一部事件の取調べ過程録画を含む刑事訴訟法改正がなされた。デビッド・T・ジョンソンによれば、日本の検察官の特徴は、真相の解明、「適切な」起訴の判断や、被疑者の反省、更生の重視にある。市民の見地からは、検察官に、無罪推定の原則と適正な手続にもとづいて真摯に業務にあたることが期待される。

Key Word 8　弁護士

弁護士の概要

　弁護士は、第二次大戦後に制定された弁護士法の下、自由かつ独立の法律専門職で、監督官庁はない。弁護士は、基本的人権を擁護し、社会正義を実現することを使命とし、その使命にもとづいて誠実にその職務を行い、社会秩序の維持および法律制度の改善に努力しなければならないものとされる（弁護士法1条）。その職務は、当事者その他関係人の依頼または官公署の委嘱によって、訴訟事件、非訟事件および審査請求、異議申立て、再審査請求等行政庁に対する不服申立事件に関する行為その他一般の法律事務を行うことで、当然、弁理士および税理士の事務を行うことができる（同法3条）。

　弁護士は法律事務をほぼ独占している。すなわち、弁護士または弁護士法人でない者は、報酬を得る目的で訴訟事件、非訟事件および審査請求、異議申立て、再審査請求等行政庁に対する不服申立事件その他一般の法律事件に関して、鑑定、代理、仲裁もしくは和解その他の法律事務を取り扱い、またはこれらの周旋をすることを業とすることができない（同法72条）。ただし、弁護法または他の法律に別段の定めがある場合はこの限りでなく、司法書士による簡易裁判所訴訟代理権等や、弁理士による特許権等の侵害訴訟代理権（弁護士との共同出廷）などの例外はある。

資格と懲戒

　弁護士となるには、入会しようとする弁護士会を経て、日本弁護士連合会に登録の請求をし、弁護士名簿に登載されなければならない（同法8条、9条）。弁護士の事務所は、法律事務所と称し、所属弁護士会の地域内に設けなければならない。また、いかなる名義をもってしても、2箇以上の法律事務所を設けることができない（同20条）。なお、弁護士法人の従たる事務所は認められる。

　弁護士が、弁護士法または所属弁護士会もしくは日本弁護士連合会の会則に違反し、所属弁護士会の秩序または信用を害し、その他職務の内外を問わずその品位を失うべき非行があったときは、懲戒を受ける（戒告、2年以内の業務の停止、退会命令、除名の4種、同法56条1項、57条1項）。

弁護士数の増加と職域拡大

　近年の司法試験合格者増加を受けて、弁護士は顕著に増加している。これは、

裁判官と検察官の定員が限られ、それぞれ年間100名前後しか新規に採用されないところ、残りの司法修習終了者のほとんどが弁護士になるためである。弁護士数は、1950年に5,827人、1980年に11,441人で、緩やかに増加を続けていたが、1990年代以降の司法試験合格者増加を受けて、2000年は17,126人、2020年は42,228人と急増している（各年3月31日、2020年は1月1日現在）。とりわけ大都市部では、新人弁護士により既存法律事務所への就職が困難で、法律事務所に勤務するいわゆる「イソ弁」になれずに、軒先だけ借りる「軒弁」や、勤務弁護士の経験を積むことなく独立開業する「即独」の弁護士も現れている。

　弁護士の業務形態は、とりわけ地方部で従来からの小規模法律事務所が多く、対応業務は、特定分野に専門化することなく、一般民事、家事、刑事事件や、顧問先の法的助言など、多岐にわたる。他方、東京や大阪では法律事務所の大規模化が進み、100人以上の弁護士を擁する大手渉外事務所も複数存在する。また、弁護士の増員につれて、活動領域は拡大しており、企業内弁護士は2005年5月の123人から2019年6月は2,418人へ、任期付公務員もほぼ同時期に60人から238人へ、それぞれ増加している。

　平成の司法制度改革で、社会における弁護士の役割は、「国民の社会生活上の医師」たる法曹の一員として、国民にとって「頼もしい権利の護り手」であるとともに「信頼しうる正義の担い手」として、高い質の法的サービスを提供することにあるとされた。従来から、弁護士は、公害裁判や刑事冤罪事件の弁護で、公益的な活動を担ってきた。法律扶助の運営支援、弁護士過疎対策や当番弁護士の取り組みなど、後の国による法テラスや国選被疑者弁護の先鞭をつけた活動も散見される。弁護士会内では弁護士増員に消極的な意見も聞かれるものの、市民の法的ニーズに質、量ともに対応しうる活動が期待される。

Column　司法にかかわる職業　📖

　司法の運営は、裁判官、検察官、弁護士のほか、裁判所事務官、裁判所書記官、家庭裁判所調査官、執行官などの裁判所職員や、調停委員、参与員、司法委員、専門委員、裁判員などの市民の幅広い参加をもって行われている。そのほかに隣接法律職があり、2019年春の時点で、司法書士22,632人、行政書士47,901人、弁理士11,336人、税理士78,028人、公認会計士31,189人、社会保険労務士42,056人、土地家屋調査士16,471人に上り、広義の法律業務に従事している。

Key Word 9　裁判員制度

市民の司法参加のかたち

　市民が司法に参加する制度は多様である。英米などには陪審制度（市民から
くじで選ばれた陪審員のみで事実認定を行う）、ヨーロッパ大陸国などには参審制
度（市民から選ばれた参審員と裁判官で裁判を行う）がある。戦前の日本では、
1928年に陪審制度が実施され、資力ある男性からくじで選ばれた陪審員12名が、
刑事裁判で事実認定（有罪か無罪かの判断を含む）を行っていたが、1943年に停
止されたままである。第二次大戦後は、検察審査会が設けられ、くじで選ばれ
た11名が、検察官が起訴しなかった刑事事件の審査にあたってきた。民事事件
では、学識経験ある市民が、簡易裁判所で司法委員、家庭裁判所で参与員、調
停事件で民事・家事調停委員として、参考意見を述べている。

　21世紀初頭の司法制度改革で、市民の司法参加が拡大した。刑事事件では、
戦前の陪審制度から時を経て、2009年に裁判員制度が実施された。20歳以上の
国民からくじで選ばれた裁判員6名が、罪の重い刑事裁判で、事実認定（有罪
か無罪か）、法令の適用と刑の量定（量刑）を、裁判官3名とともに行う。検察
審査会は、2度の起訴相当議決により起訴が必須となった。民事事件では、専
門的知見を有する者が、医療や建築などの事件で専門委員、労働審判事件で労
働審判員（労使双方から選任される）として、参加する制度ができた。

裁判員制度の目的

　裁判員制度は、「裁判員の参加する刑事裁判に関する法律」で定められてい
る。その趣旨は、国民の中から選任された裁判員が裁判官と共に刑事訴訟手続
に関与することが、司法に対する国民の理解の増進とその信頼の向上に資する
ことにあるとされる（同法1条）。戦前の陪審制度でも、同様の趣旨が語られて
いたが、その後の研究で、普通選挙制（1925年）とあわせた司法の民主化や、
検察権の肥大化への対応が目的にあったことが指摘されている。裁判員制度の
目的にも、司法の民主的統制や刑事裁判の改善があるものと考えられる。

　裁判員裁判では、市民が加わって、冤罪を生まないために慎重に事実を認定
し、刑を判断することが可能となる。ただし、裁判員と裁判官の過半数の多数
決制で、陪審制度での陪審員の全員一致制と異なる。量刑も、死刑事件を含め
て多数決制で、参審制度に見られる3分の2以上の特別多数決制とも異なる。

裁判員裁判の影響

裁判員制度の対象事件は、刑事事件の2％未満で、年間1,000件ほどである。施行から10年を経た2019年末時点で、無罪率は0.9％程度にとどまる。従来の裁判官のみによる刑事裁判から微増している。量刑も、従来の刑事裁判とおおむね変わらないが、性犯罪事件で若干重罰化傾向にある。評議で、裁判官が加わり、同種事件の量刑分布グラフが示されることの影響によるものであろう。

ただし、無罪事件は、覚せい剤取締法違反事件が半数弱を占めており、証拠の少ない密輸事件で、裁判員が「証拠にもとづく裁判」の原則を忠実に守る傾向がうかがわれる。執行猶予判決で保護観察が付される割合は、従来の1.5倍程度に増えており、被告人の更生を願う裁判員の気持ちの表れといえよう。弁護士によれば、裁判員裁判では、個別事件で、弁護により判決内容が左右される手ごたえがあるという。裁判の結果はもとより、被告人や被害者の主張を傾聴する口頭主義や連日的開廷など、裁判の過程が変わった面も注目に値する。また、トクヴィルは、陪審員の経験を通じた市民の教育効果を特筆しており、裁判員制度にも、司法や人権への関心の高まりなどの社会的影響があろう。

Column 裁判員の経験 📖

最高裁判所では、裁判員裁判終了後にアンケートをとっており、裁判員の経験について、例年、「とてもよかった」、「よかった」という肯定的な回答が95％程度を占める。他方、メディアのアンケートでは、裁判員経験者の3分の2程度が、裁判員の仕事に何らかの負担を感じたと回答している。この回答結果をどのように考えればよいだろうか。「よい」経験は負担でもあるのだろうか。

裁判員を「よい」経験と感じる理由は、普段かかわることのない被告人や刑事裁判の手続に接したことや、見知らぬ裁判員や裁判官と一緒に議論して判決を決めたことなどによると考えられる。他方、被告人や被害者の一生を左右しうる判断にかかわる責任の重さや、残酷な事件に触れたことは、負担でもあろう。裁判員には守秘義務が課せられており、評議の中身を話せないことを負担に感じる人もいるかもしれない。ある裁判員経験者は、被告人の処遇と被害者の心情を一生懸命考えたことは、負担であるとともにやりがいでもあったと語る。

いずれにせよ、裁判員の務めには、人を裁くことなどの心理的負担や、仕事を休むなどの物理的負担が伴われる。裁判中だけでなく、事前学習の機会や、事後の裁判員経験者同士の交流など、裁判員のケアの充実が求められている。

第14章　法とは何か——西欧法の歴史を訪ねて

1　近代立憲主義型法秩序——近代法秩序

　はじめに　　これまで、現在の日本の法の様々な面を観察してきた。カメラのレンズをいろいろの被写体に近接させて、シャッターを切り続けたわけである。以下ではズーム・バックし、日本の法の全体を視野におさめてみよう。

　法秩序の二類型　　法秩序には、立憲主義型と反立憲主義型（専制型）の二形態が存在する。前者は、中世立憲主義、近代立憲主義、現代立憲主義に細区分される。日本国憲法を「国の最高法規」とする現在の日本法は、現代立憲主義の類型に属す。現代立憲主義は、しかし、近代立憲主義を基礎とし、その発展として形成されたものであるから、まずは、近代立憲主義とは何かという問題から考えてみなければならない。

　1789年フランス人権宣言　　近代立憲主義型法秩序は、歴史的には、フランスにおける1789年人権宣言・1791年憲法に始まる。「権利の保障が確かでなく、権力分立が明確に定められていない社会は、およそ憲法を有するものではない」と規定した人権宣言第16条は、近代立憲主義の古典的な定式化である。人権宣言を誕生させた社会は、近代市民社会とよばれるので、近代立憲主義法秩序は、近代市民法秩序と言い換えることができる。

　目的（権利保障）と手段（公権力）　　上記人権宣言の条文では、近代立憲主義の要件として、権利保障と三権分立とが並列されているが、人権宣言全体を読むならば、前者が目的ないし至高価値、後者（三権分立という形で存在する公権力）はその実現手段という関係にあったことが知られる。「政治的結合の目的は、人が、生まれながらに有する、時効によって消滅することのない権利を保全することにある」と述べる人権宣言第２条が、そのことを端的に示している（「政治的結合」は「国家形成」の意味である）。

　権利——自然権と市民的権利　　人権宣言第16条の冒頭に登場する「権利」とは「自然権」すなわち人々が「自然状態」において有していた権利のことである。自然状態は、人々が政治社会ないし国家を形成する以前に存在したとされる状態（統治機構が存在しない社会）である。この状態を支配していた法が自然法、これを各人の側から表現したものが自然権である。具体的には、諸個人

の身体的自由、精神的自由、所有、自由ないし権利の侵害への抵抗、の四つである。

　しかし、自然権は、自然状態においては、十全には保障されない。自然権の衝突が生じたとき、人々の抗争を実効的に裁定する力（裁判所）が存在しないからである。法ではなく、生の暴力が幅をきかすことになる。そこで、人々は、互いの自然権を真に実現しうる状態を求めて社会契約を結び、市民たちの政治社会（civil society、本来ならばフランス語で表記すべきであるが、読者の多くがフランス語未習であると思われるので、英訳で記す）を形成する。

　この市民的政治社会において、まずは自然法が実定化（不可視の自然法を成文化し、目に見えるものにすること）されねばならない。これを遂行するものが、自然法によって授権された国民（nation）の組織する憲法制定権力であり、これによって実定化された自然法が人権宣言・憲法であった。そのような実定法は──natural state（自然状態）における natural law（自然法）、natural rights（自然権）に対して──、civil society（市民社会）における civil law（市民法）、civil rights（市民的諸権利、日本国憲法のいう基本的人権がこれにあたる）とよばれた。市民法の目的は、その形成の経緯から、前記の四つの自然権を、市民的諸権利（基本的人権）として、他の市民──そして、次項に登場する公権力──の侵害から十全に保護することにおかれることになった。

　公権力の三権分立的編成　　市民的諸権利を実効的に保全するためには公権力が必要であり、人権宣言・憲法はこれを創出する。まずは立法権力である。これは、市民的諸権利の境界（どこまでが自己の市民的権利の範囲であり、どの一線を越えると他人の市民的権利を侵害することになるのか）を画定する法律を制定する権力である。その法律は、市民間の紛争を裁く裁判権力、および、行政を遂行する執行権力に対して、授権するとともに拘束する。人権宣言第16条に登場した「権力分立」とは、立法権力の優位のもとでの三権力の分立であった。

　法律とは、以上のような三権分立のもとで、国民を代表する立法権力が、国民に対する保護義務の履行（裁判と行政）を直接に果たさねばならない他の二権力に向けて発せられたものであり、二権力の権能を承認すると同時に、権力行使の仕方を厳格に拘束することを目的とするものであった。そして、その目的にはさらに上位の目的があり、それは、国民諸個人の権利と自由（市民的権利にまで高められた自然権）を保障することであった。

2　近代立憲主義の歴史的前提——近世反立憲主義と中世立憲主義

　近世絶対君主制国家の法　　以上のような近代立憲主義法秩序は、絶対君主制時代の法秩序（16〜18世紀）の否定として出現した。否定の対象となった法は、大づかみに、二つのものがあった。第一は、身分制的諸特権・諸自由（領主制・ギルド・官職売買など）の束としての慣習法、第二は、絶対君主制定法である。このうち、後者は、立憲主義の対極にある専制的性質の法であった。

　目的（国家）と手段（臣民）　　表（235頁）を見ていただきたい。これは、立憲主義諸類型と反立憲（専制）主義とを比較するために作成したものであるが、ここでは、反立憲主義と近代立憲主義の両欄を見ていただきたい。両者は、目的と手段において、正反対になっていることが注目される。反立憲主義は、国家を至上価値、国家の強化を最重要目的とし、諸個人をそのための手段と考えるのである（したがって、反立憲主義は、国家主義、全体主義であり、対して、立憲主義は、個人の尊厳を至高の価値とするという意味での個人主義である）。以上のことから、絶対君主制定法は、君主が臣民に向かって（このことを、法学は、「臣民を名宛人とする」と表現する）、臣民に何事かを命令し禁止するものとなった。臣民の行為を直接に指示するという意味で、絶対君主制定法は臣民の行為規範であった。

　中世立憲主義　　以上のような近世絶対主義時代の君主制定法秩序は、中世の法秩序（10〜15世紀）の否定として形成された。中世は近世と同じく王政であったが、法と国制（権力構造）のあり方は大きく異なっていた。中世においては、近世に比して、君主の力が弱く、臣下（貴族）たちの力が強かった。近世は、絶対君主が臣民に対して一方的に命令する時代であったが、中世の国制は、弱い君主と強い貴族たちが身分制議会などの場で交渉する契約的性質のものであった。イギリスの例となるが、著名なマグナ・カルタ（1215年）がその典型である。これは、君主が臣下らの身分的諸特権を身分制的自由として尊重することを誓約し、臣下らは、そのことを条件として、君主に忠誠を尽くすことを約束する契約にほかならない。フランスやドイツの中世でも、事態は同様であった。以上のような中世立憲主義を、近代立憲主義や反立憲主義と対比するために、あらためて、表の全体を見ていただきたい。

　中世立憲主義と近代立憲主義とは、連続し、かつ、断絶する、という関係に

ある。まず断絶面からいえば、最も重要な相違は、至高の価値を有するものと
された政治社会の成員の権利ないし自由が、中世では諸身分の特権、近代のそ
れでは国民一般の権利ないし自由とされていることである。しかし、政治社会
の成員の権利ないし自由の保全が何より重要であるとする点では、両者は連続
している。この意味で、近代立憲主義は、中世のそれを母体として誕生し成長
したものであった。それ故、マグナ・カルタの一部はなお現行法というイギリ
スのような現象も可能となった。

Column 「憲法は国家を縛り、その他の法律は国民を縛る」のか？　📖

　最近、新聞やテレビなどにおいて、「憲法は、国民を縛るものではなく、国家を縛
るものである」ということが頻りに言われるようになった。現政権が憲法無視の政
治を行うので、ジャーナリズムも、警鐘をならすようになったわけである。この命
題はもちろん正しい。しかし、その裏側に、「憲法以外の法律は国民を縛るものであ
る」、「憲法以外の法律は、国民を名宛人として、国民の行為規範を定めたものであ
る」という考え方が潜んでいるとするならば、それは誤りである。近代立憲主義的
法秩序においては、憲法に限らず、民法や刑法などの実定法全般が、国家を縛るも
のであることに注意しなければならない。「ᵡ故意又は過失によって他人の権利又は
法律上保護される利益を侵害した者は、ʸこれによって生じた損害を賠償する責任を
負う」と規定する民法709条を例にとって考えてみよう。「人の権利を侵害してはな
らない」というような書き方、すなわち、国民の行為規範を記述するという体裁に
はなっていないことに注意してほしい。人々の行為規範は、道徳律（「他人を害するな」、
「他人に善を施せ」などの命題に要約される道徳律は、近代市民社会では、その実現を外側
から保障する力という観点から、国家の物理的強制力によって保障される法律と対比して、
人々の非難によって保障される習律といわれる）に委ねられるのである。法律の文言では、
下線Xの要件が満たされた場合、下線Yの効果が発生する、という要件効果的法命
題の形式をとっている。このような法命題は、第一次的には、権利侵害事件につい
て法的な判断を行う裁判所を拘束することを目的としている（このような規範を、裁
判所を名宛人とする裁判規範という）。過失責任の原則を明示する仕方で、無過失者に
責任を問うことがないよう、国民の代表者からなる立法府が裁判権力の行使者の行
為に縛りをかけているのである。民法の規律の対象となる社会関係は主として私人
間関係であるが、規範の直接の名宛人は、私人ではなく、国家権力としての裁判権
力を行使する裁判官である。法が規律する社会関係という問題と、法の名宛人は誰
かという問題を混同することがないよう、注意が必要である。

3 現代立憲主義

　近代立憲主義は、20世紀に入り、現代立憲主義へと発展した。それは、「近代立憲主義 + α」であった。

　人権──新しい人権の登場　　現代社会が「+ α」を必要とするにいたった原因は、第一に、19世紀後半期から明確になってきた資本主義経済の爛熟、その結果としての、資本主義企業による労働者および一般市民に対する強力な支配力の形成という現象であった。たとえば、放置すれば女性や子供を一日十数時間にわたって使役し使い捨てにすることを厭わない資本主義企業の行動を規制しなければ、人々は人間らしい生活ができない、というような状況が生まれ、ここに、「社会権」と総称される現代的人権（労働基本権、生存権など）が形成された。

　統治機構──その肥大化と新しい制御手段の必要性　　第二に、以上のような経済社会の変化と不可分の現象として、国家権力のあり方に重大な変化が生じた。資本主義経済は、それ以前の社会とは比べものにならないほどの、膨大かつ複雑な様々の社会問題を引き起こし（労働、農業、通商産業、厚生、環境など）、これに対応するための諸行政とこれを担う官僚制機構の肥大化をもたらした。これと並行する現象として、議会も変質した。近代立憲主義において首座をしめていた立法権力の担い手は、経済的には大土地所有者、社会的には名望家、政治的には国政を自律的独立的に担う教養豊かな能動市民であったが、19世紀末頃から、社会が資本主義的階級社会に変貌したことを反映して、一種の官僚制的支配組織としての階級的諸政党が形成され、議員は、これに組織されることによって、かつてのような自律的独立的な政治家ではなくなり、議会は、かれらの討議の場というよりも、財界・官界・政界の結合体を基礎とする巨大な官僚制的支配機構の一部品に変質した。

　以上のような新しい状況のもとで、立憲主義は、統治機構の面でも再構築されねばならなくなった。(1)立法 = 行政権力に対する民主的コントロールを強化すること、および、(2)それを憲法のもとに厳格に拘束すること、が要点である。(1)の具体策として、①国民の政治活動の不断の活性化およびその制度的保障（国民の政治的意思の表明機会が選挙の時に限られる「代表民主制」から「持続的民主制」へ、などといわれる）、および、②「持続的民主制」の必須の前提としての、

ジャーナリズムの言論活動の発展（ジャーナリストたちが、権力から完全に自由に、事実の報道とこれについての論評を様々な角度から自由闊達に行うこと）が重要である。(2)の具体策としては、①まず、立法事業への専門家の関与があげられる。重要法律の改正、新法律制定のための草案作成、そして憲法改正案の作成などは、政治的経済的利害関心から自由な専門家（法学者をはじめとする法律専門家や立法の規律対象に即した各分野の専門家）の仕事を基礎としなければならない。②次に、司法による違憲立法審査の質的拡充。わが国における現在の違憲立法審査は、具体的事件の解決と離れてはなされえないが、フランスやドイツでは、法律案および法律の憲法適合性を一般的に判断する憲法裁判所が設置され、立法＝行政権力の暴走を能動的に抑止する重要な機能を果たしている。

表　立憲主義諸類型と反立憲主義の比較 （現代立憲主義における「＋α」部分は下線で示した）

	中世立憲主義	反立憲主義	近代立憲主義	現代立憲主義
最重要目的	身分的特権・身分制的自由、具体的には、領主の自律的な所領支配などの保護	国家の維持と強化	国民の権利・自由の保障すなわち、国民各人の自分自身のもの（身体・精神・財産）に対する自由な支配の保障	国民の権利と自由の保障　ここでは、①近代的な権利・自由に、②社会的弱者（勤労者、消費者、女性、マイノリティなど）が人間らしく生きることのできる権利が加わる。
目的達成手段	君主と諸身分の契約的国制（身分制議会）	強大な君主権力とこの支配に服する臣民の、君主と国家に対する奉仕	国民主権原理にもとづく立法権力優位の三権分立体制	(1) 国家権力による社会的諸権力の規制 (2) 立法・行政両権力の一体化傾向をふまえて、それを規制するための、司法権力による違憲立法審査権、専門家の関与、ジャーナリズムによる権力監視、国民の運動など
立法者	君主と諸身分の協同（契約）	君主	国民の代表者（立法権力）	上欄 (2) に記した諸事項によって条件づけられた立法権力
法の名宛人	契約当事者	臣民	裁判権力・行政権力を行使するもの	(1) 裁判権力・行政権力を行使するもの (2) 社会的諸権力
規範の性質	契約当事者の行為規範	臣民の行為規範	国家権力を行使する者の行為規範（裁判権力に着目すれば、裁判規範）	権力（国家権力および社会的権力）を行使する者の行為規範

第15章　日本法の成り立ち──法の継受・法の体系

1　原始から近世まで

　日本法の歴史の概観　日本法の歴史は、大づかみに、次のような歴史的諸段階を経て今日に至る。〈①縄文共同態（BC15000〜）→②弥生共同態（新説によればBC10世紀〜）→③ヤマト政権時代（AD3世紀中葉〜）→④律令天皇制（8世紀〜）→⑤中世領主制（12世紀〜）→⑥近世幕藩体制（17世紀〜）→⑦大日本帝国憲法体制（19世紀末〜）→⑧日本国憲法体制（1947年〜）。①・②段階は紙数の制約により省略し、③段階以降の歴史を概観してみよう。

　原始立憲主義（③段階）　ヤマト政権時代は「原始立憲主義」とでも命名すべき体制であった。在地首長とよばれる地域支配者の連合権力としての性格が強かったヤマト政権は、5世紀末の頃に、ようやくにして、王権として性格を有するようになったが、ここでの王の臣下に対する支配は専制的性質のものではなく、臣下たちの自律的な領地支配を承認する性質のものであり、王臣関係は契約的関係であった。マグナ・カルタ的国制である。

　律令天皇制（④段階）　原始立憲主義は、8世紀初頭の、中国からの律令継受によって、大きく変容した。律令（律は刑法典、令は行政法典）およびその前提をなした皇帝制定法は、「法を生ずる者は君なり。法を守る者は臣なり。法に法（ただ）さるる者は民なり」という法家の言が示すように、西欧絶対君主制定法と類似の性質を有するものであった。このような律令の継受によって、日本法の中心には、天皇が、臣民を名宛人として、臣民が為すべきこと・為すべからざることを命令し禁止する行為規範が位置することとなった。国制の頂点に君臨する天皇制は、中国から皇帝制度が移植され、これによって伝統的な大王制度が大きく変質することにより形成されたものであった。

　中世立憲主義（⑤段階）　しかし、当時の中国と日本の社会構造の性質の違いから、律令はすぐには日本社会に定着せず、しだいに形骸化する一方で、律令天皇制以前の固有法は、独自の発展をとげて、やがて中世立憲主義的法秩序が形成された。鎌倉時代から戦国時代までの在地領主たちが形成した法秩序、具体的には、契約によって水平的に連合した在地領主たちの一揆や、この一揆が大名を擁立する形で形成されたタイプの戦国大名領国などがそれである。こ

こでは、在地領主たちの領地支配などの諸特権の保全が主目的とされ、権力秩序はこれを実現するための手段であった。

近世専制主義（⑥段階）　　しかし、国制は再び反転する。織田信長に始まる天下統一の動き、とくに、豊臣秀吉によって形成され、徳川家康によって完成された幕藩体制は、典型的な反立憲主義・専制主義であった。諸地域に蟠踞していた在地領主・自治都市などの中世的な自律的諸権力は、秀吉の太閤検地・刀狩・惣無事などの諸施策、これを受けた江戸幕府の諸政策によって徹底的に解体された（島原の乱におけるキリシタン弾圧はその最終的仕上げである）。このことを反映して、江戸の法体制は、〈将軍→諸大名→家臣→領民〉のヒエラルヒーにおいて、上位者が下位者に対して、何事かを命令し禁止する行為規範の体制（法度体制）となった。これは、8世紀初頭に本格的に継受された律令が、約900年の年月をかけて、ようやくにして、日本的な仕方で実質化した体制として理解することができる。

Column　日本型マグナ・カルタ 📖

　マグナ・カルタを彷彿とさせるわが国の法の一例として、1567年に制定された戦国大名六角氏（琵琶湖東部南半分の地域を領国とする）の法典（六角氏式目）を紹介する。

　第一に、この式目の最大の目的は、家臣（在地領主）の所領支配を中心とする諸権利を守ることである。侵奪者として想定されているのは、第4条（「他人の領地支配の侵奪は、これ以上ないというほどの違法な行為である。すみやかに本来の領主に返すべきである」）が示唆するように、他の家臣の場合もあれば、第33条（「租税免除が認められている土地について、この約束を破って租税を賦課されるようなことがあってはなりません」）が示すように、大名の場合も存在する。

　第二に、以上の大目的の実現に資するように、権力の編成がなされたことである。権力秩序は個々の領主の権利を保全するための手段であるという意識が明瞭であった。その工夫は、様々な点に認められる。(1)式目の形式的制定者は大名であるが、実質的起草は家臣団であった。すなわち、立法権力が大名と家臣団とに分有されていた。実質的起草者が家臣団であることによって、大名の行為を規制する法文は、「…されてはなりません」というような、敬語と命令表現が同居するものとなった。(2)大名と家臣団の双方から、式目を遵守する旨の誓約がなされ、この誓約書が式目の末尾に記された。すなわち、権力構造は、大名と家臣団との契約的秩序であった。(3)その契約の遵守は、霊験あらたかな神社の神々ないし天の前で誓われた。ここでは、大名と家臣団の上位に存在するのは将軍や天皇ではなく、不可視の超越的権威である。

2 西欧近代法の継受

19世紀末〜20世紀初頭における西欧法の継受　黒船の一撃は幕藩体制を崩壊させ、近代日本の法秩序は、律令継受とその日本化によって形成された幕藩制的基層の上に、西欧の成文法典が継受される仕方で再構築されることとなった。1890年までに六法典が成立した。刑法（1880年）、治罪法（今日の刑事訴訟法にあたる、1880年）・刑事訴訟法（1890年）、憲法（1889年）、民法（1890年）、民事訴訟法（1890年）、商法（1890年）。これら六法典は、種々の理由から、フランス法系に属するものと、ドイツ法系に属するものとからなっていた。刑法、治罪法、民法が前者、憲法、民事訴訟法、商法が後者であった。

　西欧法継受は、君主制国家ドイツの影響の著しい、天皇を最高権力者とする大日本帝国憲法が公布された1889年頃から、新しい局面を迎えた。自然権思想と共和制を根本的特質とするフランス法を忌避する雰囲気が強まり、これに様々の事情が重なって、フランス人ボアソナードが起草した民法が激しい攻撃の対象となった。批判者は法典の実施延期を求め、断行を主張する人々との間で民法典論争（1889〜92年）が展開された。結果は延期派が勝利し、民法は全面改正されることとなった。編別構成もドイツ式のパンデクテン体系が採用され、総則・物権・債権の三編が1896年、親族・相続の二編が1898年に公布された（俗称であるが、全面改正前の民法は旧民法、全面改正後の民法は明治民法とよばれる）。ちなみに、商法についても、ほとんど同時期に、編別構成をドイツ普通商法典に倣う新法典が成立した（1899年）。ドイツ法を母法とする刑法・刑事訴訟法の成立は、少し遅れて、1907年・1922年のことであった。

　近代ドイツ法の特質──ドイツ的公法私法二元論と外見的立憲主義　以上のような経緯で大日本帝国憲法体制の母法となった19世紀後期のドイツ（プロイセン国王がドイツ帝国皇帝の地位を世襲する君主制的連邦国家）の法と国制は、公法私法二元論を特徴とした。近代立憲主義のフランスでは、法の至上目的は国民（citoyens）の権利と自由の保障にあり、公権力はそれを実現するための手段と考えられたことによって、最重要の法は国民の諸権利（droits civils）一般を体系化した民法（droit civil）ということになり、公権力のあり方を規律する公法は二次的で、民法に従属するものであった。対して、後進国ドイツでは、絶対君主制による上からの自己改革による、君主制国家のもとでの資本主義社会

形成の道を辿ったことによって、国制は、君主の代表する政治的国家が、私人としての臣民たちが活動する経済的市民社会の上に聳え立つ二元的秩序となり、私法とは根本原理を異にする公法（君主の臣民支配の法）が独自に体系化されることになった（ドイツ的公法私法二元論）。

　私権の保護に従属するのではなく、それ自体として価値ありと観念された国家を対象とする公法秩序は、真正の立憲主義とはいい難いものであった。1871年帝国憲法には、そもそも自由権の保障条項が存在しなかった。1850年プロイセン憲法は、自由権を一通りは承認したが、自然権思想は否定し、「法律の留保」（君主単独の行政権力による自由権制約は許されないが、議会がその制定に参加する法律による制約は許容すること）という考え方を採用した。このような自由権の状態に照応して、統治機構は、国王の強力な権力（国王大権）を中心に編成された。この体制は、憲法は一応存在するけれども、しかし、権利保障が十全ではなく、国民主権にもとづく統治でもないという意味において、外見的立憲主義といわれる。

　日本型公法私法二元論　　大日本帝国憲法は、ドイツ憲法を手本としたことに加えて、継受直前の幕藩体制がきわめて強い専制的反立憲的性質の国制であったことによって、ドイツよりもさらに強度に外見的な立憲主義体制となった。「第二章　臣民権利義務」には、自然権の思想は全く認められず、各条文には「法律ノ範囲内ニ於テ…ノ自由ヲ有ス」という類の「法律の留保」文言が並べられた。国家権力は、「万世一系」、「神聖ニシテ侵スヘカラ」ざる、「元首ニシテ統治権ヲ総攬」する天皇のもとに、一元的に編成され、その正当性は国家神道（天皇祖神の天照大御神を頂点とする神々の体系）に求められた。

　その一方で、明治民法編纂のリーダーであった穂積陳重は、民法を中心とする法体系の意義を、資本主義の最先進国たる19世紀末のイギリスにおいて流行した社会進化論（優れたものが生き残り、劣るものが淘汰される優勝劣敗法則を是とする思想）に求めた。民法財産法は優者が蓄積した財産を守るための法、刑法は犯罪に走る敗者を社会から放逐するための法、民法家族法（婚姻法）は自然淘汰を保護するための法、という風である。国家神道と優勝劣敗法則は全く異質なイデオロギーであるが、自然法・自然権論を敵視する点では完全に一致し、近代日本において抱合することになった。

3 現代日本法の体系

日本国憲法の世界史的位置　今日の日本法の体系の直接の起点は、日本国憲法（1946年）の制定である。それは、第二次世界大戦の帰結としての大日本帝国の崩壊を受け、戦後世界の再建の一環として制定された（1946年フランス第4共和制憲法、日本国憲法、1947年イタリア憲法、1948年世界人権宣言、1949年ドイツ基本法）。したがって、日本国憲法は、第二次大戦後の世界のグローバル・スタンダードたる、「近代立憲主義＋α」としての現代立憲主義憲法類型に属する憲法の一つである。

日本国憲法人権規定の体系　このことは、GHQ素案によく示されている。日本国憲法第三章「国民の権利及び義務」では41の条文が並ぶだけであるが、素案では、全33箇条が4つの節に区分されている。すなわち、(1)総則（General）、(2)自由（Freedoms）、(3)社会的経済的権利（Social and economic rights）、(4)裁判上の権利（Juridical rights）。このうち(2)と(4)が近代立憲主義型人権、(3)が現代立憲主義型人権である。(2)には、奴隷的拘束を受けない自由、思想の自由、信教の自由、表現の自由、学問の自由、職業の自由など、(3)には、両性の平等、社会福祉、勤労者の権利、結社の自由、所有権とその公共の福祉による制約、経済的権利とその制約などの諸条文が並べられた。日本国憲法は、以上のようなGHQ素案の構想を基本的に踏襲した。

帝国憲法的な公法私法二元論の清算　日本国憲法は、真正の近代立憲主義をその基礎に据えたことによって、ドイツおよび日本の帝国憲法的公法私法二元秩序を清算し、憲法一元秩序を構築することになった。98条の最高法規規定、81条の違憲立法審査権規定は、そのことを示している。それ故、憲法の制定の直後に、諸法律を新憲法に適合させるべく、民法、刑法、刑事訴訟法などの改正が行われた。民法の家族法部分（親族・相続編）および刑事訴訟法は全面改正された。民法財産法および刑法は、部分改正ではあったが、改正事項はいずれも法の根本原理にかかわるものであった（民法では冒頭部分で憲法適合的な一般原則が規定され、刑法では皇室に対する罪や姦通罪などが廃止された）。要するに、日本国憲法体制においては、憲法が、公法のみならず、私法を含む、あらゆる実定法の上に存在する「最高法規」であり、その他の諸法律はこれを具体化するものでなければならないと観念された。

　　法律実証主義・公法私法二元論への退行　　しかし、日本国憲法は、法実務
および憲法解釈学の双方において、制定直後から、その身の丈よりも小さなも
のとして運用され、解釈されることになった。法体系は依然として公法私法二
元論的に観念される傾向が強く、〈実定化された根本法としての憲法——その
具体化法としての諸法典・諸立法〉という、憲法を頂点とする法体系一元論的
認識は必ずしも支配的ではない。憲法以外の実定法解釈学では特に、根本法次
元における自然法・自然権の観念が希薄のように見受けられる。

図　現代日本法体系

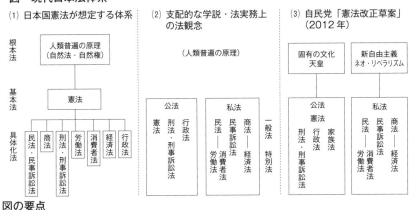

図の要点

　　(1)日本国憲法が本来想定していた法体系は、〈人類普遍の原理（根本法）—憲法（実
定化された根本法＝基本法）—諸法律（憲法の具体化法）〉という、憲法を「国の最高法
規」とする一元的法体系である。しかし、(2)支配的学説・法実務上の法体系論は、
公法私法二元論（憲法は私的関係に適用されないか、適用されたとしても民法一般条項
などを介しての間接的適用）である。ここでは、「人類普遍の原理」という自然法的根
本法の観念が希薄となり、法律実証主義（実定法主義）の傾向が強い。憲法一元論と
公法私法二元論の対立は、たとえば、民法と労働法との関係に即して、次のような
形で現れる。公法私法二元論的思考によれば、労働契約法は民法雇用法の特別法で
あるから、前者に欠缺があれば後者によって補充されるということになる（私法内部
での自己完結）。しかし、憲法一元論的思考によれば、労働契約法に欠缺があるならば、
その補充は——民法によってではなく——、憲法を基本法とし、これを労使関係に
即して具体化した労働法体系の原理によってなされるべきものであるということに
なる。(3)自民党「憲法改正草案」の念頭にある法体系論も、基本的に、公法私法二
元論であるが、(2)との差異は、各実定法のあり方を指導する根本法の理念を明確に
したことである。しかし、それは、日本国憲法のそれと根本的に対立する。この点
については、第16章参照。

第16章 日本法の現在——立憲主義と反立憲主義との相克

1 日本国憲法および立憲主義の危機

　本書刊行に向けての準備が行われていた2014年から2015年にかけての約1年間、日本国憲法を「最高法規」とする日本の法は、その存立が根底から掘り崩されていく歴史を経験した。2014年7月1日の集団的自衛権の行使を認める閣議決定から、2015年9月19日の安保法制の成立に至る、安倍政権による反立憲政治がそれである。その内容は、第一に、憲法前文および9条が規定する平和主義・平和的生存権の否定、第二に、現代立憲主義における統治様式の諸要素（「現代立憲主義」の項目参照）に対するきわめて自覚的な敵対であった。

　以上の二点に論及する著作・論文は夥しい数にのぼるので、読者には、ぜひ、それらを参照していただくこととし、以下では、別の論点について述べ、本書の結びとする。第一に、日本国憲法における平和主義・平和的生存権を、先に対内的法秩序に即して述べた立憲主義の歴史と密接不可分の、対外的法秩序における立憲主義の問題として、歴史的に位置づけること、第二に、安倍政権が、安保法制の成立の次なる課題として目論んでいる憲法「改正」の内容を、自民党「日本国憲法改正草案」の考察を通じて、明らかにすることである。

2 日本国憲法における平和主義・平和的生存権の歴史的位置

　西欧絶対主義時代における国際法の形成　　憲法をはじめとする国内法と同様に、国家間の関係を規律する今日の国際法も、西欧において形成された。その起源は、教会の権威が衰え、独立度の高い多数の君主制主権国家を基礎とする国際秩序が形成された17世紀西欧絶対主義の時代に求められる。ここでは、国際紛争を戦争によって解決しうることが主権国家の最も重要な属性と考えられ、侵略戦争さえ正当なものと観念された。

　近代立憲主義——侵略戦争の否定と自衛戦争の肯定　　しかし、フランス革命期の1789年人権宣言・1791年憲法体制において、法理的には大きな転換がなされた。91年憲法は、「国民の自由」の観念を基礎として、自衛戦争と侵略戦争を区別し、前者を肯定しつつも、後者を否定したからである。

　この新法理は、近代立憲主義の思想から導かれた。「国民の自由」は「個人

の自由」の類推によるからである。人権宣言が、①人身の安全、②精神の自由、③所有、④以上の三つの人権を侵害するものへの抵抗、の四者を自然権とし、91年憲法体制は、これらを市民法上の権利に高めたことは第14章で述べた。このうち、当面問題となるのは④であるが、この自然権が市民法（国内法）的次元へと高められた形態は、(a)訴訟（他人による権利侵害に対する、自力救済にかわる平和的抵抗手段）や、(b)やむをえない場合の正当防衛などである。この国内法理が国際関係に類推適用されるならば、侵略戦争は当然に否定されるとともに、(b)の国際版としての自衛戦争は肯定され、かつ、これが「国民の自由」の防衛のための唯一の方策ということになる。諸国家の上にたつ国際的機構（特に裁判所）が存在しないという条件のもとでは、(a)の類推は不可能だからである。以上要するに、近代立憲主義とは、国内法のみならず国際法をも射程におさめる近代国家の基本原理であった。

　現代立憲主義——戦争・武力行使の違法化　　現代立憲主義における人権思想の根底に存在するのは、前記のように、「人間らしく生存する権利」であるが、この権利を最も大規模かつ徹底的に否定するものが、多くの人々の命を奪う戦争である。こうした認識に支えられつつ、20世紀に入ると、しだいに、戦争一般を違法とみなす法思想が形成された。第一次大戦の教訓をふまえての、1920年に設立された国際連盟（人類史上初の国際的平和機構）の規約における、国際紛争を司法的に解決する努力の義務づけ、および、1928年不戦条約における戦争の全面的無条件的禁止は、戦争違法化に向けての最初の大きな画期となった。不戦条約は大国の「解釈」によって骨抜きになり、第二次大戦を阻止する力にはならなかったけれども、国際紛争の平和的解決の理想が国際的文書において始めて宣言されたことの意義は大きかった。

　第二次大戦の悲惨な経験をふまえて、1945年、国際連合が結成された。国連憲章は、その前文において、「われらの一生のうちに二度まで言語に絶する悲哀を人類に与えた戦争の惨害から将来の世代を救う」こと、「善良な隣人として互に平和に生活し、国際の平和及び安全を維持するためにわれらの力を合わせること」などを、国際連合の目的として定めた。国連による国際平和追求の手段の一つは、「集団安全保障」である。これは「集団的自衛権」とは全く異なる。集団安全保障とは、対立関係にある国も含めて多数の国が相互に武力の不行使を約束し、この約束に違反して平和を乱す国がでたときには、残りの全

ての国が共同してこれに対処する、という方式の平和確保手段である（対して、集団的自衛権は、共通の仮想敵国Xに対して複数の国——A国とB国——とが軍事同盟を結び、同盟国Aは同盟国Bが攻撃された時に、同盟国Bという他国のために戦争することである）。国連憲章は自衛権を承認したが、しかし、それは、以上のような集団安全保障が発動されるまでの間に限って、例外的に許容されるものに過ぎない。現実は、再び超大国のエゴイズムなどにより、上記の諸原則はしばしば機能不全に陥るが、理念が何であるかは、きわめて明瞭である。

　国連は、武力問題に関して以上のような規範を形成するとともに、国際紛争を平和的に解決するための種々の制度を創設した。(1)交渉、周旋、仲介（その一形態としての国際機構による紛争解決）、(2)審査、調停、仲裁裁判、(3)国際司法裁判所、国際海洋裁判所などの司法諸機関、などである。

　日本国憲法の平和主義　　日本国憲法の平和主義（戦争・武力による威嚇・武力行使の永久放棄、陸海空軍その他の戦力の不保持）は、以上のような平和実現のための思想と制度の形成発展過程の中に、最も先進的なものとして位置づけられる。第二次大戦後の世界の憲法の中には、近代市民法原理を踏襲して、侵略戦争の放棄を明言するものはいくつも存在するが、日本国憲法は、さらに、「陸海空軍その他の戦力は、これを保持しない。国の交戦権は、これを認めない」というところまで、平和主義を徹底させたのであった。

　日本国憲法は、憲法としてはたしかに特異である。しかし、思想にまで視野を広げれば、ガンジーの「非暴力、不服従」があり——国内の不当な支配に対する「非暴力、不服従」にまで視野を拡大するならば、ガンジーの影響を受けたキング牧師が指導したアメリカの黒人差別反対闘争、近時のアウンサンスーチーが指導したミャンマー非暴力民主化運動がある——、そこに至る長い宗教史的伝統が存在する。そして、これらの運動はきわめて大きな成果をおさめた（イギリス植民地支配からのインドの独立、人種差別撤廃をうたう Civil Rights Act の成立、ミャンマーの民主化）。「非暴力、不服従」は単なる理想ではなく、武力による抵抗の場合に比してより少ない犠牲で、実際に人々を抑圧から解放する力を有した。ソ連・ロシアが「日本固有の領土」である「北方四島」を1945年以降「不法占拠」しているにもかかわらず、歴代政府は、今日にいたるまで、武力を用いず、「ロシアとの間で強い意思をもって交渉を行なう」（外務省公式サイト）という態度に徹してきたことも、一種の「非暴力・不服従」である。

対して、安保法制が承認した集団的自衛権は、実質的には、アメリカや旧ソ連の侵略戦争を正当化する法理であった。この意味において、安保法制は、絶対主義時代の軍事観念——対外的反立憲主義——への後退にほかならない。安倍政権よりも前の歴代政府が明言してきたように、「集団的自衛権」は違憲であるばかりでなく、安倍政権が現に行っている北方領土問題に対処する政策とも根本において矛盾している。

3　自民党「日本国憲法改正草案」(2012年)——反立憲主義的憲法構想

自民党の改憲草案は、きわめて明確な、反立憲主義の憲法構想である。

第一に、草案における至高価値は、国民の基本的人権の保障ではない。憲法が「最高法規」たる根拠は基本的人権の保障にあることを表現する憲法97条を、草案は全文削除する。そして、憲法制定の目的を、「良き伝統と我々の国家」——「長い歴史と固有の文化を持ち、国民統合の象徴である天皇を戴く国家」——を「末永く子孫に継承する」ことに求める（草案前文）。

このこととの関連で、日本国憲法の「第三章　国民の権利及び義務」のいくつかの条文に、国民の基本的人権は「公益及び公の秩序」に反しない限りにおいて認められるとする人権制限文言が盛り込まれていることが重要である（草案12条、13条、21条、29条）。日本国憲法にも「公共の福祉」による人権の制約が定められているけれども、「公益及び公の秩序」とは、意味がまったく異なる。「公共の福祉」による人権の制約は他の諸個人（公共＝皆）の人権を侵害するような人権行使は認められないという意味を基本とするが、「公」は、伝統的に、天皇、将軍などの権力者を意味し、「公の秩序」は、それらの反立憲主義的権力によって維持される社会関係を意味してきたからである。

第二に、以上のような、人権と国家の価値序列の転倒に照応して、統治機構の面では、象徴天皇から元首天皇への「改正」が企図される（草案1条）。これは、「天皇ハ国ノ元首ニシテ統治権ヲ総攬」と規定した大日本帝国憲法、さらには、天皇を権威として仰ぎ、その下で全権力をほしいままに行使した関白秀吉や徳川将軍の時代を想起させる。

第三に、憲法の第一の名宛人が国民とされていることである（草案102条）。先に詳論したように、国民の人権と自由を何よりも重要な価値と考える近代法体系において、憲法・諸法律は、一般に、国民を代表する議会が裁判権力・執

行権力を名宛人として制定したものであるが、このような法体制は、君主が臣民を名宛人として法律を制定する絶対君主制的法体制の否定の上に築かれたものであった。しかし、自民党はその絶対君主制的法体制（日本の歴史に類例を求めるならば近世幕藩体制）すなわち反立憲主義の復権を目論むのである。

　以上要するに、草案において、日本国とは、天照大御神（伊勢神宮）を祖神とする万世一系の天皇を至高の権威とする秩序（公の秩序）である。ここにおいて、国民はこの秩序に奉仕する義務を有し、国家権力は、国民をそのようにあらしめるべく、法律によって国民の行為規範を指示する。草案は、行為規範の一具体例として、「国旗は日章旗とし、国歌は君が代とする。日本国民は、国旗及び国歌を尊重しなければならない」（第3条）ことを定めるこのような国家は、もはや、立憲主義国家ではない。外見的立憲主義というるかも疑問である。端的に、反立憲主義ないし専制主義である。

　このような国家を、日本国憲法のもとでも、臨時的に実現できるような憲法「改正」が、企てられている。憲法の全面「改正」に先立って、日本国憲法の中に「緊急事態」に関する章を新設しようとする動きである。草案に規定された同章によれば、外部からの武力攻撃、社会秩序の混乱、自然災害などの場合に、総理大臣は、国会の承認を得て「緊急事態」を宣言し、内閣は法律と同一の効力を有する政令を制定するほか、様々の具体的な指示（国民に対する命令・禁止）を発することができるようになる。憲法変更的立法によって、ワイマール憲法が事実上停止状態になり、ナチス体制が形成された歴史が想起される。

　日本法の歴史を概観した箇所において、この国の法は、常に、立憲主義と反立憲主義の二つの力の闘争の中に存在し、時には立憲主義、時には反立憲主義が歴史の前面に出てくることを述べた。現在と将来についても同様である。私たちの人権と自由がどうなるのか——法と法学にとってのこの最重要問題は、これからの立憲主義勢力と反立憲主義勢力との闘いの帰趨にかかっている。

　追記　アウンサンスーチーは、その後、軍とともにロヒンギャ弾圧の側に立ち、「非暴力不服従」運動の根本にある思想を放擲したように見える。自民党は、2018年に、「集団的自衛権」（同盟国のための戦争）の承認を含意しうる自衛措置と自衛隊の明記、内閣に対し法律にかわって国民の人権を制限するための政令制定権限を与える緊急事態条項新設など4項目の改憲案を発表した。人権と平和の危機は、地球的規模においてますます深刻である。権力を規制するための法と市民の運動とが一層重要となっている。

あとがき

　本書を読み終えた皆さんは、日本の法が今、どんな姿だと思いますか。この問いには、法分野の違いを越えて法の全体を見る視点がなければ、上手く答えられません。法は、世の中で起こる諸問題に対処する手段であり、法にはその時代や社会の思想が反映されます。人々の思想はさまざまで、そこには、企業の利益を代弁する財界や、時の権力者が説く思想や、国際情勢等も影響を与えます。これらが作用し合い、その国の法ができるのです。したがって法を学ぶことは、その国の特質を歴史的に捉え、その国の社会の動態を学ぶことでもあります。ここで重要なのは、最高法規である憲法が掲げる平和・人権・民主主義の原理です。現在の日本の法は、これらに照らし、そのあり方が問われなければなりません。このような視点を持てたなら、皆さんは、日本の法の現在や将来について、以前よりも主体的に考えられるようになったに違いありません。

　本書は、民主主義科学者協会法律部会（民科法律部会）という学会の中で、比較的若い世代の会員が中心となって取り組んだ成果です。民科法律部会は、あらゆる法分野の研究者・実務家で組織された学際的な法学会です。法分野の違いを越えて法の全体を見ることの重要性を、私たちは、この学会を通じて学んできました。その一端を読者の皆さんに伝えられたなら幸いです。

　2017年4月の初版の刊行以来、本書は、多くの方々に読まれてきました。この間、日本の法には大きな動きがありました。そこで、第2版を刊行し、民法や刑法その他諸法令の改正に対応することにしました。また、第3章を「民法（所有権・契約法）」に改め、所有権について加筆しました。改訂箇所の詳細は日本評論社のホームページに掲載していますが、今般の改訂で、より充実した内容になったと自負しています。日本評論社の中野芳明さんには第2版の刊行に際しても心強い励ましをいただきました。この場を借りて御礼申し上げます。

　2020年3月

編者　緒方桂子・豊島明子・長谷河亜希子

執筆者紹介

第1章
吉田克己（よしだ・かつみ）北海道大学名誉教授・弁護士

第2章
大河内美紀（おおこうち・みのり）名古屋大学大学院法学研究科教授

第3章
山田　希（やまだ・のぞみ）立命館大学法学部教授

第4章
大坂恵里（おおさか・えり）東洋大学法学部教授

第5章
立石直子（たていし・なおこ）岐阜大学地域科学部准教授

第6章
安達光治（あだち・こうじ）立命館大学法学部教授

第7章
豊崎七絵（とよさき・ななえ）九州大学大学院法学研究院教授

第8章
長谷河亜希子（はせがわ・あきこ）弘前大学人文社会科学部准教授

第9章
豊島明子（とよしま・あきこ）南山大学大学院法務研究科教授

第10章
緒方桂子（おがた・けいこ）南山大学法学部教授

第11章
高田清恵（たかた・きよえ）琉球大学人文社会学部教授

第12章
中坂恵美子（なかさか・えみこ）中央大学文学部教授

第13章
飯　考行（いい・たかゆき）専修大学法学部教授

第14章〜第16章
水林　彪（みずばやし・たけし）東京都立大学名誉教授・早稲田大学名誉教授

（2020年4月時点）

編者

緒方桂子（おがた・けいこ）南山大学法学部教授

豊島明子（とよしま・あきこ）南山大学大学院法務研究科教授

長谷河亜希子（はせがわ・あきこ）弘前大学人文社会科学部准教授

日本の法　第2版
にほん　　ほう

2017年4月1日　第1版第1刷発行

2020年4月1日　第2版第1刷発行

2021年8月30日　第2版第2刷発行

編　者──緒方桂子・豊島明子・長谷河亜希子

発行所──株式会社日本評論社

　　　　　〒170-8474　東京都豊島区南大塚3-12-4

　　　　　電話　03-3987-8621（販売）

　　　　　FAX　03-3987-8590

　　　　　振替　00100-3-16

印　刷──精文堂印刷

製　本──井上製本所

Printed in Japan　ⓒ OGATA Keiko, TOYOSHIMA Akiko, HASEGAWA Akiko 2020

装幀／銀山宏子

ISBN 978-4-535-52495-8

日本評論社の法律学習基本図書

NBS Nippyo Basic Series 日評ベーシック・シリーズ

憲法 I 総論・統治[第2版]／II 人権[第2版]
新井 誠・曽我部真裕・佐々木くみ・横大道 聡[著]
●各2,090円

行政法
下山憲治・友岡史仁・筑紫圭一[著] ●1,980円

租税法
浅妻章如・酒井貴子[著] ●2,090円

民法総則[補訂版]
原田昌和・寺川 永・吉永一行[著] ●1,980円

物権法[第2版]
秋山靖浩・伊藤栄寿・大場浩之・水津太郎[著] ●1,870円

担保物権法[第2版]
田高寛貴・白石 大・鳥山泰志[著] ●1,870円

債権総論
石田 剛・荻野奈緒・齋藤由起[著] ●2,090円

契約法
松井和彦・岡本裕樹・都筑満雄[著] ●2,090円

事務管理・不当利得・不法行為
根本尚徳・林 誠司・若林三奈[著] ●2,090円

家族法[第3版]
本山 敦・青竹美佳・羽生香織・水野貴浩[著] ●1,980円

会社法
伊藤雄司・笠原武朗・得津 晶[著] ●1,980円

刑法 I 総論 刑法 II 各論
亀井源太郎・和田俊憲・佐藤拓磨
小池信太郎・薮中 悠[著]
●I：2,090円
II：2,200円

民事訴訟法
渡部美由紀・鶴田 滋・岡庭幹司[著] ●2,090円

労働法[第2版]
和田 肇・相澤美智子・緒方桂子・山川和義[著] ●2,090円

基本憲法 I 基本的人権
木下智史・伊藤 建[著] ●3,300円

基本行政法[第3版] 中原茂樹[著]
●3,740円

基本刑法
I 総論[第3版] II 各論[第2版]
大塚裕史・十河太朗・塩谷 毅・豊田兼彦[著]
●I＝4,180円
●II＝4,290円

基本刑事訴訟法
I 手続理解編 II 論点理解編
●各3,300円
吉開多一・緑 大輔・設楽あづさ・國井恒志[著]

憲法 I 基本権 II 総論・統治
渡辺康行・宍戸常寿・松本和彦・工藤達朗[著]
●各3,520円

スタートライン民法総論[第3版]
池田真朗[著] ●2,420円

スタートライン債権法[第7版]
池田真朗[著] ●2,640円

民法入門 債権総論[第4版]
森泉 章・鎌野邦樹[著] ●3,300円

〈新・判例ハンドブック〉
憲法[第2版] 高橋和之[編]
●物権法：1,430円
ほか・各1,540円

民法総則 河上正二・中舎寛樹[編著]

物権法 松岡久和・山野目章夫[編著]

債権法 I・II
潮見佳男・山野目章夫・山本敬三・窪田充見[編著]
●I：1,540円
●II：1,650円

親族・相続 二宮周平・潮見佳男[編著]

刑法総論／各論
高橋則夫・十河太朗[編]
●総論1,760円
●各論1,650円

商法総則・商行為法・手形法
鳥山恭一・高田晴仁[編著]

会社法 鳥山恭一・高田晴仁[編著]

日本評論社
https://www.nippyo.co.jp/

※表示価格は消費税込みの価格です。